프로크리에이트로 시작하는
아이패드
드로잉
최신 개정판

프로크리에이트로 시작하는
아이패드 드로잉
최신 개정판

2023년 5월 2일 개정판 1쇄 인쇄
2023년 5월 10일 개정판 1쇄 발행

지은이 수지(허수정)
펴낸이 이상훈
펴낸곳 책밥
주소 03986 서울시 마포구 동교로23길 116 3층
전화 번호 02-582-6707
팩스 번호 02-335-6702
홈페이지 www.bookisbab.co.kr
등록 2007. 1. 31. 제313-2007-126호

ISBN 979-11-90641-99-9 (13000)
값 27,000원

ⓒ 수지, 2023

이 책은 저작권법에 따라 보호받는 저작물이므로 무단전재와 무단복제를 금합니다.
이 책 내용의 전부 또는 일부를 사용하려면 반드시 저작권자와 출판사에 동의를 받아야 합니다.
잘못 만들어진 책은 구입하신 서점에서 바꿔드립니다.

책밥은 (주)오렌지페이퍼의 출판 브랜드입니다.

프로크리에이트로 시작하는
아이패드 드로잉
최신 개정판

수지(허수정) 지음

책밥

프롤로그

아날로그에서 디지털로

저는 다분히 아날로그적인 사람이었습니다. 그림 인생 내내 손그림을 그려 왔고, 디지털 작업은 후보정 정도로 사용해 왔습니다. 디지털로만 드로잉을 한 적은 거의 없었지요. 그러던 어느 날 아이패드 드로잉의 세계를 알게 되었고, 그려 볼수록 막연했던 생각이 점차 확신으로 바뀌며, 이 편리한 드로잉 세계에 점점 빠져들게 되었습니다. 그리고 그것이 확장되고 있음을 느꼈습니다. 그렇다고 손그림을 그리지 않는 것은 아닙니다. 손그림을 그리다 보면 디지털이 그리워지고, 또 디지털로 그리다 보면 손그림이 그리워집니다. 각자의 매력이 분명히 있거든요.

이 책은 '아이패드의 드로잉'에 최적화된 기능에 초점을 맞추었습니다. 드로잉과 아이패드에 대해서 하나도 모르더라도 누구나 쉽게 따라 할 수 있도록 구성하였습니다. 그림을 제대로 시작하고 싶은 분이라면 손그림의 기초를 먼저 배우는 것을 추천합니다만, 취미로 빠르게 예쁜 그림을 그리고 싶거나 손그림에 이어 새로운 도전을 해 보고 싶은 분에게는 디지털 드로잉이 가장 적합하다고 말씀드리고 싶습니다.

초보자에게 아이패드를 통한 디지털 드로잉이 주는 장점도 많습니다. 그림을 처음 시작할 때는 선을 하나 긋는 것에도 신중해지고 겁이 납니다. 그러다 잘못 그렸다는 생각이 들기라도 하면 종이도 아까워지고 자신감도 떨어지지요. 하지만 디지털에서는 마법처럼 터치 한 번에 선을 긋기 이전으로 되돌아갈 수 있습니다. 손그림에서는 그리기 까다로운 입체나 원근 구도 잡기도 가이드가 되어 주는 툴을 통해 보다 쉽게 구현이 가능합니다. 트레이싱(그림을 종이 밑에 대고 그리는 것) 기능을 이용하면, 그림을 그리는 많은 분들이 로망으로 꼽는 여행 드로잉도 쉽게 실현할 수 있습니다.

이와 같이 편리한 기능들로 하나의 그림을 완성하는 데 있어서 실패할 확률을 줄일 수 있습니다. 완성 그림에 대한 만족도가 높아지면, 이 취미를 지속할 수 있는 동기 부여도 됩니다. 스트레스는 줄이고, 그림을 그리는 재미는 높일 수 있습니다. 내가 그린 그림을 채색하며 컬러링북의 힐링 효과도 볼 수 있지요. 각종 질감의 종이 그리고 모든 표현 재료가 아이패드 안에 들어 있으니, 커다란 화방을 통째로 가방에 넣어 가지고 다니는 셈입니다.

Procreate에 대하여

이 책에서 사용하는 프로그램인 '프로크리에이트'에서는 현재 영어 이외의 언어로 작성된 설명서를 제공하고 있지 않습니다. 부분적인 기능들은 온라인에서 찾아 익힐 수 있지만, 체계적으로 차근차근 모든 기능을 익히기에는 어려움이 있어요. 훑어만 봐서는 알 수 없는 프로크리에이트의 숨겨진 기능들까지 이 책에 모두 빠짐없이 담았습니다.

프로그램이 업그레이드되어도 기본적인 기능을 잘 익히고 있는 것이 중요합니다. 밑바탕은 늘 같으니까요. 그래서 저는 이 책에, 훗날 프로그램이 업데이트되더라도 기본기를 충분히 닦을 수 있는 내용을 모두 알차게 담았다고 생각합니다. 아이패드 옆에 이 책을 펼쳐 두고 하나씩 따라 그리다 보면 어느새 원하는 기능을 자유자재로 사용하고 있을 것입니다. 또한 가벼운 취미 그림에서 나아가 프로크리에이트로 직접 그린 그림을 다양하게 활용할 수 있는 범위까지 소개합니다.

드로잉에 대한 이론도 있지만, 최대한 쉽게 즐기며 프로그램의 스킬을 익힐 수 있도록 노력했습니다. 이 책으로 프로그램과 기본 드로잉을 익혀 나만의 그림을 그리는 즐거운 취미 생활에 활용할 수 있다면 좋겠습니다. 드로잉의 기술적인 면을 더 알고 싶다면, 저의 다른 책들도 참고해 주세요. 재료와 종이가 무궁무진한 디지털 드로잉에 얼마든지 접목시킬 수 있답니다.

이 책이 쉽고 재미있는 디지털 드로잉 가이드가 되길 바랍니다.

Thanks to...
늘 좋은 사진들로 영감을 주시는 여행 작가 고민들레 님, 권호영 님
늘 도움 주는 내 동생 정이, 내 친구 연이, 선이, 지나, 유리, 수제자 지영 님
늘 곁에서 응원해 주는 가족들과 친구들

차 례

프롤로그   004
아이패드 드로잉을 시작하기 전에   010
이 책을 보는 방법   022

PART 1
가볍게 쓱, 소품 그리며 툴 익히기

01 강아지, 구름 외 브러시와 컬러 드롭으로 손 풀기   026
02 팔레트 [색상>디스크]에서 색상 선택하기   031
03 일상 두들링 알파 채널 잠금 사용법 익히기   035
04 블루베리 타르트 불투명도 조절과 레이어 활용하기   039
05 여러 가지 타르트 색상 바꾸기, 레이어 그룹 만들기   045
MORE TIPS! 제스처 기능, 스포이드 기능   050

06 카페 건물 분필 브러시로 색연필화 느낌 내기   052
07 밤하늘 스머지로 그러데이션 효과 내기   056
08 한라봉 [레이어>블렌딩 모드], [색상>하모니]로 기본 명암 넣기   060
09 가방 속 물건 레퍼런스로 라인 드로잉 채색하기   064
MORE TIPS! 제스처 기능, 레이어 병합 기능   069

10 **라탄 바구니 화분** 지우개 활용하기, 클리핑 마스크로 질감 입히기	072
11 **고양이** 레이어 복사해 새로운 그림에 활용하기	077
12 **미니 오락기** 퀵쉐이프로 편리하게 선 그리기, 텍스트 넣고 색 바꾸기 QR	083
13 **크리스마스트리** 빛 브러시와 브러시 커스터마이징으로 반짝임 표현하기	090
14 **스노우 볼** [레이어>불투명도]로 투명함 표현하기, 여러 개의 클리핑 마스크 설정하기	096
MORE TIPS! 제스처 기능, 서체 내려받기	101

15 **꽃병** 레이어와 형태 툴로 그림자 표현하기	104
16 **가죽 가방** 브러시로 재질 표현하기, 브러시 커스터마이징으로 점선 표현하기 QR	112
17 **여러 가지 패턴 만들기** 그리기 가이드와 픽셀 유동화로 패턴 제작하기	118
18 **드림캐처** 그리기 가이드로 대칭 표현하기	129
19 **힐링 만다라** 그리기 가이드로 방사상 표현하기	135
20 **딸기 우유** 그리기 가이드로 등거리 그림 그리기 QR	142
MORE TIPS! 종이 질감 나타내기, 클리핑 마스크와 마스크 구분하기	150

21 **놀이동산** 연필과 지우개 바꿔 쓰며 스크래치 페이퍼 만들기, 캔버스 늘이고 잘라내기	153
22 **보물 지도** [선택>올가미] 활용하기	159
23 **바위와 소나무** 6B 연필 브러시로 연필화 느낌 내기	164
24 **수국** 수채화 브러시로 수채화 느낌 내기	170
25 **딸기 차 포스터** [조정>노이즈 효과]로 레트로 스타일 표현하기	176
MORE TIPS! 커스텀 브러시 내려받기	181

PART 2

일상을 작품으로, 사진 활용하기

01 **사진 꾸미기** 동작 툴로 글과 그림 활용하기	186
02 **캐릭터 그리기** 동작 툴 활용해 트레이싱 하기	191
03 **컵과 손, 바다 합성하기** 선택 툴 활용해 사진 합성하기 QR	204
04 **다이어리 템플릿 만들기** 다양한 툴 혼합 응용해 콜라주 하고 스티커 만들기	209

PART 3

한 단계 더, 깊이 있게 배우기

01 **제주 더럭 분교** 커스텀 브러시로 크레파스 느낌 내기, 일자 구도 표현하기 — 216
02 **디저트** 그림자 표현하기, 위에서 본 모습 그리기 — 224
03 **카페 건물** 단순한 구도의 건물 그리기 — 230
04 **카페 건물 야경** 선택 툴 활용하기, 반짝이는 브러시로 반짝임 표현하기 — 235
05 **카페 내부** 가우시안 흐림 효과로 원근 표현하기 — 242
06 **갤러리** 그리기 가이드로 1점 투시 그림 그리기 QR — 250
07 **창밖 풍경** 그리기 가이드로 캔버스를 벗어나는 1점 투시 그림 그리기, 사진 합성하기 — 260
08 **서핑 보드 숍** 그리기 가이드로 2점 투시 그림 그리기 — 266
09 **카페 내부** 그리기 가이드로 등거리 공간 그리기 — 275
10 **퀘백의 호텔** 그리기 가이드로 3점 투시 그림 그리기 — 284
MORE TIPS! 조정 메뉴의 색다른 필터들 — 290

PART 4

플러스알파, 디지털 드로잉 세상 넓히기

01 도장 브러시 만들기 — 294
02 픽셀 유동화 활용하기 — 300
03 네온사인 만들기 — 307
04 움직이는 GIF 만들기 QR — 311
05 애니메이션 만들기 QR — 318
06 3D 모델 페인팅하기 — 326

PART 5

내가 그린 그림으로 굿즈 만들기

01 디지털 굿즈 만들기 338
- 배경 화면 만들기 338
- 디지털 스티커 만들기 341

02 실물 굿즈 만들기 348
- 엽서 달력 만들기 348
- 종이 인형 만들기 352
- 스티커 만들기 354
- 메모지와 핀버튼 만들기 354
- 여권 케이스와 키링 그리고 여행 저널 만들기 357

03 온라인 숍 오픈하기 360

PART 6

발전된 스킬을 위해, 프로크리에이트 파헤치기

01 갤러리 364
02 색상 368
03 선택 / 형태 376
04 제스처 388
05 브러시 스튜디오 390
06 스크린샷 / 동영상 401
07 공유하기 / 백업하기 406
08 기타 409

에필로그 412
색인 413

아이패드 드로잉을 시작하기 전에

아이패드 드로잉을 위한 준비물

❶ 아이패드와 애플펜슬 알아보기

이 책을 위해서는 특별한 준비물이 필요합니다. 바로 아이패드와 애플펜슬입니다. 준비물이 다소 비쌀 수 있으나 단 한 번의 투자로 지속적인 드로잉 생활이 가능해집니다. 재료를 추가로 구입할 필요도 없고, 가지고 다니기도 편리하지요. 게다가 아이패드의 다른 부수적인 기능들도 함께 누릴 수 있습니다.

애플펜슬은 아이패드 프로와 함께 출시되었고, 현재 애플펜슬 1세대와 2세대가 나와 있습니다. 애플펜슬

1세대는 아이패드 2세대, 애플펜슬 2세대는 아이패드 3세대 이상에서만 호환이 가능합니다. 아이패드에 따라 애플펜슬을 구입하면 되겠지요.

❷ 드로잉에 필요한 아이패드 화면의 크기와 용량

드로잉을 목적으로 아이패드를 구입하는 분들은 많은 정보 때문에 오히려 혼란스러울 수 있습니다. 저 또한 아이패드를 구입하고자 했을 때 정말 많은 정보 속에서 어떻게 해야 할지 막막했습니다. 하지만 아이패드를 사용하고 보니 일정한 기준이 생기더군요. 아이패드를 구입하기 전에는 드로잉을 위해서는 최신 장비가 필요하고, 용량도 아주 커야 한다고 생각했습니다. 하지만 무조건 좋은 사양의 아이패드를 구매해야 하는 것은 아닙니다. 제가 이 책을 집필하며 사용

한 사양은 '아이패드 프로 2세대 10.5인치, 애플펜슬 1세대'입니다. 이 사양으로도 아주 만족하며 사용했어요. 10.5인치는 A4용지보다 약간 작은 크기로, 어떤 가방에도 잘 들어가기 때문에 크기 면에서 적당합니다. 오프라인 매장도 방문하며 크기에 대한 고민을 하던 저는 12인치 화면을 실제로 보고 아이패드의 장점인 휴대성이 떨어진다고 생각해 구매를 망설이게 되었지요. 물론 가격도 차이가 났고요. 그래서 10.5인치를 선택했고 그림을 그리는 데 전혀 지장을 받지 않았고, 인쇄용 외주 작업도 무리 없이 진행하였습니다. 취미로 디지털 드로잉을 시작할 요량이라면 가지고 다니기 편리한 휴대성에 집중해 주시고, 그래도 큰 화면이 좋다면 12.9인치도 고려해 보세요.

또한 용량도 동영상 편집과 같은 다른 부가적인 기능을 거의 사용하지 않고 그림과 메모용으로만 사용한다면, 64GB도 넉넉합니다. 작은 크기나 적은 용량, 이전 버전이라는 이유로 구매를 망설이고 있다면 걱정하지 말고 낮은 사양이라도 시작해 보는 것을 추천합니다. 새 제품을 사는 것이 부담스럽다면, 중고도 좋습니다.

> **프로크리에이트를 지원하는 아이패드 기종**
>
> 아이패드 프로 : 모든 인치와 기종
> 아이패드 : 5세대 이상
> 아이패드 미니 : 4세대 이상
> 아이패드 에어 : 2세대 이상
>
> (모든 해당 기종 iOS버전 14.4 이상)
>
> ※ 프로크리에이트에서 제공하는 기능 중 소수의 몇몇 기능은 Pro 기종에서만 작동합니다.

❸ 드로잉에 필요한 아이패드 액세서리

드로잉을 위해서는 애플펜슬이 필수입니다. 또한 아이패드를 보호하는 케이스도 구입하는 것이 좋습니다. 케이스는 펜슬을 수납할 수 있는 제품이 좋습니다. 펜슬 수납이 가능한 케이스가 있으면 펜슬을 잃어버리지 않고 패드와 함께 잘 들고 다닐 수 있습니다. 펜슬을 처음 사용해 보면 펜슬이 화면 위에서 너무 잘 미끄러지는 것을 알 수 있습니다. 그럴 때는 '종이 질감 필름'을 구입하여 화면에 붙이는 것이 좋습니다. 오프라인 매장에서 구매하면 직접 붙여 주기도 합니다. 종이 질감 필름을 부착하면 표면이 살짝 거칠어져 화면 위에서 펜슬이 잘 미끄러지지 않습니다. 또한 펜슬로 그릴 때 유리에 부딪히는 듯한 딱딱거리는 소리도 덜 납니다.

펜슬 팁(닙)에 무언가를 끼우는 방법도 있습니다. 펜슬 팁에 수축 튜브나 실리콘 팁 커버를 끼울 수도 있고, 낚시 용품의 하나인 케미꽂이를 씌울 수도 있습니다. 펜슬 팁에 무언가를 씌우면, 유리에 부딪히는 듯한 소리를 줄여 주고, 선을 그을 때 펜이 미끄러져 끝이 삐치는 등 의도하지 않은 현상을 막을 수 있습니다. 하지만 펜 끝이 둔감해지기 때문에 저는 '종이 질감 필름과 정품 닙'의 조합으로 사용하고 있습니다. 펜슬을 많이 사용하면 닙 끝의 흰 부분이 닳기도 합니다. 흰 부분이 닳아 다른 색이 나오면 펜이 제대로 인식되지 않으므로 닙을 갈아 줘야 합니다. 애플 스토어에서 4개 단위로 판매하고 있으며, 펜슬 닙을 돌리고 열어 뺀 다음 새 펜슬 닙을 장착해 돌려 닫는, 간단한 방법으로 교체할 수 있습니다. 처음에는 펜압에 익숙하지 않아 세게 눌러 그리기 때문에 닙이 빨리 닳을 수 있습니다. 이럴 경우 소모품인 닙을 구매하는 것이 부담스럽게 느껴질 수 있지요. 하지만 펜슬을 오래 사용하며 익숙해질수록 닙을 사용하는 기간이 늘어나니 걱정하지 마세요.

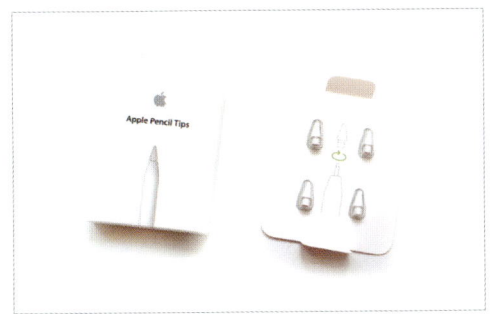

▲ 애플펜슬을 수납할 수 있는 케이스

▲ 애플펜슬 실리콘 커버

이외에도 펜슬을 꾸미거나 사용하기 편리하도록 만들어 주는 액세서리들이 있습니다. '애플펜슬 스킨'을 검색하면 펜슬에 씌울 수 있는 다양한 스킨이 나오는데 펜슬에 다양한 옷을 입혀 준다고 생각하면 됩니다. 마냥 하얀 펜슬이 질릴 때 시도해 보세요. 저는 스테들러 연필을 좋아해서 그 모양으로 입혀 사용하고 있습니다. 펜슬에 아무것도 붙이지 않으면 펜슬이 손에서 잘 미끄러지기도 합니다. 이럴 때 스킨을 입히면 저항이 생겨 다루기가 한결 수월해집니다. 실리콘으로 된 펜슬 커버도 있는데, 실리콘 펜슬 커버를 입히면 펜슬이 손에서 미끄러지는 일은 더 이상 없을 것입니다. 하지만 케이스에는 들어가지 않습니다.

❹ 프로크리에이트 다운받기

▲ 아이패드를 위한 '프로크리에이트'를 소개하는 앱 스토어 화면

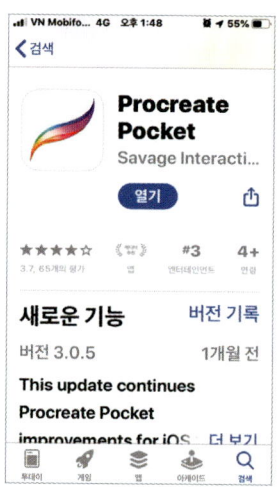
▲ 아이폰을 위한 '프로크리에이트 포켓'을 소개하는 앱 스토어 화면

아이패드를 구입했다면 이제 프로그램을 다운받아야 합니다. 아이패드용 드로잉 애플리케이션은 정말 많은 것들이 출시되어 있는데요, 전 세계적으로 가장 많이 사용되는 프로그램이 바로 '프로크리에이트'입니다. 애플 디자인 어워드 수상작답게 인터페이스가 깔끔하고 기능도 꼭 필요한 것들로 알차게 구성되어 있어서 초보자부터 전문가까지 두루두루 사용하기 좋습니다. 처음 다운받을 때는 비용이 발생하지만 업데이트도 평생 무료로 받을 수 있고, 기기를 바꿔도 프로그램을 그대로 사용할 수 있기 때문에 한 번의 구매 비용으로 미래의 업

데이트된 기능까지 구입하는 셈입니다. 다른 드로잉 애플리케이션 중에는 프로그램을 한 번 구입하면 매달 일정한 금액을 내야 하는 것도 있는데 이에 비하면 '프로크리에이트'의 이용 조건은 꽤 좋은 편입니다. 아이패드 내 앱 스토어에서 '프로크리에이트'라고 한글로 검색해도 찾을 수 있습니다. 아이폰용 '프로크리에이트 포켓'도 소개합니다. 프로크리에이트의 기능을 축소해 아이폰에서 사용할 수 있도록 만든 프로그램이에요. 모든 기능을 사용할 수 없어 아쉽지만 풀 버전보다 가격이 저렴하고, 아이폰용 펜슬을 가지고 있다면 쓸 만합니다. 이 책을 보며 '프로크리에이트 포켓'에서도 그림을 그릴 수 있으니 참고하세요.

아이패드 드로잉, 무작정 시작하기

❶ 하나씩 살펴보며 기본 툴 익히기

- 갤러리 Gallery

기본적인 메뉴들을 우선 살펴보겠습니다. 프로크리에이트를 실행하고 가장 처음에 만나는 화면은 오른쪽과 같습니다. 이 화면을 '갤러리'라고 부릅니다.

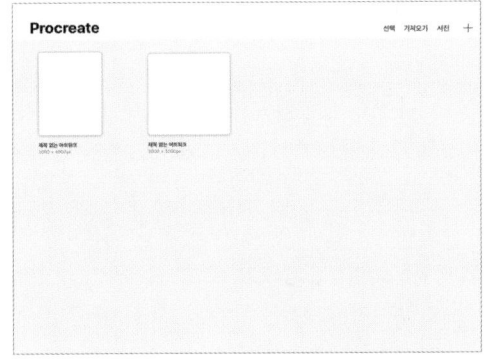

오른쪽 위의 [+] 버튼을 누르면 새로운 캔버스를 만들 수 있어요. 다양한 크기의 캔버스들이 기본적으로 설정되어 있고, 캔버스 이름을 왼쪽으로 쓱 밀면 [편집], [삭제] 메뉴가 나타납니다. '새로운 캔버스' 글자 옆 [+] 아이콘을 누르면 원하는 크기와 해상도의 캔버스(사용자 지정 캔버스)를 만들 수 있습니다. 우선은 맨 위에 있는 [스크린 크기]를 눌러서 아이패드의 스크린 크기에 딱 맞는 캔버스를 만들어 봅니다. 캔버스가 만들어지며 자동으로 그림 모드로 들어갑니다. 그림 모드로 들어갔다가 다시 이 화면으로 나오려면, 위에 제시되는 메뉴 바의 가장 왼쪽에 있는 [갤러리] 글자를 터치하면 됩니다.

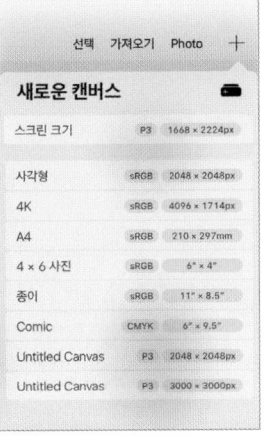

- 사용자 지정 캔버스 옵션 알아보기

① 크기

- 제목 없는 캔버스: 캔버스의 제목을 작성하는 칸입니다. 터치하면 제목을 바꿀 수 있습니다.
- 너비와 높이: 캔버스의 가로세로 크기입니다. 아래쪽에 뜨는 창을 통해 '밀리미터, 센티미터, 인치, 픽셀' 중 원하는 단위로 바꿀 수 있습니다.
- DPI: 캔버스의 해상도, 품질에 해당합니다. 숫자가 클수록 고화질이며, 보통 웹용은 72, 인쇄용은 300 이상입니다.
- 최대 레이어 수: 이 캔버스의 크기와 해상도에 맞는 최대 레이어 개수를 미리 알 수 있습니다. 캔버스 크기가 커질수록 최대 레이어 수는 줄어듭니다.

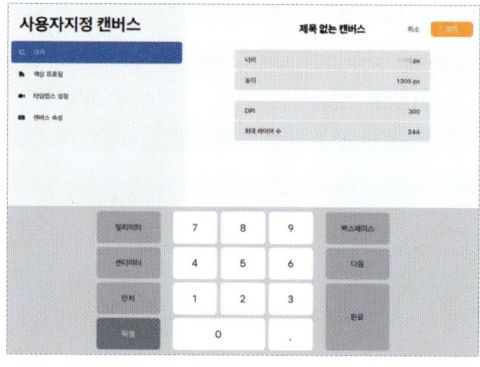

② 색상 프로필

- 웹용 그림은 'RGB', 인쇄용 그림은 'CMYK' 컬러 모드를 사용합니다. 여러 가지 옵션이 있지만 보통 RGB의 경우 [Display P3] 또는 [sRGB], CMYK의 경우 [Generic CMYK]를 선택하면 됩니다. P3는 발전된 RGB 모드입니다. [가져오기]를 통해 커스터마이징한 색상 프로필을 가져올 수도 있습니다.

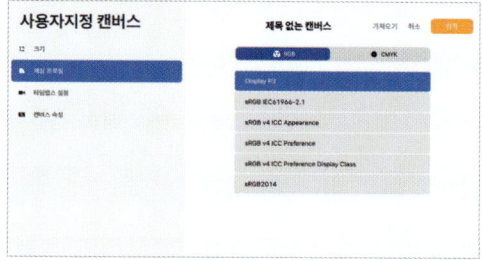

③ 타임랩스 설정

- 그림 그리는 과정을 자동으로 녹화하는 기능인 타임랩스의 용량과 품질을 결정할 수 있습니다.
- HEVC는 고효율 비디오 코덱입니다. 고화질 타임랩스를 원하는 것이 아니라면 용량을 생각해 꺼두는 것이 좋습니다.

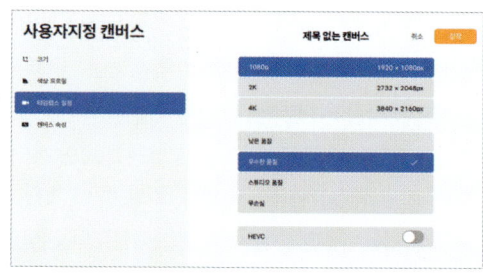

④ 캔버스 속성

- 캔버스의 배경색과 배경을 투명하게 설정할지 여부를 결정합니다. 캔버스의 크기, 속성은 설정 이후 그림 안에서도 변경이 가능하지만, 나머지 설정은 변경이 불가능합니다. 한 번 만든 커스텀 캔버스의 설정은 리스트에 저장되기 때문에 즐겨 사용하는 캔버스의 형태를 만들어 두면 좋습니다. 이곳에서 저장한 옵션은 후에도 [동작(🔧) > 캔버스 > 캔버스 정보]에서 모두 확인할 수 있습니다.

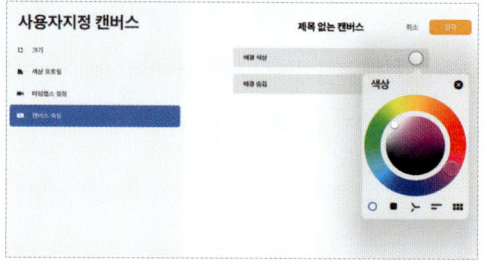

❷ **프로크리에이트의 기본적인 인터페이스 소개**

프로크리에이트 화면은 간결하고 직관적으로 구성되어 있어 다루기가 편리합니다. 우선 다양한 툴의 이름부터 알아봅시다. 상단 메뉴 바의 오른쪽에 있는 그리기 세트(브러시, 스머지, 지우개, 레이어, 색상)와 왼쪽에 있는 툴 세트(동작, 조정, 선택, 형태) 그리고 사이드 바만 알아도 그림을 시작할 수 있습니다. 하나씩 따라 눌러 봅시다.

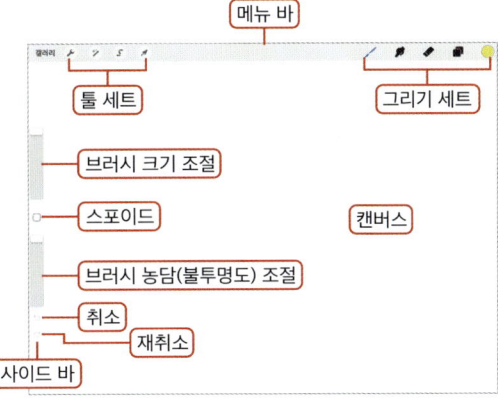

- 사이드 바 Side bar
    - 상단 조절 바: 브러시의 크기를 조절합니다.
    - 중앙 네모 버튼: 여러 가지 기능으로 설정할 수 있습니다.(▶p.388) 기본 기능은 '스포이드'입니다.
    - 하단 조절 바: 브러시의 농담(불투명도)을 조절합니다.
    - 화살표1: 바로 이전의 실행을 취소합니다.
    - 화살표2: 실행 취소한 것을 다시 취소합니다.
    - [동작 > 설정 > 크기 및 불투명도 도구 모음]으로 보이지 않게 설정할 수 있습니다.

- 브러시 Brushes

여러 종류의 브러시가 있습니다. 정말 다양하죠. 이것들을 모두 사용할 필요는 없습니다. 이 중에서 내 취향에 맞는 브러시가 존재하기 마련이지요. 하나씩 가볍게 사용하다 보면 '이게 좋겠다!'라는 브러시가 몇 개 생길 것입니다. 제시되는 모든 브러시를 써야 하는 것은 아니니 두려움은 버립시다.

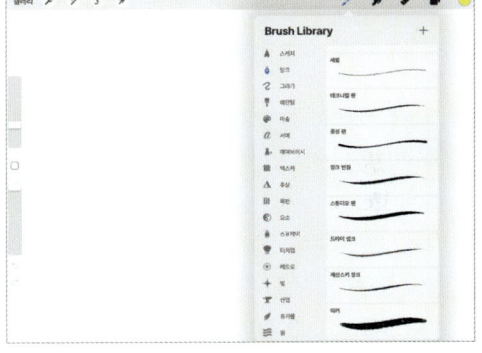

궁금한 브러시를 하나씩 골라 선을 그어 봅시다. 어떤 것들은 선으로 사용하고, 어떤 것들은 면으로 넓게 사용하는 것들이 있어요. 사이드 바의 '브러시 크기 조절'과 '브러시 농담(불투명도) 조절' 버튼을 위아래로 조절하며 사용해 보세요. 브러시 조절 바(사이드 바)의 버튼을 누른 채 옆으로 드래그한 다음, 위아래로 움직이면 더 미세한 조절이 가능합니다. 내 마음에 드는 브러시를 새로운 카테고리에 모아 편하게 사용할 수도 있습니다. 브러시 카테고리 만들기 ▶p.183

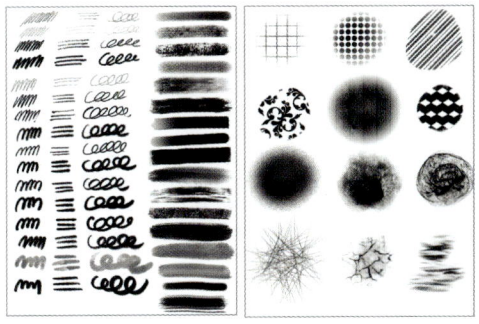

▲ 선 긋기 예시

- 스머지 Smudge

    스머지는 문자 그대로 문지르는 느낌을 주는 툴이에요. 설정에 따라 손가락으로 문지를 수도 있고, 애플펜슬로 문지를 수도 있습니다. 기본 설정은 펜슬이에요. 스머지 툴을 선택한 다음, 앞서 연습한 선을 문질러 보세요. 쉽게 느낌이 올 것입니다. 스머지는 색을 자연스럽게 섞거나 그러데이션할 때, 부드러운 느낌을 줄 때 사용합니다. 브러시와 똑같은 옵션이 있어 다양한 브러시 모양으로 문지를 수 있습니다. 크기 조절, 농담 조절도 브러시처럼 할 수 있어서 연하게 문지르거나 강하게 문지르는 등의 옵션 선택이 가능합니다.

- 지우개 Erase

    지우개 또한 브러시와 같은 옵션이 있어서 다양한 브러시 모양으로 지울 수 있습니다. 크기 조절, 농담 조절 또한 브러시처럼 할 수 있어요.

> **TIP**
>
> '브러시, 스머지, 지우개'는 같은 브러시 체계를 사용합니다. 한 툴에서 선택한 브러시 옵션을 다른 툴에서 똑같이 사용하고 싶을 때, 툴을 잠시 누르고 있으면 '현재 브러시로 하기' 라는 메시지가 메뉴 하단에 뜨며 같은 브러시로 교체됩니다. 예를 들어, 분필 브러시로 그림을 그리던 중, 같은 브러시 느낌으로 지우고 싶을 때, 따로 지우개 툴을 열고 분필 브러시를 선택하지 않아도 지우개 툴을 꾹 누르고 있으면 자동으로 분필 브러시로 지울 수 있도록 세팅됩니다. 이것은 현재 브러시가 선택된 상태 즉, 브러시 아이콘이 파란색으로 활성화되어 있을 때만 작동합니다. 스머지에서 브러시, 지우개에서 스머지 등으로 자유롭게 넘나들 수 있어요. 하지만 사이드 바의 크기, 농담 세팅은 반영되지 않습니다.

- 레이어 Layers

    레이어는 디지털 드로잉에서 가장 중요한 개념입니다. 레이어란 얇고 투명한 종이라고 생각하면 이해하기 쉬울 거예요. 여러 개의 투명한 종이 위에 그림을 나누어 그리면, 나중에 중간에서 종이 한 장만 뺄 수도 있고, 더할 수도 있겠지요. 한 장의 종이 위에 그림을 그리는 것은 다른 종이 그림에 전혀 영향을 주지도 않습니다. 하나의 그림에 여러 개의 투명한 판이 존재하고, 그 판들을 넘나들며 자유롭게 그릴 수 있는 것입니다. 배경과 소품을 분리해서 그린 다음, 소품을 이리저리 옮기는 등 다양한 수정이 정말 편리해집니다. 레이어에 대해서는 지금 잘 이해가 되지 않아도 따라 그리다 보면 쉽게 이해할 거예요.

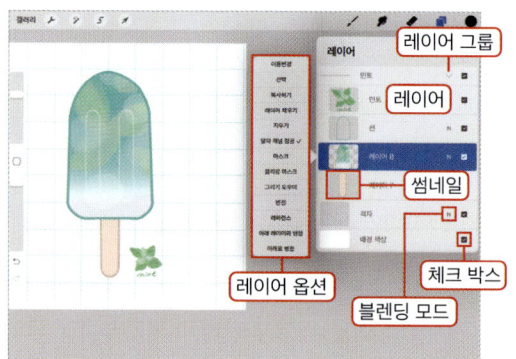

▲ 레이어 예시: 밑바탕 색, 글씨, 그림 등을 각각 다른 레이어에 분리해서 그립니다.

- 레이어에서 오른쪽 위의 [+] 버튼을 누르면 새 레이어를 만들 수 있습니다.
- 레이어의 순서에 따라 그림에서 앞/뒤가 정해집니다. 위쪽 레이어가 앞입니다.

- 각각의 레이어에 있는 체크 박스를 해제하면 해당 레이어에 있는 그림이 보이지 않습니다. 체크 박스를 다시 누르면 보이지 않던 레이어가 다시 보입니다. 스케치 단계의 레이어를 보이게 하거나 보이지 않게 할 때 유용합니다.
- 체크 박스를 잠시 누르고 있으면, 해당 레이어의 그림만 볼 수 있습니다. 다시 원상태로 되돌리려면 체크 박스를 한 번 더 꾹 누르고 있으면 됩니다. 레이어 단독보기 ▶p.71
- 체크 박스 옆의 [N] 버튼은 뒤에서 설명합니다. 블렌딩 모드 ▶p.62
- 레이어의 썸네일을 누르면 '레이어 옵션'이 뜹니다. 다양한 설정을 할 수 있습니다.

• 색상 Colors

색상을 고를 수 있는 곳입니다. 다양한 색상을 고를 수 있도록 구성해 두었어요. 초보자부터 전문가까지 이용할 수 있도록 되어 있답니다.

아래에 색상을 선택할 수 있는 5가지 옵션 '디스크, 클래식, 하모니, 값, 팔레트'가 보입니다. 바깥쪽 링을 터치해 색상을 선택할 수 있고, 안쪽 원을 터치해 해당 색상의 명도와 채도를 선택할 수 있어요. 자유롭게 터치하며 색상을 바꿔 보세요. 원 안을 누른 채 드래그하면 현재 선택한 색과 이전에 선택한 색을 비교해 볼 수도 있습니다. 자주 사용하는 색상이나 마음에 드는 색상을 선택했다면 팔레트에 저장해 둘 수도 있습니다.

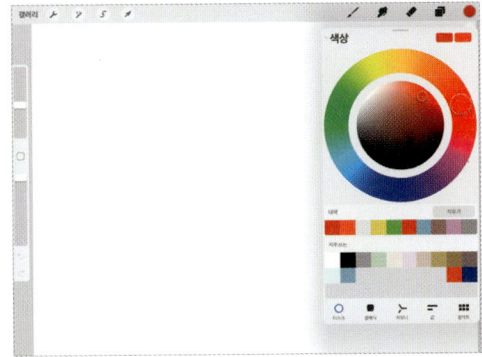

▲ 색상 선택 예시: '디스크' 형태에서 색상을 선택할 수 있도록 설정되어 있습니다.

디스크에서 색상을 선택하기 힘들다면, 아래쪽 가장 오른쪽에 있는 [팔레트] 메뉴를 터치하세요. 기본적인 색상이 팔레트에 나와 있어서 수월하게 선택할 수 있습니다. 나머지 메뉴는 차차 알아보아요.

맨 위 가운데에 있는 회색 바를 누른 채 색상 툴을 드래그하면 색상 툴이 작은 창으로 변합니다. 이대로 캔버스 어디든 원하는 곳에 둘 수 있어요. 그림을 그리다 보면 정말 편리한 기능이라는 것을 알 수 있을 거예요. 꼭 기억해 두시기 바랍니다.

- 동작 Actions

추가: 파일, 사진, 텍스트를 추가하고 붙여넣기 합니다.

캔버스: 캔버스의 정보, 크기 등을 변경하고, '그리기 가이드', '애니메이션 어시스트' 등의 캔버스 전체에 적용되는 옵션들을 활성화합니다.

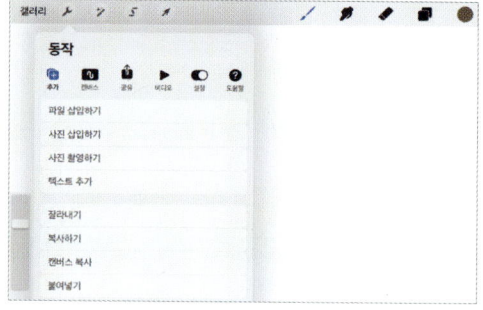
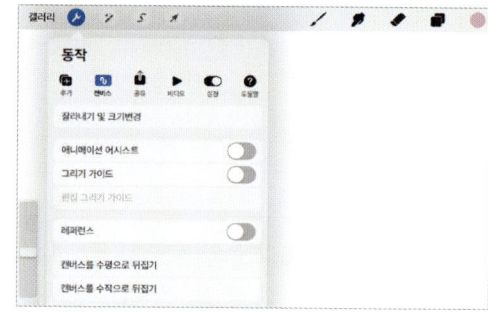

공유: 그림을 다양한 포맷의 파일로 내보냅니다.

비디오: 그림을 녹화하는 타임랩스 옵션입니다.

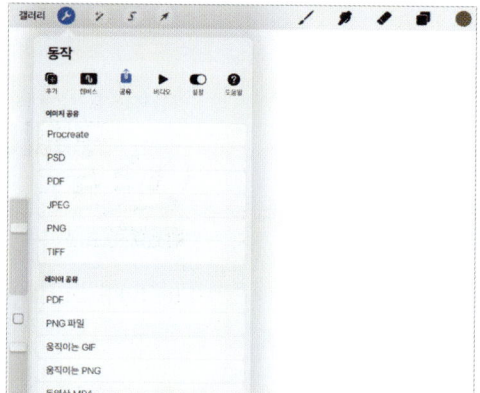
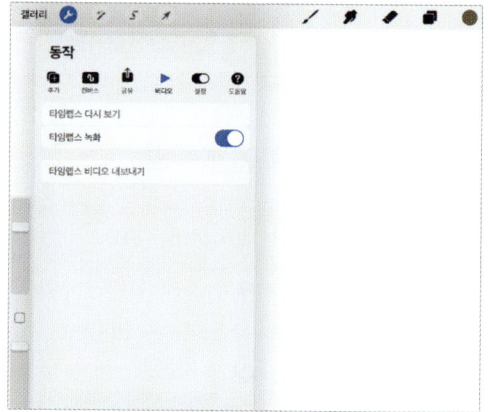

설정: 인터페이스를 사용자에 맞게 설정하고 조정합니다.

도움말: 고급 설정, 고객 지원 등을 실행할 수 있습니다. 고객 지원은 영문으로만 제공됩니다.

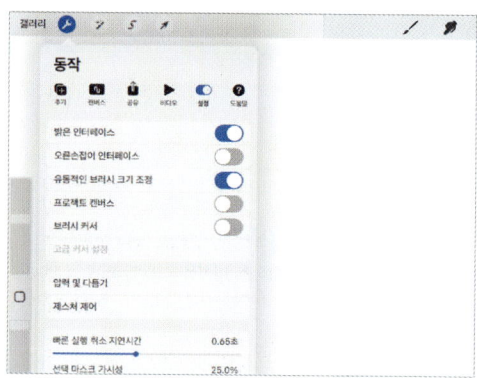
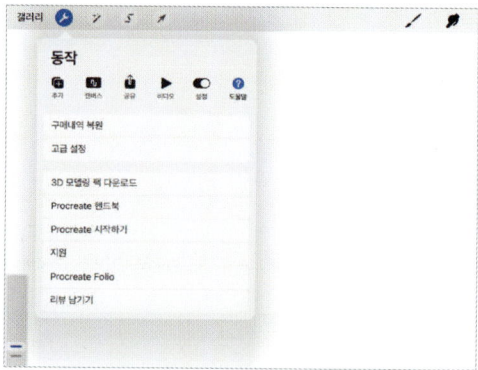

- 조정 Adjustments

     이미지에 여러 가지 효과를 넣고, 색을 조정합니다.

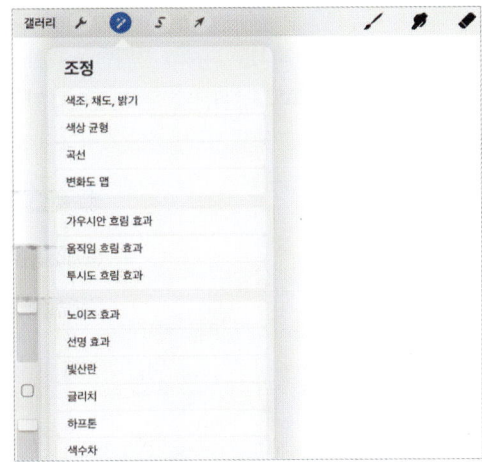

- 선택 Selections

    이미지의 전체 또는 일부를 선택합니다. 프로크리에이트에서는 '선택'이라는 단어를 두 가지 의미로 사용합니다. 선택 툴을 실행할 때 사용하는 단어 '선택'은 캔버스의 이미지만을 대상으로 하며, 이미지의 전부나 일부를 원하는 만큼 선택해 이후의 작업을 도모한다는 의미입니다. 나머지 툴로 실행할 때 사용하는 단어 '선택'은 해당 툴 안의 옵션 등을 결정하기 위해 선택한다는 의미입니다.

- 형태 Transform

     선택된 이미지의 크기와 기울기 등의 형태를 변형합니다. 이미지가 있어야만 사용이 가능합니다.

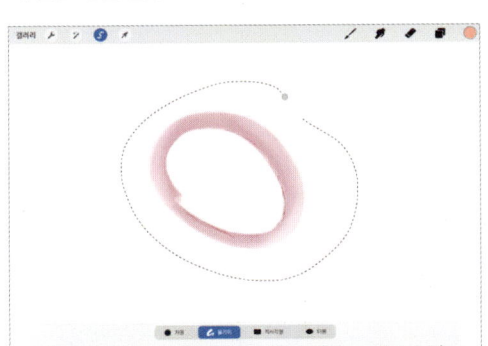

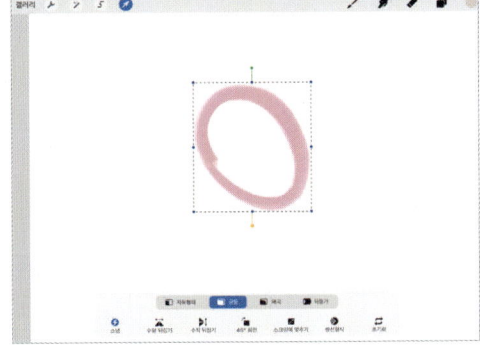

- 기본 인터페이스 바꾸기

    [동작(🔧) > 설정] 탭을 보면, 기본 인터페이스 변경에 영향을 주는 항목들이 있습니다.

    - 밝은 인터페이스: 인터페이스의 기본 색상을 밝거나 어둡게 바꿀 수 있습니다.
    - 오른손잡이 인터페이스: 사이드 바 위치를 오른쪽이나 왼쪽으로 바꿀 수 있습니다.
    - 브러시 커서: 브러시의 커서가 브러시의 모양대로 보이게 할 것인지를 결정할 수 있습니다.

❸ 알아 두면 좋은 기본 제스처

위에서 소개한 그림 그리기 세트와 툴 세트 외에도 보이지 않는 툴이 존재합니다. 바로 '제스처 Gestures'입니다. 손가락의 다양한 터치를 사용해 편리함을 더한 것으로 여러 가지 제스처가 있습니다. 각각의 제스처에는 하나의 명령어가 설정되고, 기본 설정이 되어 있지만 사용자에 맞게 설정을 변경할 수도 있습니다. 기본 설정된 제스처와 제스처를 변경하는 방법은 차차 알아보고, 여기에서는 제스처의 종류를 배워 봅니다. 어떤 제스처에 어떤 명령어가 설정되어 있을지 기대해 보아요!

- 기본 제스처 용어 설명
  - 터치: 화면을 가볍게 눌렀다 뗍니다.
  - 누르기: 화면을 누른 채 터치를 잠시 유지했다 뗍니다.
  - 밀기: 오른쪽 또는 왼쪽으로 화면을 가볍게 쓱 밀고 손가락을 뗍니다.
  - 드래그: 화면을 누른 채로 밉니다.
  - 홀드: 화면을 누른 채 손가락을 떼지 않습니다.
  - 문지르기: 손가락을 화면에 대고 좌우로 몇 번 빠르게 문지릅니다.
  - 드래그&드롭: 화면을 누른 채로 끌어당겨 놓습니다.

- 손가락 1개 제스처

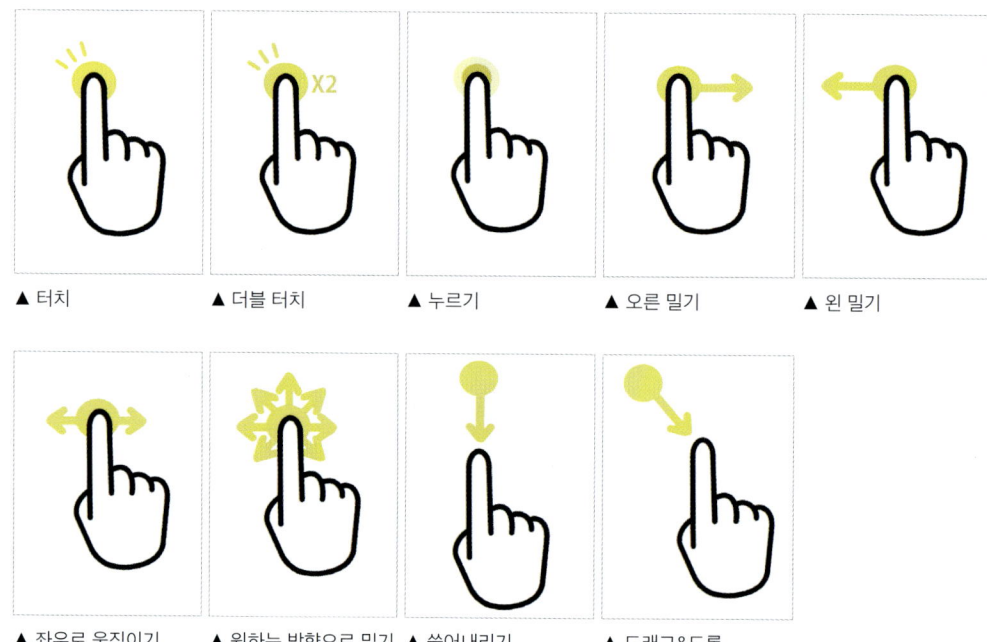

▲ 터치   ▲ 더블 터치   ▲ 누르기   ▲ 오른 밀기   ▲ 왼 밀기

▲ 좌우로 움직이기   ▲ 원하는 방향으로 밀기   ▲ 쓸어내리기   ▲ 드래그&드롭

• 손가락 2개 제스처

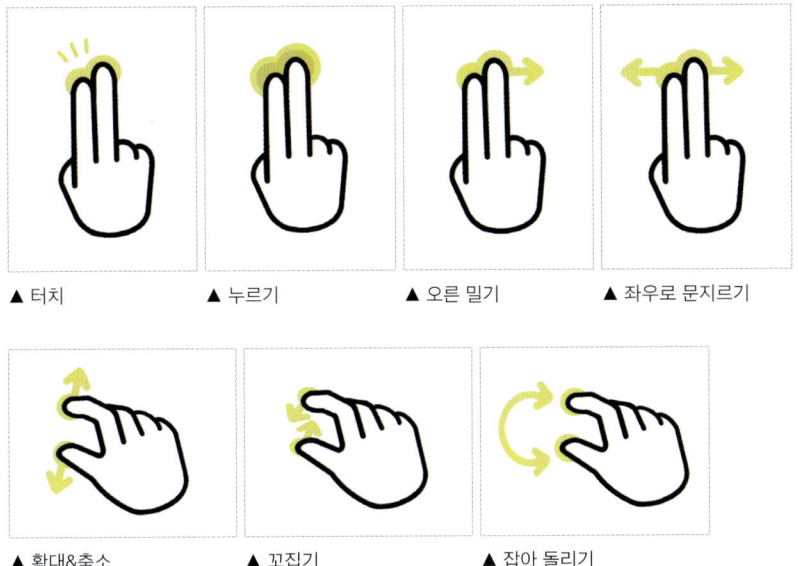

• 손가락 3개 제스처   • 손가락 4개 제스처

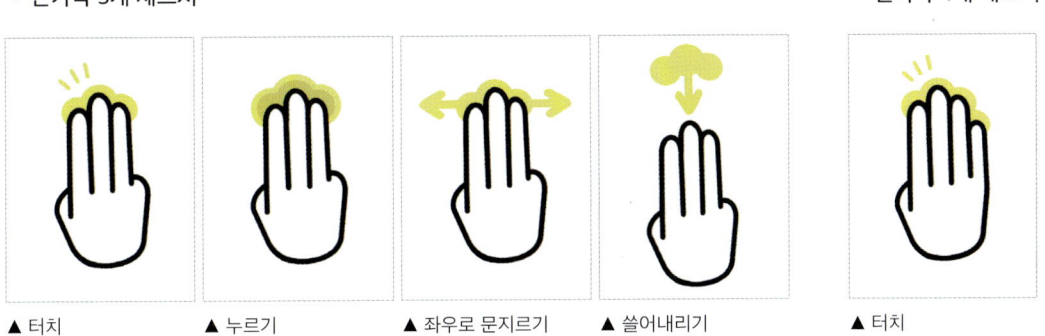

• 애플펜슬 제스처

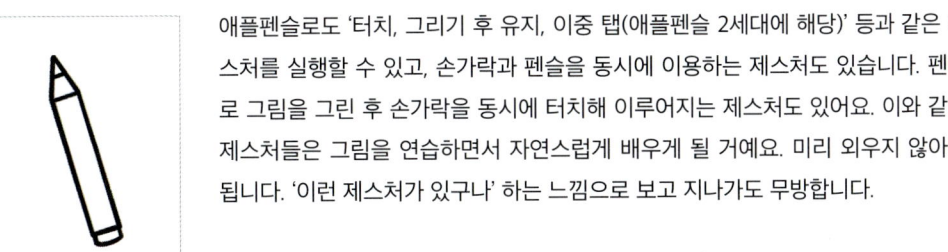

애플펜슬로도 '터치, 그리기 후 유지, 이중 탭(애플펜슬 2세대에 해당)' 등과 같은 제스처를 실행할 수 있고, 손가락과 펜슬을 동시에 이용하는 제스처도 있습니다. 펜슬로 그림을 그린 후 손가락을 동시에 터치해 이루어지는 제스처도 있어요. 이와 같은 제스처들은 그림을 연습하면서 자연스럽게 배우게 될 거예요. 미리 외우지 않아도 됩니다. '이런 제스처가 있구나' 하는 느낌으로 보고 지나가도 무방합니다.

자, 이제 본격적으로 프로크리에이트 드로잉을 시작해 보아요!

이 책을 보는 방법

- **PART**

  프로크리에이트 드로잉에 필요한 내용을 효율적으로 학습할 수 있도록 구성하였습니다.
  단계별로 이루어지는 탄탄한 구성을 따라 차례대로 보는 것을 권장합니다.

- **KEYWORD**

  작품에서 사용하는 툴과 다루는 소재, 작품을 그리며 배우는 테크닉을 알려 줍니다.

- **SETTING**

  작품의 캔버스 크기와 해상도, 컬러 모드를 알려 줍니다. 그림을 그리기 전에 이 부분을 참고하여 캔버스를 설정해 주세요. 기기 용량에 따라 캔버스 크기를 작게 조절해도 됩니다.

- **NOTICE**

  일부 작품의 커스텀 브러시와 팔레트 컬러칩을 제공합니다. 해당 파일은 책밥 홈페이지 자료실(www.bookisbab.co.kr/down)에서 다운로드할 수 있습니다.
  '움직이는 GIF 만들기'와 '애니메이션 만들기'의 완성 파일을 제공합니다. 해당 파일은 책밥 홈페이지(www.bookisbab.co.kr/prodown)에서 확인할 수 있습니다.

● **ICON**
그림을 그릴 때 사용하는 그리기 세트를 직관적인 아이콘으로 알려 줍니다.

● **TIP**
따라 하기 과정에서 알아 두면 좋은 유용한 내용을 제시합니다.

● **레이어 구성**
모든 작품의 레이어 구성을 수록하였습니다. 레이어 구성을 참고해 완성도 높은 그림을 그릴 수 있습니다.

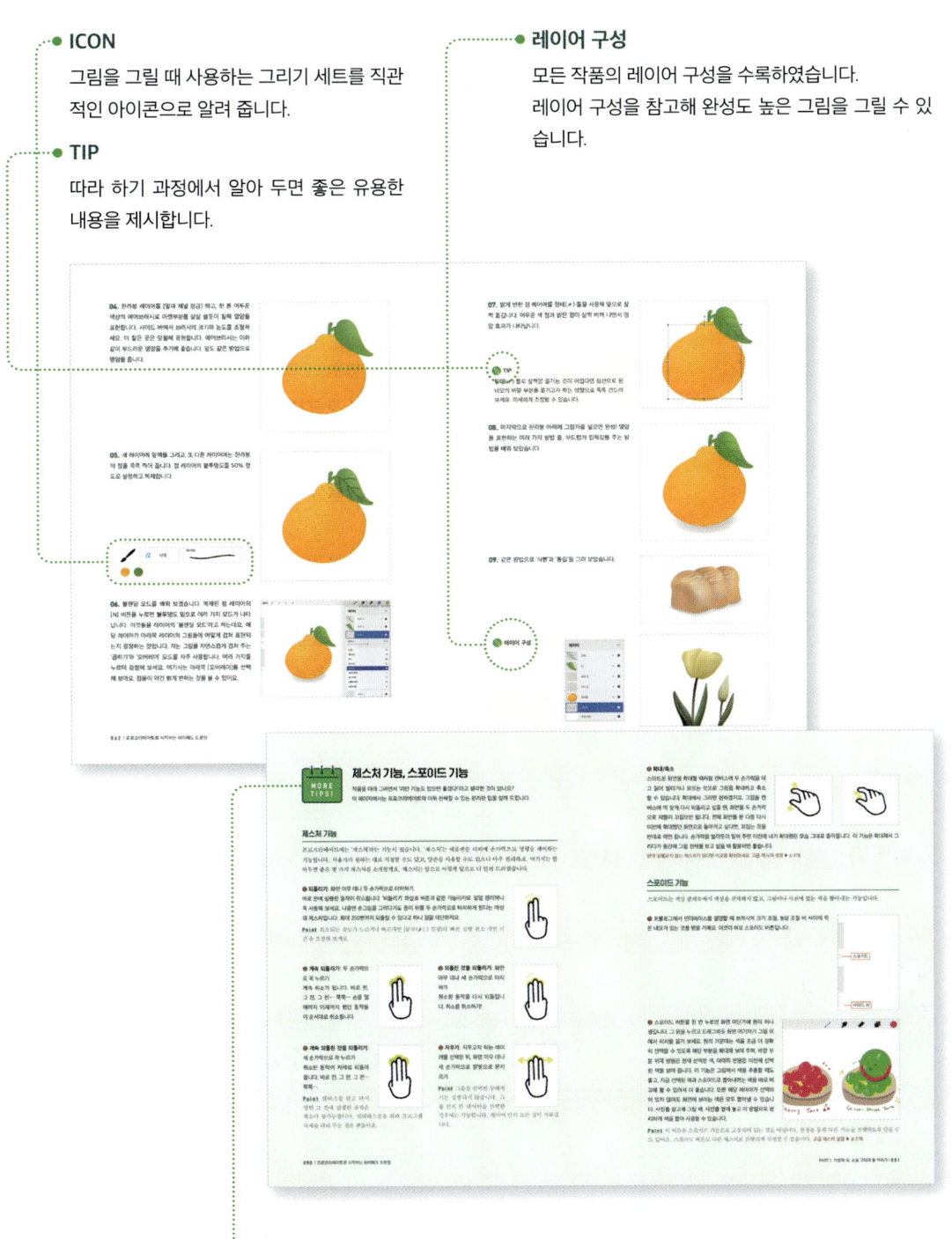

● **MORE TIPS!**
프로크리에이트와 더욱 친해질 수 있는 편리한 팁을 알려 줍니다.
알아 두면 훨씬 쉽고 편리하게 프로크리에이트 드로잉을 즐길 수 있습니다.

PART 1

Drawing with Procreate

가볍게 쓱,
소품 그리며
툴 익히기

브러시와 컬러 드롭으로 손 풀기

강아지, 구름 외

이제 쉬운 것부터 하나씩 따라 그리며 툴과 친해져 봅시다. 앞에서 다양한 브러시를 선택하며 어떤 느낌인지 파악해 보았나요? 다양하게 선을 그어 보는 것도 좋지만, 우선은 아주 작은 것이라도 '그림'을 그려 보는 것이 성취감 면에서 좋겠지요? 가장 기본적인 브러시를 몇 가지로 바꿔 가며 귀여운 그림을 그려 봅시다. 눈으로만 봐서는 알 수 없는, 그러나 아주 편리한 기능도 한 가지 배워 보고요.

● **KEYWORD**
- 툴: 브러시, 컬러 드롭
- 소재: 강아지, 구름 외
- 테크닉: 손 풀기

● **SETTING**
- 캔버스 크기: 2048×2048(px)
- 해상도: 132DPI
- 컬러 모드: RGB

01. 프로크리에이트를 실행합니다. 오른쪽 위의 [+] 버튼을 눌러 새로운 캔버스 창을 연 다음 [사각형]을 선택해 주세요. 네모난 캔버스가 만들어지며 그림 모드로 들어갑니다.

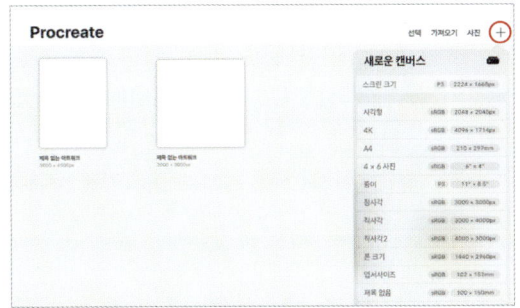

02. 동글동글 구름을 그려 보아요. 먼저 색상을 선택하고, 브러시를 선택한 다음 외곽선을 그려 주세요.

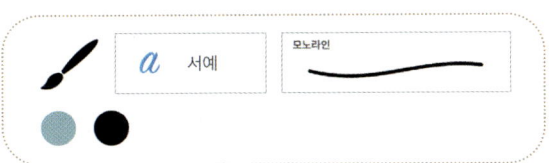

03. 색상 툴에서 그림 안쪽으로 '드래그&드롭'을 합니다. 색을 쭉 끌어다 놓는 느낌으로요. 선 안쪽으로 펜이 오기 전까지는 펜을 화면에서 떼면 안 됩니다. 이 방법으로 넓은 공간을 색으로 빠르고 쉽게 채울 수 있습니다. 선이 모두 연결되어 있지 않거나, 바탕에 드롭할 경우엔 바탕이 모두 칠해지므로 주의하세요.

04. 선을 모두 연결한 것 같은데도 색이 바깥으로 빠져 나간다면 색을 끌어 놓지 말고 펜으로 그림 안쪽을 계속 눌러 보세요. 잠시 후 화면 윗부분에 '임계값' 바가 나옵니다. 바가 나오면 펜을 누른 채로 오른쪽 왼쪽으로 움직여 봅니다. 오른쪽으로 움직이면 100%에 가까워지고, 왼쪽은 그 반대입니다. 숫자가 커질수록 색이 넓은 부분에 채워집니다.

🎨 TIP

모노라인 브러시처럼 선이 선명한 브러시는 '임계값' 조절이 의미가 없지만, 연필과 같이 선이 흐린 브러시는 이 조절로 한계치를 정할 수 있습니다. 선에 굴곡이 있을 경우, 선과 드롭된 컬러 사이에 공간이 생길 수 있습니다. 100% 완벽하게 채워지지 않는다는 생각으로 드롭된 끝 쪽을 잘 살펴보고, 채워지지 않은 곳이 있다면 펜으로 채우면 됩니다. 그래도 넓은 면을 힘들게 칠해야 하는 수고는 덜 수 있답니다. 컬러 드롭은 선택된 레이어에만 적용됩니다.

05. 구름 안쪽이 모두 채워졌습니다.

06. 다른 브러시도 사용해 봅시다. 먼지 캐릭터를 그려 보아요.

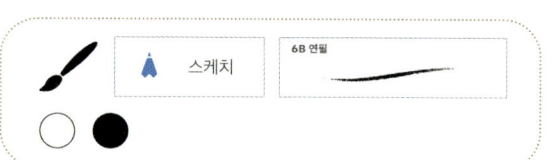

07. 귀여운 눈, 코, 입과 팔다리도 그려 줍니다.

08. 또 다른 브러시로 포근한 곰돌이도 그려 봐요. 얼굴과 귀를 먼저 그려 줍니다.

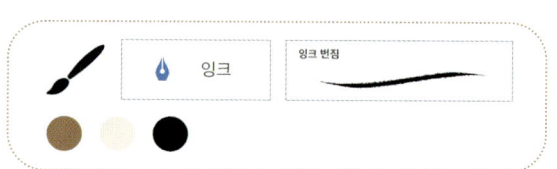

09. 밝은 색으로 귀의 안쪽과 주둥이 부분을 표현해 주세요.

10. 눈, 코, 입을 그리면 곰돌이 완성.

11. 몽글몽글한 느낌도 내 볼까요? 회색 푸들을 그려 볼 게요.

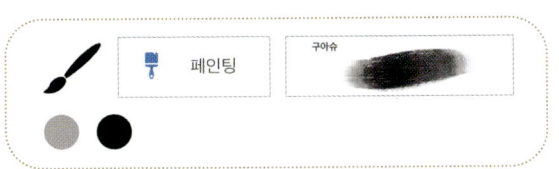

12. 검은색 라인으로 귀와 발을 표현해 주세요. 눈, 코, 입도 그립니다.

13. 마른 잉크로 그린 듯한 느낌의 딸기와

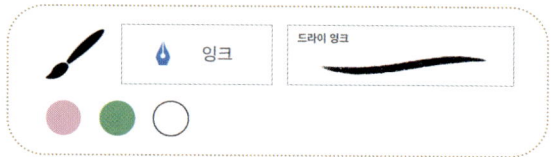

14. 색연필 느낌으로 당근도 그려 보아요. 재미있지 않나요? 다음엔 팔레트를 그리며 색상을 선택하는 방법에 대해서 조금 더 알아봅시다.

[색상>디스크]에서 색상 선택하기

팔레트

명도, 채도를 한눈에 보며 선택할 수 있는 '디스크'에서 나무 팔레트를 그리며 색상 선택에 대해 감을 잡아 봅시다.

● **KEYWORD**
- 툴: 색상 > 디스크
- 소재: 팔레트
- 테크닉: 색상 선택하기

● **SETTING**
- 캔버스 크기: 4000×3000(px)
- 해상도: 300DPI
- 컬러 모드: RGB

info 화면 상단에 보이는 메뉴 바 가장 오른쪽에 작은 동그라미가 있습니다. 바로 색상 툴인데요, 현재 선택된 색상으로 보입니다.

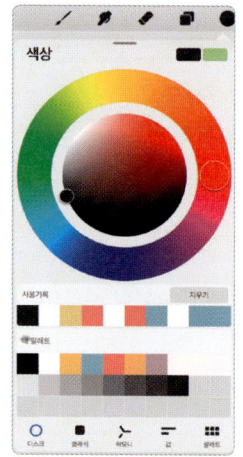
▲ 색상의 디스크 탭

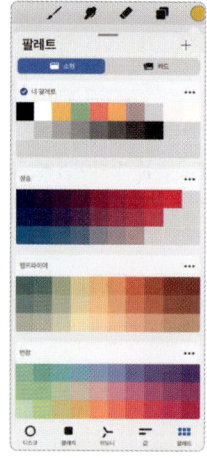
▲ 색상의 팔레트 탭

색상 툴을 선택하면 처음엔 이와 같이 디스크 모양의 색상 피커가 나옵니다. 오른쪽 위를 보면 2개의 네모 상자에 색이 채워진 것을 볼 수 있습니다. 왼쪽은 현재 선택한 색을 나타냅니다. 오른쪽은 '보조 색'으로 브러시 스튜디오의 '색상 움직임'에서 필요한 색입니다. 색상 움직임 ▶ p.396

아래쪽 '사용기록'엔 지금까지 사용한 색상이 차례로 저장됩니다. 그 아래에는 '팔레트' 탭에서 '기본값으로 설정' 해 둔 팔레트가 나타납니다. 팔레트 탭에서 [+] 버튼을 누르면 새로운 팔레트를 생성할 수 있고, [제목 없음]을 누르면 이름도 변경할 수 있습니다. 자주 사용하는 색상으로 나만의 팔레트를 만들 수 있는 것이지요. 색을 선택한 다음 팔레트의 빈 공간에 터치만 한 번 해 주면 손쉽게 저장할 수 있습니다. 팔레트 ▶ p.371

01. 새로운 캔버스에 유화를 그릴 때 사용하는 나무 팔레트 모양을 그려요. 캔버스에 꽉 차게 큼직하게 그립니다. 그리다 틀리면 언제든 취소 화살표를 이용해 되돌리세요.
취소 제스처 ▶ p.50

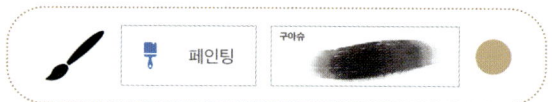

02. 나무 팔레트에는 노란색 계열부터 얹어 줄 거예요. 먼저 바깥의 링에서 대략적인 색상을 선택하고, 안쪽의 원에서 바깥 링에서 선택한 색상을 조금 더 자세하게 조정합니다. 원색 느낌을 보기 위해 바깥 링에서는 노란 부분을, 안쪽 원에서는 1시 방향 끝 쪽을 터치해 주세요. 그리고 브러시 크기를 조절한 다음 팔레트에 색을 얹어 보세요. 구아슈 브러시는 압력이나 칠하는 횟수에 따라 흐린 색에서 진한 색으로 연출이 가능합니다. 같은 자리에 여러 번 칠하며 그러데이션 느낌도 내보세요.

> **TIP**
> 안쪽 원을 자세히 보면 검은색과 흰색도 보입니다. 흰색으로 가까이 갈수록 흐리고 연한 색, 검은색으로 갈수록 어두운 색이 됩니다. 원색에 가까운 색을 선택하려면 1~2시 방향의 맨 끝을 선택합니다.

03. 안쪽 원은 그대로 두고, 바깥 링의 색상만 조금씩 오른쪽으로 옮겨 색상을 바꿔 가며 팔레트를 채웁니다.

04. 한 바퀴를 돌았다면, 다음엔 안쪽 원에서 조금 더 안쪽을 찍어 줍니다. 채도가 낮아진 색을 선택할 수 있어요.

05. 이 상태로 다시 바깥 링의 색상을 옮겨 가며 팔레트를 채웁니다.

06. 다시 한 번 안쪽 원에서 조금 더 안쪽을 찍어 줍니다. 이전보다 더 어두운 계열을 선택할 수 있어요.

07. 이렇게 팔레트를 점점 어두운 색으로 채운 뒤, 마지막으로 무채색도 칠합니다. 무채색은 바깥 링에서 고른 색상에 영향을 받지 않습니다. 안쪽 원의 왼쪽 라인을 따라 점점 아래로 선택하면 '흰색 > 회색 > 검은색' 순서로 표현할 수 있어요.

색상 선택 심화 ▶ p.368

알파 채널 잠금 사용법 익히기

일상 두들링

여러 가지 브러시와 예쁜 색상들로 무엇을 그릴지 알 수 없을 때는 가볍게 일상 낙서를 해도 좋아요. '두들링'이라는 낙서 아트, 들어 보셨나요? 두들링이란 소재에 상관없이 낙서 같은 그림들을 빼곡하게 그리는 것입니다. 오늘 있었던 일이나 먹은 음식 등 오늘의 일기를 가끔 두들링해 보아도 재미있답니다. 무언가 그리고 싶은데 무엇을 그릴지 감이 잡히지 않을 때 도전하면 좋아요.

● KEYWORD
- 툴: 알파 채널 잠금
- 소재: 일상 두들링
- 테크닉: 기본 사용법

● SETTING
- 캔버스 크기: 3000×3000(px)
- 해상도: 300DPI
- 컬러 모드: RGB

01. 오늘 먹은 것, 오늘 갔던 곳을 떠올리며 작은 그림을 그려 봅니다. 글씨를 같이 적어도 좋아요. 얇은 선은 야들한 느낌을, 두꺼운 선은 귀여운 느낌을 줍니다. 저는 두툼한 선으로 일상 두들링 그리는 것을 좋아해요. 두꺼운 선으로 고기와 물을 표현합니다.

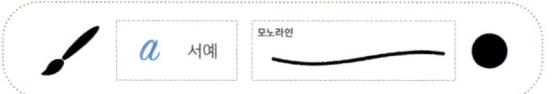

02. 이어서 아랫부분에 카페와 음료, 버스를 그려 주세요.

03. 다양한 사물을 그려 넣어 봅니다.

04. 네모난 캔버스를 모두 채운다는 느낌으로 공간을 활용해 주세요. 이렇게 검은색으로만 두들링을 완성했는데, 어딘가 심심한 느낌이 듭니다. 색을 입히는 유용한 방법을 알려드릴게요.

05. 우선 레이어를 복제합니다. 작업한 그림을 보존한 채 덧그리거나 색상을 바꾸고 싶을 때는 레이어를 복제해서 하나는 보존하고 다른 하나에 효과를 적용할 수 있습니다. 원본이 보존되어 있으므로 걱정 없이 원하는 작업을 할 수 있겠죠. 복제하고자 하는 레이어를 선택한 다음, 왼쪽으로 쓱 밀어 줍니다.

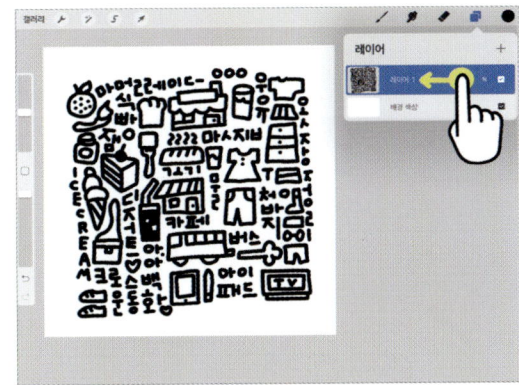

06. 이와 같이 '잠금, 복제, 지우기' 메뉴가 나오면, '복제'를 눌러 줍니다.

> 🧠 **메뉴 살펴보기**
> - **잠금**: 해당 레이어에 어떤 효과나 브러시도 적용되지 않도록 레이어를 잠가 두는 기능입니다.
> - **복제**: 복제를 누르면 똑같은 레이어가 하나 더 생성됩니다.
> - **지우기**: 해당 레이어가 삭제됩니다.

07. 똑같은 그림이 하나 더 생겼습니다. 새로 만든 레이어의 썸네일을 누르면, 다양한 레이어 옵션이 나옵니다. 그중에서 [알파 채널 잠금]을 선택할 거예요. 효과가 적용되면 해당 이름 옆에 체크 표시가 나타나고, 레이어의 썸네일 배경이 조금 달라진 것을 볼 수 있어요. 이 기능은 해당 레이어의 그림 위에만 그림이 그려지도록 배경을 잠그는 기능입니다. 아주 편리한 기능으로 앞으로 자주 사용할 거예요. 브러시든 컬러든 절대 밖으로 빠져나가지 않고 그려진 그림 위에만 적용됩니다.

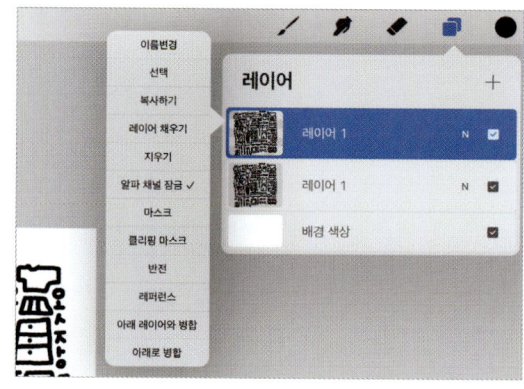

08. 이렇게 [알파 채널 잠금]을 적용한 레이어에 색을 입혀봅니다. 하나의 색으로만 채워도 되고, 테마에 따라 여러 가지 색으로도 입혀도 좋아요. 옆으로 빠져나가지 않고 그려 둔 선에만 색이 칠해지는 것이 신기하면서도 재미있을 거예요. 이렇게 색을 입히는 것에는 다른 방법도 있는데요, 차차 알아보도록 합시다.

09. '음식'을 주제로 두들링해 보았습니다. 이렇게 하나의 주제로 다양한 그림을 그리면 꽤 그럴듯해 보인답니다. 다른 주제로도 얼마든지 두들링 작품을 그릴 수 있고, 두들링 위에 색을 입힐 수도 있어요.

선을 살려 두고 색을 입히는 방법 ▶ p.66

🧑 **레이어 구성**

불투명도 조절과 레이어 활용하기

블루베리 타르트

본격적으로 레이어를 활용한 그림을 그려 봅시다. '블루베리 타르트'를 그리며 레이어 툴의 편리함을 느껴 보아요.

- **KEYWORD**
  - 툴: 레이어, 불투명도 조절
  - 소재: 블루베리 타르트
  - 테크닉: 레이어 활용하기

- **SETTING**
  - 캔버스 크기: 3000×3000(px)
  - 해상도: 300DPI
  - 컬러 모드: RGB

info 새 캔버스를 만든 다음 [레이어]를 누릅니다. 오른쪽의 이미지가 레이어의 기본 설정입니다.

프로크리에이트에서는 배경 색상 레이어에 더해 하나의 레이어가 새로 생성되어 있는 상태가 기본입니다. 새 캔버스를 열고 바로 그림을 그려도 선과 배경이 분리되는 것이지요. 아무 생각 없이 그림을 시작했을 때 '아차! 선을 분리했어야 했는데….' 하고 나중에 다시 선을 분리해 내느라 애쓰지 않아도 됩니다. 사용자의 편리에 맞춘 아주 좋은 설정이라고 볼 수 있습니다. 배경 색상 레이어는 오직 색상 변경만 가능한 레이어입니다.

01. 브러시를 선택해 밑그림을 그려요. 색상은 자유롭게 선택해도 됩니다. 저는 회색이나 옅은 하늘색을 스케치 색으로 선호하는 편입니다. 자주 사용하는 스케치 색을 팔레트에 저장해 두면 편리해요.

팔레트 심화 ▶ p.371

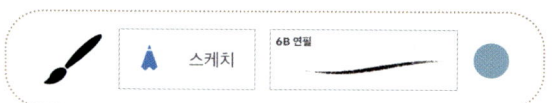

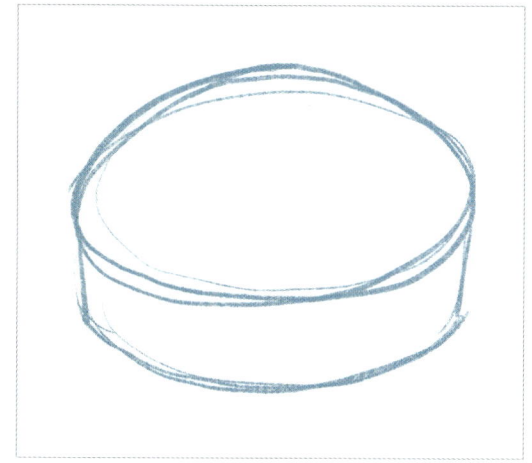

02. 둥글납작한 원기둥 위에 동글동글한 블루베리도 얹어 줍니다.

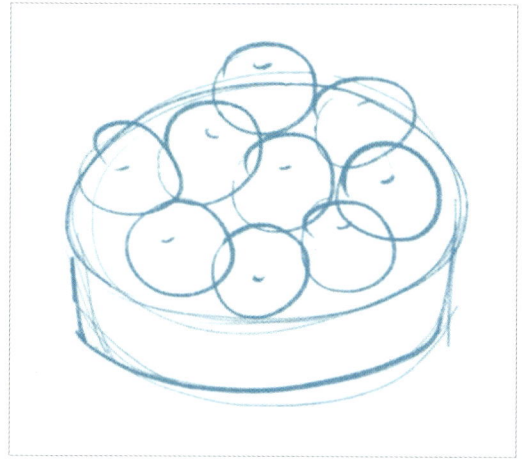

03. 이제 이 밑그림을 기본으로 그림을 그립니다. 밑그림을 조금 흐리게 하면 본그림을 그릴 때 더 좋겠죠? 밑그림 레이어 오른쪽의 작은 [N]자를 누르면, 밑에 불투명도를 포함한 다른 옵션이 나옵니다. 다른 것은 나중에 보고, 먼저 '불투명도'를 조절해 봅시다. 100%는 그림이 온전히 보이고, 숫자가 작아질수록 흐리게 보입니다. 오른쪽, 왼쪽으로 바를 움직이며 옆의 그림이 어떻게 변하는지 관찰해 보세요. 저는 25% 정도로 흐리게 설정했습니다.

🤏 불투명도를 조절하는 또 다른 방법

해당 레이어를 두 손가락으로 터치하면, 위쪽 메뉴 바로 밑에 파란색 바가 나옵니다. 캔버스를 한 손가락으로 누른 채 오른쪽, 왼쪽으로 밀어 조절해 주세요. 손가락을 떼며 밀어도 됩니다. 손가락을 누른 채 움직이면 정확한 퍼센트가 나옵니다.

불투명도 설정 제스처 ▶ p.70

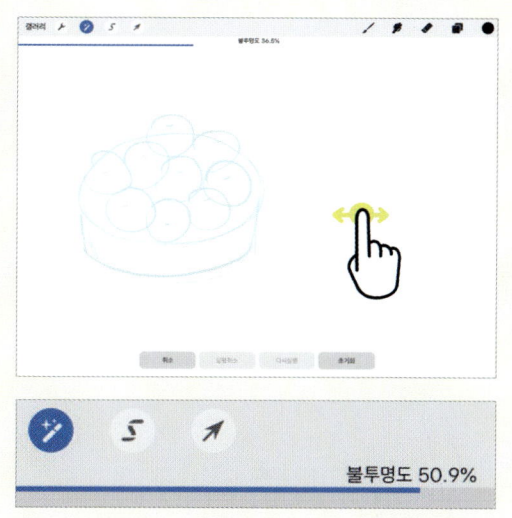

04. 이어서 레이어의 [+] 버튼을 눌러 새 레이어를 만듭니다. 스케치와는 다른 레이어에 그림을 그려서, 나중에 스케치를 버튼 하나로 쉽게 삭제할 수 있도록 하는 것이지요.

05. 밑그림을 따라 타르트의 밑 부분을 칠해 줍니다. 조금 울퉁불퉁해도 괜찮아요. 아래에 보이는 하얀 부분을 남기지 않아도 괜찮습니다.

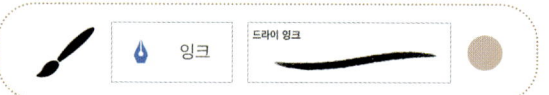

06. 새 레이어를 만들어 타르트 위에 레몬 필링을 얹어 줍니다. 이 부분은 따로 레이어를 만들어도 되고, 같은 레이어에 그려도 됩니다.

07. 이어서 블루베리를 그릴 거예요. 타르트 그림 때문에 스케치가 가려져 블루베리를 그리기 힘들 때는 레이어에서 타르트와 레몬 필링의 체크 표시를 없애 줍니다. 이렇게 하면 해당 레이어가 일시적으로 화면에서 사라집니다. 또는 스케치 레이어를 복제해 맨 위로 '드래그&드롭'을 해 보세요.
레이어 이동 ▶ p.69

> 🟢 **레이어 이름 변경하기**
>
> 레이어의 썸네일을 누르면 나오는 옵션 맨 위에 있는 '이름 변경'으로 레이어 이름을 보기 편하게 변경할 수 있습니다. 지금은 그림이 커서 썸네일에서도 잘 보여 이름을 설정해 둘 필요가 적지만, 썸네일로는 보기 힘든 작은 글자 등을 레이어에 넣을 때 이름을 변경해 두면 쉽게 알아볼 수 있어서 좋습니다.

08. 블루베리를 그리기가 더 쉬워졌어요. 새 레이어에 보라색으로 동글동글 칠해 줍니다.

09. 붓 크기를 조절하며, 짙은 보라색으로 블루베리 꼭지를, 밝은 보라색으로 밝은 부분을 그립니다.

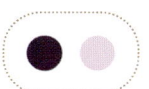

10. 타르트의 밑부분에 음영을 주겠습니다. '일상 두들링' 편에서 배운 '알파 채널 잠금'을 이용해 봅시다. 타르트 레이어에 알파 채널 잠금을 합니다.

PART 1. 가볍게 쓱, 소품 그리며 툴 익히기 | **043**

11. 타르트에 조금 더 어두운 색을 칠해 줄 거예요. 한 가지 색으로만 아랫부분을 칠해도 됩니다.

12. 새 레이어에 텍스트와 꾸밈 요소 등을 넣어 그림을 완성합니다.

13. 익숙해지면 더 복잡한 그림도 그릴 수 있어요.

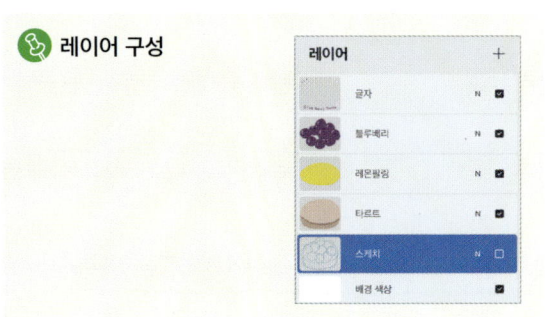

색상 바꾸기, 레이어 그룹 만들기

여러 가지 타르트

갤러리에서 이전에 그린 '블루베리 타르트' 그림을 터치해 열어 주세요. 이 그림을 응용해 두 가지 타르트를 더 그릴 거예요. 디지털 드로잉의 장점인 '복제하기'를 이용해 볼 거랍니다. 레이어를 누르면, 이전에 그렸던 레이어들이 나옵니다. 타르트와 필링을 복제한 다음 위에 있는 블루베리의 색상만 바꿔 다른 타르트를 만들어 볼 거예요.

● **KEYWORD**
- 툴: 레이어 그룹, 조정 > 색 메뉴
- 소재: 여러 가지 타르트
- 테크닉: 색상 바꾸기

● **SETTING**
- 캔버스 크기: 3000×3000(px)
- 해상도: 300DPI
- 컬러 모드: RGB

01. 그룹 만들기 (여러 레이어 선택)

다른 타르트를 그리면 레이어가 헷갈릴 수 있어요. 그럴 때는 같은 그림끼리 그룹으로 묶어 두는 것이 좋습니다. 먼저 아무 레이어나 한 번 터치합니다. 터치하면 해당 레이어가 진한 파란색으로 바뀌며 선택되었음을 알려 줍니다. 이 레이어와 그룹 지을 다른 레이어를 손가락이나 펜슬로 오른쪽으로 살짝 밀어 주세요. 살짝 밀면 하늘색으로 선택이 되어요. 이렇게 그룹 지을 나머지 레이어들도 오른쪽으로 살짝 밀어 준 뒤, 모두 선택이 되었으면 위쪽 '레이어' 옆에 생겨난 [그룹]을 누릅니다. 그룹 해제는 그룹 안의 레이어를 모두 선택해 드래그하듯 그룹 밖으로 놓은 다음, 비어 있는 그룹 레이어를 왼쪽으로 쓱 밀어 [삭제]를 선택하면 됩니다.

▲ 비어 있는 그룹 레이어는 이렇게 납작한 모습이므로 쉽게 알 수 있습니다.

 TIP

- **여러 레이어 선택 시 실행할 수 있는 것**: 형태 변경, 위치 변경, 그룹 짓기, 삭제
- **여러 레이어 선택 시 실행할 수 없는 것**: 선택 툴의 선택, 조정 툴의 효과
- **여러 레이어 선택 시 일부만 실행 가능한 것**: 복사하기/붙여넣기는 처음 선택한 진한 파란색 레이어만 가능합니다.

02.
선택한 레이어들이 그룹 안에 들어가고, 레이어와 똑같이 옵션에서 이름도 변경할 수 있습니다. 그리고 그룹명 체크박스 옆의 [>] 또는 [ˇ] 모양 화살표를 누르면 그룹을 펼치고 접을 수 있습니다. 그룹을 접은 상태에서는 그룹을 통째로 복제할 수도 있어요. '일상 두들링'을 할 때 배운 것처럼 왼쪽으로 밀어 나오는 메뉴에서 복제를 선택합니다.

▲ 그룹을 펼친 모습

▲ 그룹을 접은 모습

03. 복제된 그룹의 레이어 색상 바꾸기

블루베리 타르트 그룹 레이어의 체크 표시를 해제해 잠시 보이지 않도록 꺼 두고, 복제된 그룹을 펼쳐 봅니다. 위에 얹은 블루베리의 색상만 바꿀 거예요. 복제된 그룹에서 블루베리가 그려진 레이어를 선택하고, 위의 도구에서 [조정( ) > 색조, 채도, 밝기]를 선택합니다. 아래쪽에 나오는 색상 바로 색조, 채도, 밝기를 조절할 수 있습니다.

04. 색조 조절을 통해 붉은 계열로 바꾼 다음, 채도나 밝기를 높이면 체리색이 됩니다. 블루베리의 색을 바꾼 것만으로도 체리 타르트가 완성되었습니다.

> 🔍 **메뉴 살펴보기**
> - **색조**: 색상 자체를 바꿉니다.
> - **채도**: 색상의 선명도를 조절합니다.
> - **밝기**: 밝은 정도를 조절합니다.
> - **재설정**: 화면 아무 곳이나 터치하면 '초기화' 옵션이 나타납니다.

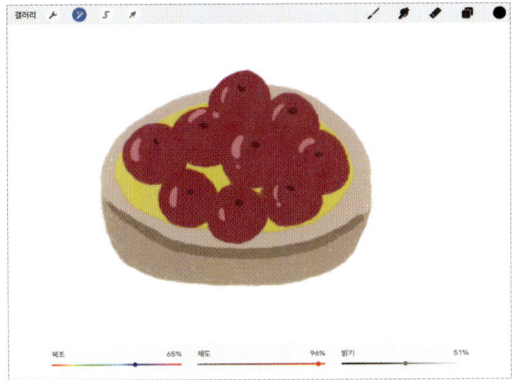

05. 색조, 채도, 밝기 메뉴로 해결되지 않을 때, 마음에 들지 않을 때는 다른 방법을 선택합니다. [조정( ) > 색상 균형]입니다. 아래쪽 색상 바를 조절하며 특정 색상에 가깝게 색을 바꿀 수 있습니다. 오른쪽의 옵션을 조정하면 더 미세한 조절이 가능해져요. 해당 영역의 색을 조절한다는 뜻입니다.

06. 이렇게 한 번 더 [그룹 복사 > 색 조절] 과정을 통해 청포도 타르트도 만들어 보세요. 그리고 각각의 타르트에 맞는 텍스트와 꾸밈 효과도 넣어 주세요. 복제된 레이어에 있는 블루베리 타르트 속 텍스트와 꾸밈 요소는 지우개로 지우거나 레이어 옵션에서 [지우기]를 선택하세요.

07. 위치 조절하기

이렇게 3개의 타르트를 그린 뒤, 그룹 레이어들의 체크 표시를 모두 켜면 타르트 그림이 겹쳐 보입니다. 같은 자리에 복사해서 그렸기 때문이지요. 블루베리 타르트 그룹 레이어를 선택한 후, 크기와 위치 조절을 위해 위쪽에서 형태(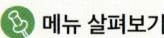) 툴을 선택하면 그림 주변에 네모난 점선이 생겨납니다. 각 모서리와 변에 파란색 점이 있고 위쪽에는 초록색 점의 손잡이가 있는데요, 파란 점을 드래그하여 크기를 변경할 수 있고, 손잡이를 움직여 각도도 조절할 수 있습니다. 우리는 가로세로 비율을 균등하게 하고 크기만 변경할 것이기 때문에 아래 메뉴에서 [균등]을 선택한 다음 크기를 변경합니다. 크기를 조절했다면, 드래그해 위치도 옮길 수 있습니다.

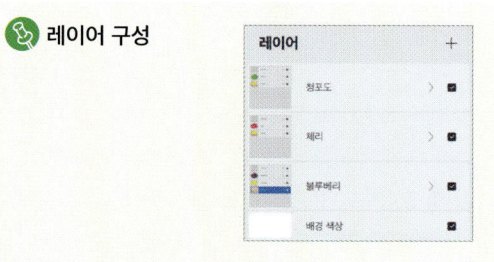

> 📌 **메뉴 살펴보기**
> - **자유 형태**: 가로세로를 자유롭게 늘이거나 줄입니다.
> - **균등**: 가로세로를 원본 비율대로 늘이거나 줄입니다.
> - **왜곡/뒤틀기**: 왜곡된 모양이나 뒤틀린 모양으로 변형합니다. 형태 심화 ▶ p.381

> 📌 **TIP**
> 이동하거나 조절하고자 하는 레이어를 먼저 선택해야 한다는 것을 잊지 마세요. 그룹 폴더를 선택한 경우 그룹 안에 있는 모든 레이어가 함께 조절됩니다. 이동 시 반드시 점선 안쪽을 드래그하지 않아도 됩니다. 캔버스의 아무 곳이나 가능합니다.

08. 크기 조절과 위치 조절을 통해 나란히 줄 세운 타르트 삼총사!

09. 하나의 그림을 완성한 다음, 복사/붙여넣기를 통해 색깔이나 내용이 다른 여러 장의 그림을 만들 수 있습니다. 마카롱이나 조각 케이크 같은 달콤한 디저트, 작고 소소한 연필이나 양말 등을 다채로운 색과 무늬로 만들어 화면에 나열해 보세요. 훌륭한 작품을 만날 수 있습니다.

제스처 기능, 스포이드 기능

작품을 따라 그리면서 '이런 기능도 있으면 좋겠다!'라고 생각한 것이 있나요?
이 페이지에서는 프로크리에이트와 더욱 친해질 수 있는 편리한 팁을 알려 드립니다.

제스처 기능

프로크리에이트에는 '제스처'라는 기능이 있습니다. '제스처'는 애플펜슬 이외에 손가락으로 명령을 제어하는 기능입니다. 사용자가 원하는 대로 지정할 수도 있고, 양손을 사용할 수도 있으니 아주 편리하죠. 여기서는 알아두면 좋은 몇 가지 제스처를 소개할게요. 제스처는 앞으로 이렇게 팁으로 더 알려 드리겠습니다.

❶ **되돌리기**: 화면 아무 데나 두 손가락으로 터치하기
바로 전에 실행한 동작이 취소됩니다. '되돌리기' 화살표 버튼과 같은 기능이지요. 정말 편리하니 꼭 사용해 보세요. 나중엔 손그림을 그리다가도 종이 위를 두 손가락으로 터치하게 된다는 마성의 제스처입니다. 최대 250번까지 되돌릴 수 있다고 하니 정말 대단하지요.

Point 취소되는 속도가 느리거나 빠르다면 [동작(🔧) > 설정]의 '빠른 실행 취소 지연 시간'을 조절해 보세요.

❷ **계속 되돌리기**: 두 손가락으로 꾹 누르기
계속 취소가 됩니다. 바로 전, 그 전, 그 전… 쭉쭉… 손을 뗄 때까지 이제까지 했던 동작들이 순서대로 취소됩니다.

❸ **되돌린 것을 되돌리기**: 화면 아무 데나 세 손가락으로 터치하기
취소한 동작을 다시 되돌립니다. 취소를 취소하기!

❹ **계속 되돌린 것을 되돌리기**: 세 손가락으로 꾹 누르기
취소된 동작이 차례로 되돌아 옵니다. 바로 전, 그 전, 그 전… 쭉쭉….

Point 캔버스를 닫고 다시 열면 그 전에 실행한 동작은 취소가 불가능합니다. 멀티태스킹을 위해 프로그램 자체를 내려 두는 것은 괜찮아요.

❺ **지우기**: 지우고자 하는 레이어를 선택한 뒤, 화면 아무 데나 세 손가락으로 양옆으로 두세 번 문지르기

Point 그룹을 선택한 상태에서는 실행되지 않습니다. 그룹 안의 한 레이어를 선택한 경우에는 가능합니다. 레이어 안의 모든 것이 지워집니다.

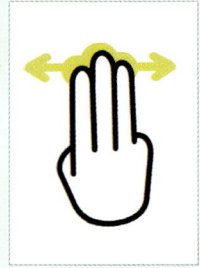

❻ **확대/축소**

스마트폰 화면을 확대할 때처럼 캔버스에 두 손가락을 대고 밀어 벌리거나 모으는 것으로 그림을 확대하고 축소할 수 있습니다. 확대해서 그리면 편하겠지요. 그림을 캔버스에 딱 맞게 다시 되돌리고 싶을 땐, 화면을 두 손가락으로 재빨리 꼬집으면 됩니다. 전체 화면을 본 다음 다시 이전에 확대했던 화면으로 돌아가고 싶다면, 꼬집는 것을

반대로 하면 됩니다. 손가락을 벌리듯이 밀어 주면 이전에 내가 확대했던 모습 그대로 돌아옵니다. 이 기능은 확대해서 그리다가 중간에 그림 전체를 보고 싶을 때 활용하면 좋습니다. 또는 레퍼런스(▶ p.202)를 이용할 수 있습니다.

만약 실행되지 않는 제스처가 있다면 이곳을 확인하세요. 고급 제스처 설정 ▶ p.388

스포이드 기능

스포이드는 색상 팔레트에서 색상을 선택하지 않고, 그림이나 사진에 있는 색을 뽑아내는 기능입니다.

❶ 프롤로그에서 인터페이스를 설명할 때 브러시의 크기 조절, 농담 조절 바 사이에 작은 네모가 있는 것을 봤을 거예요. 이것이 바로 스포이드 버튼입니다.

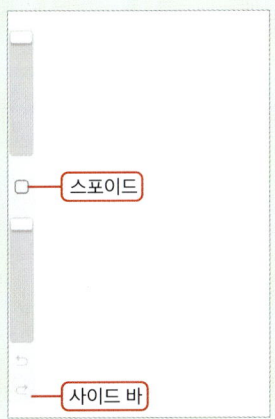

❷ 스포이드 버튼을 한 번 누르면 화면 어딘가에 원이 하나 생깁니다. 그 원을 누르고 드래그하듯 화면 여기저기 그림 위에서 위치를 옮겨 보세요. 원의 가운데는 색을 조금 더 정확히 선택할 수 있도록 해당 부분을 확대해 보여 주며, 바깥 부분 위쪽 반원은 현재 선택한 색, 아래쪽 반원은 이전에 선택한 색을 보여 줍니다. 이 기능은 그림에서 색을 추출할 때도 좋고, 지금 선택된 색과 스포이드로 뽑아내려는 색을 바로 비교해 볼 수 있어서 더 좋습니다. 또한 해당 레이어가 선택되어 있지 않아도 화면에 보이는 색은 모두 뽑아낼 수 있습니다. 사진을 참고해 그릴 때, 사진을 옆에 놓고 이 방법으로 편리하게 색을 뽑아 사용할 수 있습니다.

Point 이 버튼은 스포이드 기능으로 고정되어 있는 것은 아닙니다. 설정을 통해 다른 기능을 실행하도록 만들 수도 있어요. 스포이드 버튼도 다른 제스처로 실행되게 설정할 수 있습니다. 고급 제스처 설정 ▶ p.388

분필 브러시로 색연필화 느낌 내기
카페 건물

툴에 대해 어느 정도 이해했나요? 앞서 손 풀기에서 그린 여러 가지 브러시를 다시 소환해 하나의 콘셉트로 소품들을 그려 봅시다. 디지털 드로잉의 장점이라고 하면 여러 재료가 없어도 다양한 분위기의 느낌을 낼 수 있다는 점입니다. 하나씩 그려 보고, 본인의 취향에는 어떤 브러시가 잘 어울리는지 찾아보아요.

● KEYWORD
- 툴: 브러시 > 분필
- 소재: 카페 건물
- 테크닉: 색연필화 느낌 내기

● SETTING
- 캔버스 크기: 2000×2000(px)
- 해상도: 300DPI
- 컬러 모드: RGB

01. 네모난 건물을 그리고, 위에 비대칭으로 지붕을 그려 줍니다. 넓은 쪽 지붕에 'ㄱ'자를 그려 굴뚝 또는 루프톱을 연출합니다.

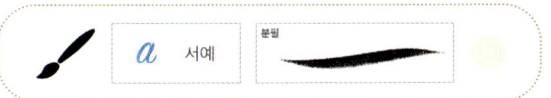

02. 3가지 갈색으로 밑판과 지붕을 그려요.

03. 새 레이어에 창문과 외벽 장식 등을 그려 줍니다.

04. 로고와 간판, 창문과 문의 바탕색을 칠해 주세요.

05. 간판을 채우고, 문의 디테일을 그립니다.

06. 새 레이어에 창문 너머 보이는 의자와 테이블, 조명 등을 그려요.

07. 외부에 나무를 그리고, 텍스트를 넣어 완성합니다.

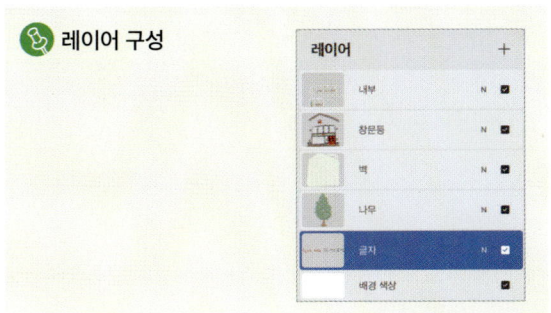

08. 다른 건물도 그려 보세요. 그곳에서 먹은 음식도 그려 봅니다.

스머지로 그러데이션 효과 내기

밤하늘

스머지 툴을 사용해 밤하늘을 그리며 부드럽게 섞이는 느낌을 배워 봅시다.

● KEYWORD
- 툴: 스머지, 클리핑 마스크
- 소재: 밤하늘
- 테크닉: 그러데이션 효과 내기

● SETTING
- 캔버스 크기: 3000×3000(px)
- 해상도: 300DPI
- 컬러 모드: RGB

01. 퀵쉐이프로 둥근 원을 그린 다음 검은색으로 채웁니다.

퀵쉐이프 ▶ p.84, 컬러 드롭 ▶ p.27

02. [알파 채널 잠금]을 하고, 아래로 갈수록 점점 더 연한 색을 칠합니다.

알파 채널 잠금 ▶ p.38

03. 스머지 툴을 이용해 부드럽게 만들어 주세요. 스머지 툴(🖐)을 누르면 브러시와 똑같은 옵션이 나옵니다. 부드럽게 번지게 하는 것이 목적이므로 대부분 부드러운 브러시를 사용하지만, 다른 브러시들도 사용해 보며 차이점을 느껴보세요. 여기서는 에어브러시 선택 후, 색의 경계를 문질러 자연스럽게 해 준다는 느낌으로 가로 방향으로 쓸듯이 문질러 보세요. 색이 섞이면서 그러데이션 효과가 나타납니다. 크기와 농도도 브러시처럼 사이드 바에서 조절이 가능하니, 조절해 가면서 연습해 보세요. 스머지 ▶ p.16

04. 하늘 레이어 위에 새 레이어를 만들고, 레이어 썸네일을 누르면 나오는 레이어 옵션에서 [클리핑 마스크]를 선택합니다. 화살표로 새 레이어와 아래 레이어가 연결된 것을 볼 수 있을 거예요. 이것은 아래 레이어의 그림 부분에만 위쪽 레이어의 내용이 드러난다는 뜻입니다.

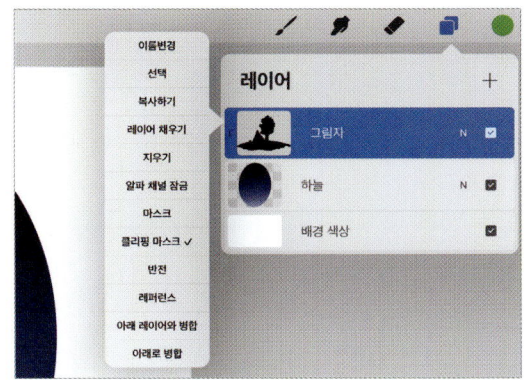

05. 클리핑 마스크 레이어에 나무와 텐트, 작은 고양이를 그려 넣습니다. 브러시가 원을 넘어가도 그림에는 반영되지 않아요.

> 🤚 **TIP**
>
> '클리핑 마스크'는 원본 그림을 유지하며 그 위에 효과나 그림을 얹을 수 있습니다. 반면 '알파 채널 잠금'은 원본 위에 그림을 얹게 된다는 차이점이 있습니다.

06. 새 레이어에 텐트의 노란 불빛을 그린 뒤, 빛이 번지는 모습을 연출하기 위해 에어브러시로 덧그려 줍니다.

07. 하늘의 별을 그리면 완성됩니다. 빛나는 별과 별똥별도 스머지 툴로 표현할 수 있습니다. 콕콕 찍어 빛나는 별을 그린 다음 스머지로 원하는 방향으로 쓱 문질러 별의 꼬리를 표현해 주세요. 별 레이어를 복제해 위치를 다르게 하고 불투명도를 조절하면 더욱 풍부한 느낌이 납니다.

밤하늘 애니메이션 만들기 ▶ p.323

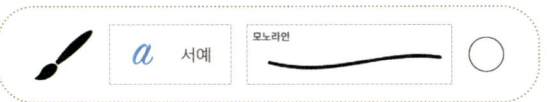

08. 또 다른 느낌의 밤하늘로 연출해 보세요.

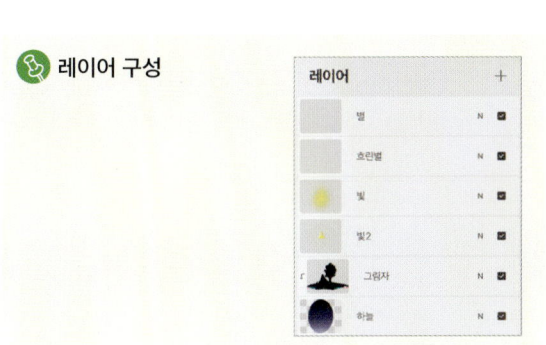

09. 여러 가지 색의 크림 라테도 그려 보세요. 문지르는 방향과 사용하는 브러시에 따라 다른 느낌을 줄 수 있습니다.

[레이어>블렌딩 모드], [색상>하모니]로 기본 명암 넣기

한라봉

부드러운 명암을 자연스럽게 넣는 연습을 합니다. '명암 넣기'는 다양한 그림에 응용할 수 있는 테크닉이에요.

- **KEYWORD**
  - 툴: 레이어 > 블렌딩 모드, 색상 > 하모니
  - 소재: 한라봉
  - 테크닉: 기본 명암 넣기

- **SETTING**
  - 캔버스 크기: 3000×3000(px)
  - 해상도: 300DPI
  - 컬러 모드: RGB

01. 동그란 원을 그리고, 컬러 드롭으로 색을 채워요.

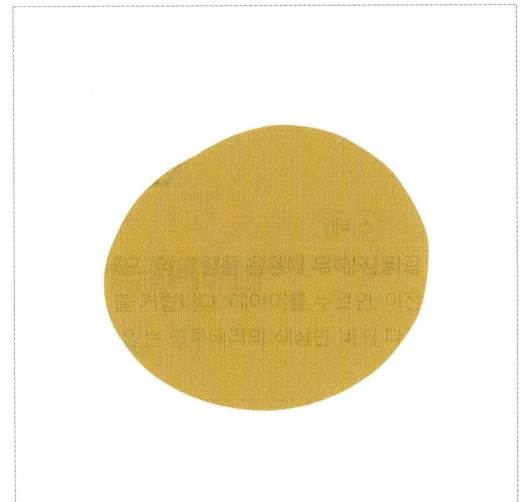

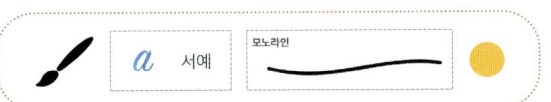

02. 한라봉 특유의 튀어나온 윗부분을 더 그린 다음, 새 레이어에 한라봉 꼭지와 잎을 그립니다. 모두 라인을 먼저 그린 다음 컬러 드롭으로 색을 채워요.

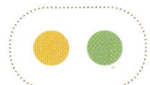

03. 한 톤 어두운 색상을 선택해 명암을 줄 거예요. 색상 디스크에서 선택할 수도 있지만, 더 쉽고 정확하게 톤을 낮추기 위해 색상 툴에서 [하모니] 탭을 선택합니다. 오렌지색을 선택한 채로 하모니 탭으로 이동합니다. 색상 디스크 아래에 검은색에서 흰색으로 이어지는 바가 보입니다. 바를 검은색 쪽으로 움직이면 다른 색상 값 변화 없이 톤만 낮출 수 있습니다.

04. 한라봉 레이어를 [알파 채널 잠금] 하고, 한 톤 어두운 색상의 에어브러시로 아랫부분을 살살 쓸듯이 칠해 명암을 표현합니다. 사이드 바에서 브러시의 크기와 농도를 조절하세요. 더 짙은 곳은 덧칠해 표현합니다. 에어브러시는 이와 같이 부드러운 명암을 주기에 좋습니다. 잎도 같은 방법으로 명암을 줍니다.

05. 새 레이어에 잎맥을 그리고, 또 다른 레이어에는 한라봉의 점을 콕콕 찍어 줍니다. 점 레이어의 불투명도를 50% 정도로 설정하고 복제합니다.

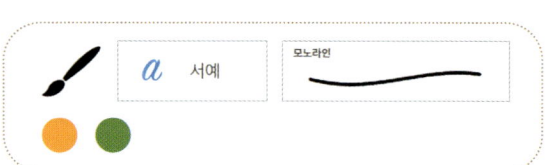

06. 블렌딩 모드를 배워 보겠습니다. 복제된 점 레이어의 [N] 버튼을 누르면 불투명도 밑으로 여러 가지 모드가 나타납니다. 이것들을 레이어의 '블렌딩 모드'라고 하는데요, 해당 레이어가 아래쪽 레이어의 그림들에 어떻게 겹쳐 표현되는지 결정하는 것입니다. 저는 그림을 자연스럽게 겹쳐 주는 '곱하기'와 '오버레이' 모드를 자주 사용합니다. 여러 가지를 누르며 경험해 보세요. 여기서는 아래쪽 [오버레이]를 선택해 보아요. 점들이 약간 밝게 변하는 것을 볼 수 있어요.

07. 밝게 변한 점 레이어를 형태() 툴을 사용해 옆으로 살짝 옮깁니다. 어두운 색 점과 밝은 점이 살짝 비껴 나면서 명암 효과가 나타납니다.

> 🟢 **TIP**
> 형태(✐) 툴로 살짝만 옮기는 것이 어렵다면 점선으로 된 네모의 바깥 부분을 옮기고자 하는 방향으로 톡톡 건드려 보세요. 미세하게 조정할 수 있습니다. 미세조정 ▶ p.382

08. 마지막으로 한라봉 아래에 그림자를 넣으면 완성! 명암을 표현하는 여러 가지 방법 중, 부드럽게 입체감을 주는 방법을 배워 보았습니다.

09. 같은 방법으로 '식빵'과 '튤립'을 그려 보았습니다.

🟢 **레이어 구성**

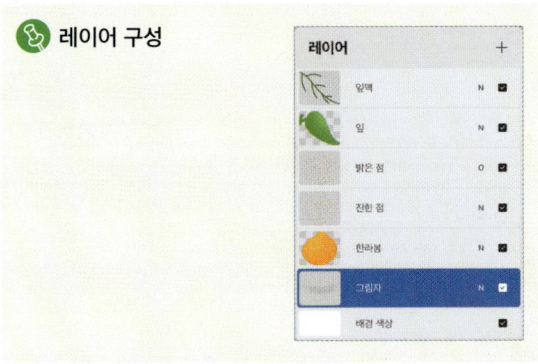

레퍼런스로 라인 드로잉 채색하기

가방 속 물건

이번에는 라인이 살아 있는 라인 드로잉을 그려 볼게요. 이런 귀여운 느낌의 라인 드로잉은 나중에 디지털 스티커로도 활용할 수 있고, 일상 드로잉에도 다양하게 활용할 수 있습니다. 가방과 가방 속 물건들을 그려 봅시다.

● **KEYWORD**
- 툴: 레퍼런스
- 소재: 가방 속 물건
- 테크닉: 라인 드로잉

● **SETTING**
- 캔버스 크기: 3000×3000(px)
- 해상도: 300DPI
- 컬러 모드: RGB

01. 먼저 화면 중앙에 가방을 그려 줍니다. 큰 부분에서 작은 부분 순서로 그리면 형태를 잡기가 수월합니다.

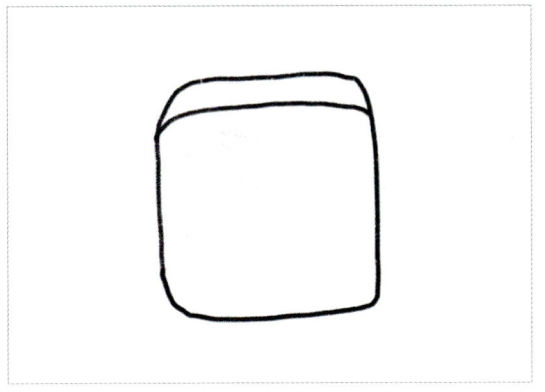

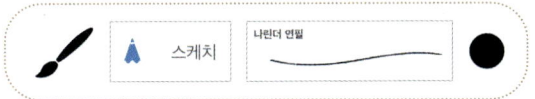

나린더 연필

모노라인과 6B 연필의 중간 느낌입니다. 모노라인보다는 부드럽고, 6B 연필보다는 촘촘한 느낌이라 부드러운 라인 드로잉에 좋아요.

02. 가방 주변에 가방 속 물건들을 하나씩 그려 주세요.

03. 선 레이어 아래쪽에 새 레이어를 만들어 각각의 색으로 채색합니다. 같은 브러시를 사용해도 되고, 다른 브러시로 채색해도 됩니다. 저는 [드라이 잉크]를 사용했어요. 색은 마음대로 선택해도 좋아요.

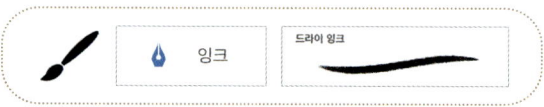

> 🖐 **드라이 잉크**
> 중간 중간 구멍이 뚫리는 마른 잉크 느낌이에요. 자연스러운 것이 좋아 자주 사용하는 브러시입니다.

04. 색을 칠하는 방법에는 브러시로 칠하는 방법이 있고, 앞서 배웠던 컬러 드롭을 활용하는 방법이 있어요. 컬러 드롭을 할 때는 색을 채우려는 그림이 선으로 둘러싸여 있어야 그 부분을 칠할 수 있다고 배웠는데, 이렇게 선 레이어와 채색 레이어를 분리해서 칠하고 싶지만 편하게 컬러 드롭도 사용하고 싶은 경우, 어떻게 하면 좋을까요? 이럴 때 해결사 같은 레이어 옵션이 바로 '레퍼런스'입니다. '레퍼런스'란 참고한다는 뜻이지요. 레이어 썸네일을 누르면 나오는 옵션에서 [레퍼런스]를 선택하면, 체크 표시가 되면서 레이어 이름 아래쪽에 '레퍼런스'라는 작은 글자가 나타납니다. 이 상태로 아래쪽에 채색용 새 레이어를 만들고, 그 레이어를 선택한 후 컬러 드롭을 해 주세요.

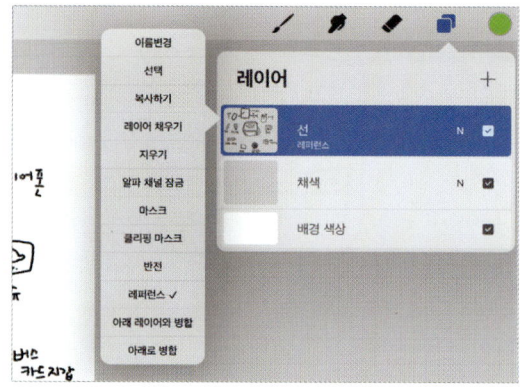

05. 원래는 아무것도 없는 레이어라 컬러 드롭을 하면 화면 전체가 색으로 채워져야 하지만, 레퍼런스로 지정해 놓은 레이어의 선들이 참고가 되어 선 안에만 색이 채워집니다. 색과 선을 분리해서 작업하기에 정말 안성맞춤인 기능이지요. 레퍼런스와 컬러 드롭은 환상의 짝꿍이라고 보면 되겠습니다. 하지만 컬러 드롭은 선택한 브러시의 질감까지 반영되지 않습니다. 균일하게 칠할 경우에 편리하게 사용해 보세요. 질감은 나중에 블렌딩 모드를 통해 주어도 된답니다.

블렌딩 모드로 질감 입히기 ▶ p.73, p.115

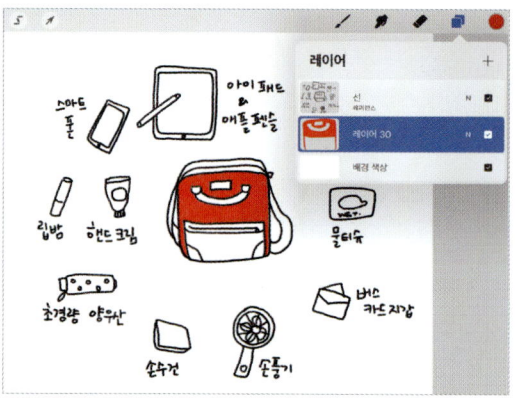

> 🖐 **TIP**
> 레퍼런스는 레이어 1개에만 설정할 수 있습니다. 다수의 레이어에 레퍼런스를 지정할 수 없어요. 하나의 레이어를 이미 레퍼런스로 지정한 상태에서 추가로 다른 레이어를 레퍼런스로 지정할 경우, 이전 레퍼런스가 자동으로 해지됩니다.

06. 그림의 맨 아래쪽에 새 레이어를 만들어 주세요. 배경으로 동그라미를 그려 칠합니다.

퀵쉐이프 ▶ p.84

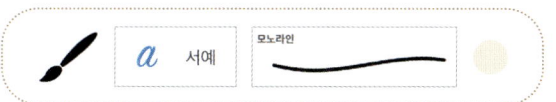

07. 레이어 구성

그림마다 하나씩 각각의 레이어로 설정해도 되고, 선과 채색만 나누어 그려도 됩니다. 본인에게 편한 방식으로 레이어를 구성하면 되어요. 하지만 선과 채색은 반드시 레이어를 나누는 것이 좋습니다. 이렇게 하면 채색이나 선을 수정할 때 편리하며, 채색할 때 선을 침범하지는 않을까 하는 걱정에서 해방될 수 있어요. 채색 레이어가 선 레이어 아래쪽에 있는 것이 채색하기에 더 좋겠지요. 나중에 그림의 위치를 수정할 것을 생각한다면, 각각의 물건을 서로 다른 레이어에 그리고 그림을 완성한 다음에 하나로 합쳐도 됩니다. 서로 다른 레이어 구성을 살펴보세요.

▲ 선 레이어와 채색 레이어만 분리해 그린 경우

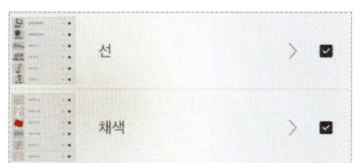

▲ 선도 그림별로, 채색도 그림별로 레이어를 따로 만들어 그룹 지은 경우

08. 그림별로 하나의 레이어로 묶고 싶다면 다음과 같이 해 봅니다. 먼저 선 레이어를 위에, 채색 레이어를 아래에 위치하도록 합니다. 그 다음 위쪽 레이어인 선 레이어의 썸네일을 눌러 나오는 옵션에서 [아래 레이어와 병합]을 선택합니다. 아래쪽 레이어와 합쳐졌어요.

레이어 이동 ▶ p.69

09. 이와 같이 그림별로 레이어를 정리할 수 있습니다. 레이어를 정리해 두면 나중에 노트나 여행기를 작성할 때, 디지털 스티커로도 활용할 수 있습니다.

디지털 스티커 만들기 ▶ p.341

10. 레퍼런스를 이용해 앞서 그린 두들링 그림을 색칠해 보세요.

🟢 레이어 구성

🟢 TIP

컬러 드롭 후 화면 윗부분에 나오는 '채우기 계속' 버튼을 누른 후 원하는 공간을 펜으로 콕 누르기만 해도 쉽게 색칠을 할 수 있어요. 연속 채우기도 가능합니다.

색상 채우기 ▶ p.379

제스처 기능, 레이어 병합 기능

작품을 따라 그리면서 '이런 기능도 있으면 좋겠다!'라고 생각한 것이 있나요?
이 페이지에서는 프로크리에이트와 더욱 친해질 수 있는 편리한 팁을 알려 드립니다.

제스처 기능

지난 팁에서는 캔버스 화면에서 사용할 수 있는 제스처를 알려 드렸지요. 이번에는 레이어에서 사용할 수 있는 편리한 제스처들을 알려 드립니다.

❶ **레이어 순서 바꾸기**: 드래그&드롭
레이어를 꾹 눌러 선택한 채로 움직이면 위치가 바뀝니다. 원하는 레이어 '사이'에 가져다 놓는다는 느낌입니다. 레이어 사이가 아니라 레이어 '위'에 가져다 놓으면, 선택된 레이어와 가져다 놓은 레이어가 그룹으로 합쳐집니다. 그룹을 해제하고 싶다면 그룹 안의 레이어를 모두 선택한 다음 바깥으로 빼듯 드래그하면 됩니다.

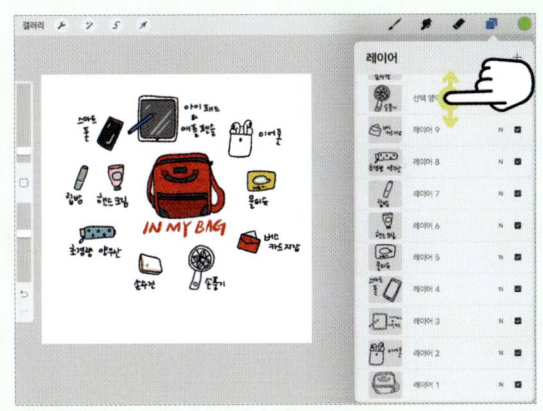

❷ **알파 채널 잠금**: 레이어에서 두 손가락으로 오른쪽으로 밀어 주기
썸네일을 눌러 나타나는 옵션에서 [알파 채널 잠금]이라는 글자를 터치해야 실행할 수 있는 기능이지만, 한 번의 쓱 제스처로 대체할 수 있답니다. 레이어에 두 손가락으로 오른쪽으로 쓱 밀어 주면 됩니다. 그러면 바로 썸네일 배경이 바뀌며 알파 채널 잠금이 된 것을 확인할 수 있습니다. 레이어 옵션을 보아도 알파 채널 잠금에 체크 표시가 된 것을 확인할 수 있어요. 알파 채널 잠금을 해제하고 싶다면, 한 번 더 두 손가락으로 오른쪽으로 쓱 밀면 됩니다. 레이어를 두 손가락으로 오른쪽으로 밀 때마다 알파 채널 잠금과 해제가 번갈아 되는 셈이지요. 알파 채널 잠금은 자주 사용하는 기능이므로 이러한 제스처를 알아 두면 더욱 편리하고 빠르게 사용할 수 있겠지요?

❸ **불투명도 설정**: 레이어를 두 손가락으로 터치하기
레이어를 두 손가락으로 가볍게 터치하면 불투명도를 설정할 수 있습니다. 그림 위쪽에 불투명도를 나타내는 파란색 바가 생기며 손가락 하나를 캔버스 아무 데나 대고 오른쪽, 왼쪽으로 움직이면 이를 조절할 수 있어요. 불투명도는 레이어의 [N]자를 눌러 조절할 수도 있습니다.

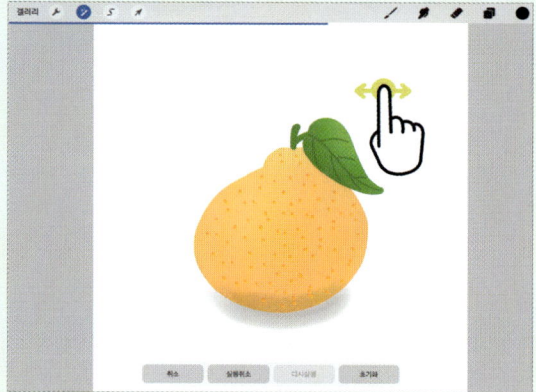

❹ **선택**: 두 손가락으로 레이어 꾹 누르기
두 손가락으로 레이어를 꾹 누르면 레이어 안의 이미지들이 선택됩니다. 물론 레이어 옵션의 [선택]을 눌러도 되지만, 옵션을 열 필요 없이 제스처 하나만으로 가능하므로 편리합니다. 선택 심화 ▶ p.376
해당 레이어가 아무것도 없는 비어 있는 레이어인지 확인하는 용도로도 쓰입니다. 만약 정말 비어 있는 레이어라면 꾹 눌렀을 때 메뉴바 아래에 '빈 레이어'라는 문구가 뜹니다.

❺ **레이어 병합**: 꼬집기
여러 레이어를 한 번에 병합하고 싶을 때가 있습니다. 병합하고자 하는 레이어를 선택한 다음, 그룹으로 만들어 병합하는 방법도 있지만 제스처로 손쉽게 병합할 수도 있어요. 원하는 레이어를 손가락으로 합치듯이 꼬집어 주면, 레이어들이 하나로 합쳐집니다. 두 개의 레이어는 물론이고, 연속된 몇 개의 레이어라도 양손으로 꼬집을 수 있는 범위 안에 있다면 모두 하나로 한 번에 합칠 수 있어요. 두 개의 레이어를 합칠 때는 잘 집히지 않기 때문에 [아래 레이어와 병합]을 사용하고 서너 개 이상의 레이어를 합칠 때 이 제스처를 사용합니다. 레이어 꼬집기! 한 번 해 보세요. 잘못하면 언제든 두 손가락으로 화면을 터치해 되돌릴 수 있습니다.

❻ **레이어 간의 이동**: 꾹 누르기

그림을 그리고 있는 상태에서 레이어 툴을 열면 내가 지금 어떤 레이어에 그림을 그리는지 확인할 수 있고, 또 다른 레이어도 선택할 수 있습니다. 하지만 레이어 툴을 열지 않고서 화면에서 바로 원하는 그림의 레이어를 선택할 수 있는 제스처가 있습니다. 선택하고자 하는 그림에 손가락 하나를 대고 잠시 누르고 있으면 바로 옆에 해당 레이어가 팝업되는데, 그곳으로 손가락을 드래그하듯이 가져가거나 터치하면 그 레이어를 선택할 수 있습니다. 레이어 탭을 열어 확인하면 해당 레이어가 제대로 선택되었는지 알 수 있습니다. 만약 누른 곳의 그림에 여러 레이어가 중첩되어 있다

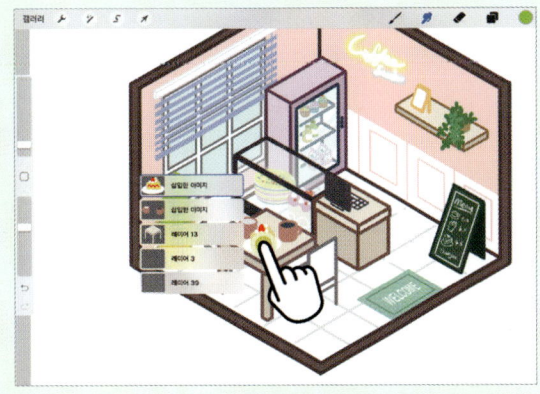

면, 그 부분의 레이어가 모두 뜹니다. 팝업된 레이어 중 원하는 레이어를 고르면 되는 것이지요. 이렇게 다중 레이어일 경우 레이어 간의 이동을 손가락 하나로 편리하게 할 수 있습니다. 예를 들어 복사하고 싶은 개체가 있을 경우, 그곳에 손가락 하나를 대 레이어를 선택하고 손가락 세 개를 쓸어내려 '복사/붙여넣기'를 선택하면 됩니다. 그러면 펜슬을 쓰지 않고 손가락 제스처만으로 레이어 선택부터 복사/붙여넣기까지 할 수 있게 됩니다. 사용하다 보면 무척 편리한 기능임을 알 수 있습니다.

[동작 > 설정 > 제스처 제어 > 레이어 선택]에서 '제스처'를 변경할 수 있어요!
세 손가락 쓸어내리기 제스처 ▶ p.101

❼ **레이어 단독보기 모드**

레이어의 체크 박스를 잠시 누르고 있으면, 해당 레이어의 그림만 볼 수 있게 됩니다. 이렇게 단독보기를 한 뒤에는 한 번 더 같은 체크 박스를 눌러 원래대로 되돌려야 합니다. 단독보기 모드가 on/off 되는 것인데요. on 상태에서는 레이어를 지우거나 병합했을 때 체크 박스를 꺼둔 레이어까지 모든 레이어가 살아난다거나, 애니메이션 모드에서 꺼둔 레이어가 타임라인에서 사라지지 않는다거나 할 수 있습니다. 그럴 땐 아무 레이어의 체크 박스를 잠시 눌러 모드를 해제하세요. 단독보기는 여러 개의 서로 다른 레이어를 연속으로 할 수도 있습니다.

레이어 병합 기능

'병합'이란 레이어를 합치는 것을 의미합니다. 경우에 따라서 조금씩 다른 병합 명령어를 정리해 봅니다.

❶ **개별 레이어의 경우**
- 아래 레이어와 병합: 바로 아래쪽 레이어와 하나의 레이어가 됩니다.
- 아래로 병합: 바로 아래쪽 레이어와 그룹이 됩니다. 이때 만들어지는 그룹은 레이어 2개를 포함하는 그룹이 됩니다.

❷ **그룹 지어진 레이어의 경우**
- 병합: 그룹 안의 모든 레이어가 하나의 레이어가 됩니다.
- 아래로 병합: 아래쪽 레이어 또는 아래쪽 그룹과 하나의 그룹이 됩니다.

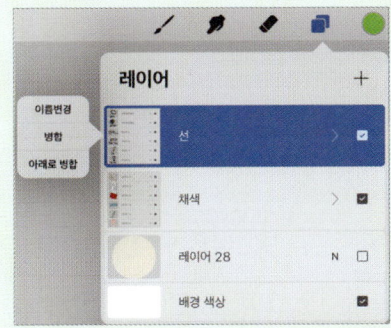

지우개 활용하기, 클리핑 마스크로 질감 입히기

라탄 바구니 화분

지우개는 무언가를 지울 때만 사용한다고 생각하기 쉽지만, 반대로 응용하면 그림 툴로서 훌륭한 역할을 수행한답니다. 지우개를 활용해 속이 살짝 보이는 라탄 바구니 화분을 그려 봅시다.

● KEYWORD
- 툴: 지우개, 레이어 블렌딩, 클리핑 마스크
- 소재: 라탄 바구니 화분
- 테크닉: 지우개 활용하기, 질감 입히기

● SETTING
- 캔버스 크기: 2500×2500(px)
- 해상도: 300DPI
- 컬러 모드: RGB

01. 라탄 바구니를 그려요. 선으로 그린 뒤, 컬러 드롭이나 채색으로 칠해 줍니다.

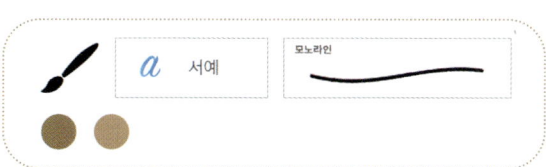

02. 라탄 바구니 레이어 위에 새 레이어를 만든 다음 옵션에서 [클리핑 마스크]를 눌러 주세요. 클리핑 마스크 레이어를 검은색의 질감 있는 브러시로 칠해 주세요.

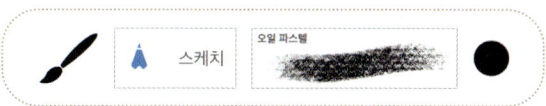

03. 질감 레이어의 [N]자를 누르고 블렌딩 옵션에서 [소프트 라이트]를 선택합니다. 이렇게 하면 기존에 칠해 둔 색상이 살아 있는 상태에서 질감 느낌을 더할 수 있습니다. 다른 옵션도 누르며 어떻게 변하는지 살펴보세요. 취향에 따라 조금 더 진하게, 연하게 질감을 입힐 수 있습니다.

04. 바구니 레이어를 선택하고, 지우개로 라탄 바구니 특유의 짜임을 표현합니다. 위쪽의 질감 레이어는 클리핑 마스크로 연결되어 있기 때문에 따로 지울 필요가 없습니다. 원본 레이어만 지우면 자동으로 그 부분이 보이지 않아요.

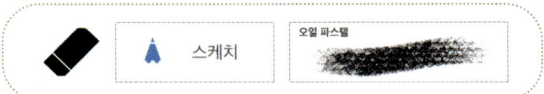

05. 이제 바구니에 들어갈 잎을 그려 보아요. 새 레이어에 줄기를 그리고, 잎들을 양쪽으로 둥글게 그립니다.

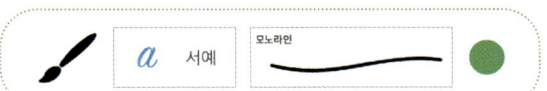

06. 잎은 또 다른 방법으로 질감을 입혀 볼 거예요. 잎을 흰색으로 만든 다음 그 위에 질감을 입힐 거예요. 배경도 흰색이라 잎이 잘 보이지 않는다면 임시로 '배경 색상' 레이어를 다른 색으로 바꿔 주세요. 터치하면 색상 탭이 뜨고, 선택한 색상으로 배경색을 변경할 수 있습니다.

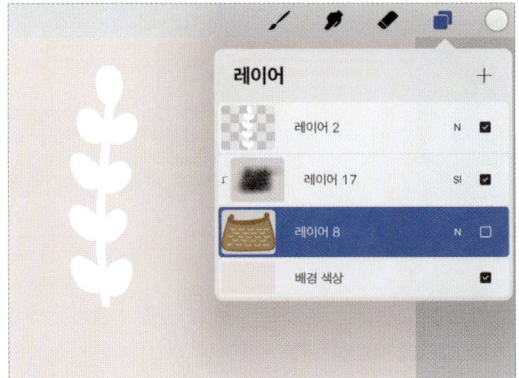

> 🍃 **잎을 흰색으로 채우는 3가지 방법**
> ① 해당 레이어를 [알파 채널 잠금]합니다. [색상 > 흰색]을 선택한 다음 썸네일을 눌러 나오는 옵션에서 [레이어 채우기]를 합니다.
> ② [알파 채널 잠금] 후 흰색으로 [컬러 드롭]합니다.
> ③ [조정(✨)] > 색조, 채도, 밝기] 메뉴에서 밝기를 오른쪽으로 쭉 올립니다.

흰색을 선택하는 방법

아무 색도 섞이지 않은 흰색을 선택하려면 어떻게 해야 할까요? [색상 > 디스크]에서는 안쪽 디스크의 11시 방향을 선택하면 됩니다만 아주 정확하진 않고 다른 색이 조금 섞일 수 있습니다. 그럴 때는 [값]에서 조정을 하면 됩니다. H(색상), S(채도)는 0으로 B(명도)는 100으로 설정하고, 밑의 RGB도 모두 최댓값(255)으로 설정하면 정확히 흰색이 됩니다. 이렇게 만든 흰색은 아래쪽에 보이는 '나만의 팔레트'에 저장해 사용하면 편리합니다. 흰색 상태에서 팔레트의 빈 공간을 터치하면 저장할 수 있습니다. 색상 심화 ▶ p.368

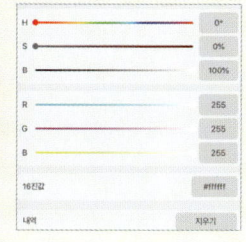

07. 잎을 흰색으로 만든 후, [알파 채널 잠금]을 하고 질감 있는 브러시를 선택해 흰색이 된 잎 레이어 위에 초록색으로 칠해 주세요. 복제하여 연두색 잎도 하나 더 만들어 주세요. [조정] 메뉴로 색을 변경해도 되고, 흰색 상태에서 복제해 다른 색으로 칠해도 됩니다. 기존의 색상에 구애 받지 않고 새로운 질감을 줄 수 있는 방법입니다. 그러면 여기서 의문이 들 수도 있습니다. '애초에 질감 있는 오일 파스텔로 그리면 되지 않을까? 왜 이렇게 귀찮은 방식을 써야 할까?'

08. 다음 그림을 비교해 보면 답을 알 수 있습니다.

▲ 모노라인 / 모노라인 위에 오일파스텔 / 오일파스텔

09. 이렇게 만든 잎들을 라탄 바구니에 하나씩 꽂아 줍니다. 두 가지 색을 번갈아 복제하며, 그리고 형태( ) 툴을 사용해 위치와 각도를 조절해 가며, 조금씩 변화를 주세요.

> 🟢 **복제 후 변화를 주는 방법**
> - 수평으로 뒤집기
> - 초록색 손잡이를 잡고 돌려 각도 주기

10. 라탄 바구니의 짜임을 흰색으로 칠한 것이 아니라 지우개로 지웠기 때문에 이와 같이 잎을 꽂으면 바구니 안쪽에 초록색이 비춰 보이는 표현을 줄 수 있습니다. 텍스트도 써 넣어 완성합니다.

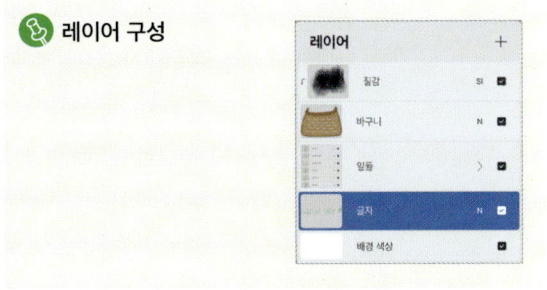

레이어 복사해 새로운 그림에 활용하기

고양이

기존에 그린 그림을 새로운 그림에 활용하고 싶다면 어떻게 해야 할까요? 레이어가 살아 있는 상태로 가져오고 싶다면 어떤 방법이 필요할까요? 레이어를 옮기는 다양한 방법을 익히고 활용해 보아요.

● KEYWORD
- 툴: 복사/붙여넣기, 다중 레이어 옮기기
- 소재: 고양이
- 테크닉: 포근한 느낌 내기, 다른 캔버스에서 그림 가져오기

● SETTING
- 캔버스 크기: 2500×2500(px)
- 해상도: 300DPI
- 컬러 모드: RGB

info 이번에는 포근한 느낌을 주는 브러시를 활용해 보려고 합니다. 다양한 브러시가 있으니 함께 살펴보아요.

예시로 여섯 가지만 보여 드리지만 훨씬 더 다양한 브러시가 있답니다. 직접 그림을 그리며 취향에 맞는 포근한 느낌의 브러시를 찾아보세요.

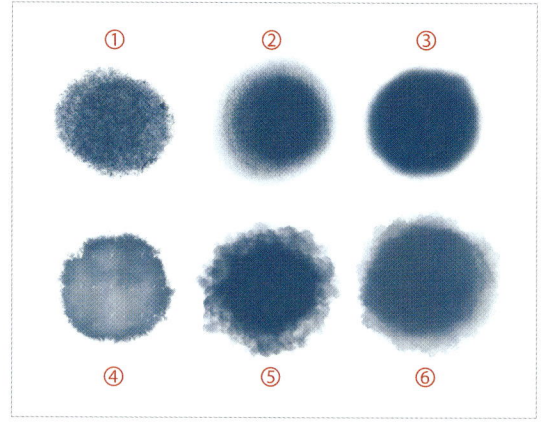

▲ ① 프레이시넷 ② 와일드 라이트 ③ 포도나무 목탄
　④ 구름 ⑤ 미세 노즐 ⑥ 물에 젖은 스펀지

01. 고양이의 얼굴과 귀, 몸통, 꼬리를 차례로 그려 줍니다. 브러시의 크기와 농도를 조절하며 그려 보세요.

02. 브러시 크기와 색상을 조절하면서 고양이의 눈, 코, 입과 무늬, 발 등을 그려 주어요. 각각의 단계를 다른 레이어에 그리면 수월하게 수정할 수 있습니다.

03. 다른 캔버스에서 그림 가져오기: 레이어 1개 가져오기

그림을 더 꾸미기 위해 이전에 그린 라탄 바구니 화분과 잎들을 가져오겠습니다. 왼쪽 위 모서리에 있는 [갤러리] 버튼을 눌러 갤러리로 나간 다음 이전에 그려 둔 라탄 바구니 화분 그림으로 들어갑니다. 바구니 레이어의 옵션에서 [복사하기]를 눌러 주세요. 클리핑 마스크가 살아 있다면 병합 후 복사해 줍니다. 클리핑 마스크를 유지하고 싶다면 '복제 > 병합 > 복사'의 순서로 실행합니다.

> 🟢 **[복사하기] 후 [붙여넣기]가 가능한 곳**
> - 동일한 캔버스의 다른 레이어
> - 다른 캔버스
> - 이메일
> - 메모 등의 다른 애플리케이션
> - 브러시 스튜디오의 모양, 그레인 소스

04. 다시 고양이 그림으로 와서 [동작(🔧) > 추가 > 붙여넣기]를 누르면 다른 작품에 있던 라탄 바구니 화분의 레이어가 복사되어 옵니다. [형태(➚) > 자유 형태] 툴을 이용해서 고양이에 맞게 크기를 조절하면 됩니다. 제스처로 붙여넣기를 할 수도 있습니다. 세 손가락을 캔버스에 쓸어내리면 나타나는 팝업에서 '붙여넣기'를 선택합니다.

05. 다른 캔버스에서 그림 가져오기: 여러 개의 레이어 가져오기
라탄 바구니 화분 그림으로 들어가서 먼저 가져오고 싶은 이미지의 레이어를 모두 선택합니다.(레이어 다중 선택 ▶ p.46) 복제해서 사용하면 되므로 초록색 잎, 연두색 잎 각각 1개씩 2개의 레이어를 선택하겠습니다. 선택 후, 손가락으로 지그시 누르고 있으면, 레이어들이 빠져나오듯 올라옵니다. 한 손으로는 레이어들을 붙잡고 있는 상태에서 다른 손으로 [갤러리]를 눌러 줍니다.

> 🤚 **TIP**
> - 레이어들을 1개로 병합해도 괜찮다면, 병합한 다음 레이어 1개를 복사하는 것과 같이 복사해도 됩니다.
> - 레이어 그룹을 옮길 경우 그룹이 해제됩니다. 필요하다면 다시 그룹을 지어 주세요.
> - 레이어를 다중으로 복제할 때, 해당 레이어에 적용한 블렌드 모드, 불투명도, 마스크 등의 옵션은 모두 초기화됩니다.
> - 복제 시 갤러리 창에 드롭을 하면, 붙잡고 있던 레이어가 담긴 새 캔버스가 자동으로 생성됩니다. 여러 개의 레이어일 경우 해당 개수만큼의 캔버스가 각각 생성됩니다.

06. 갤러리로 나갔다면, 다른 손을 이용하여 복사하고자 하는 캔버스로 들어갑니다. 레이어들은 계속 붙잡고 있어야 합니다.

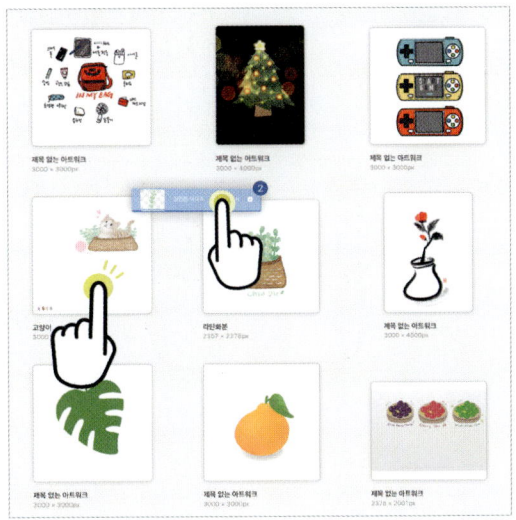

07. 레이어 탭을 열고 붙잡고 있던 레이어들을 원하는 위치에 놓아 주면 됩니다. 한 손으로는 반드시 레이어를 잡고 있고, 다른 한 손으로 레이어를 옮길 곳으로 길을 열어 주는 것입니다. 레이어를 열지 않고 캔버스에 놓아 주어도 됩니다.

> 🫱 **TIP**
> 마스크, 클리핑 마스크는 풀린 채로 복사됩니다. 클리핑 마스크는 재설정이 가능하지만, 마스크는 안 되므로 원본에서 병합 후 옮기는 것이 좋습니다.

08. 복제한 잎을 라탄 바구니 뒤에 둡니다. 필요하면 형태(↗) 툴을 이용해서 모양도 변경합니다. 복제해서 더 풍성하게 만들어도 좋아요.

09. 새 레이어에 털실 뭉치와 하트를 그려 완성합니다. 털실 뭉치는 둥근 부분을 먼저 그린 후, 위쪽에 흰색으로 줄을 그으면 됩니다.

퀵쉐이프로 편리하게 선 그리기, 텍스트 넣고 색 바꾸기

미니 오락기

프로크리에이트에는 도형 툴은 없지만 그보다 더욱 편리하게 도형을 그리는 방법이 있습니다. 바로 '퀵쉐이프'입니다. 이 기능을 이용해서 미니 오락기를 그려 보아요.

- **KEYWORD**
  - 툴: 퀵쉐이프, 텍스트 추가
  - 소재: 미니 오락기
  - 테크닉: 편리한 직선, 곡선, 원 그리기, 텍스트 넣기, 텍스트 색 바꾸기

- **SETTING**
  - 캔버스 크기: 3000×3000(px)
  - 해상도: 300DPI
  - 컬러 모드: RGB

info 퀵쉐이프는 따로 지정하지 않아도 선이나 모양을 그린 다음 펜을 잠시 떼지 않고 기다리면 활성화됩니다. 퀵쉐이프로는 직선과 네모, 세모, 원, 지그재그 등의 모양을 만드는 것이 가능하고 물결무늬와 같은 모양은 만들 수 없습니다. 어떤 모양을 만들 수 있고, 어떤 모양을 만들 수 없는지 직접 그리며 파악해 보세요.

01. 퀵쉐이프로 직사각형을 그리고, 새 레이어에 직사각형 끝에 맞춰 타원을 그립니다. 위치를 딱 맞춰 그리기 힘들 때는 어림잡아 그린 다음 형태( ) 툴로 크기를 맞춰 줍니다. 반대쪽에도 타원을 복제해 넣어 주세요.

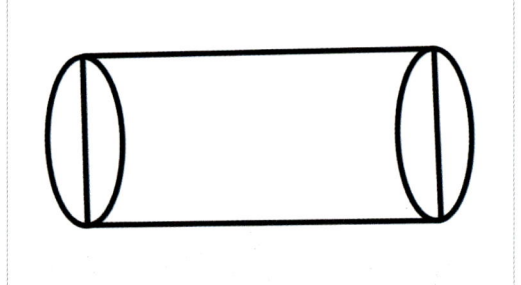

퀵쉐이프 옵션

① 퀵쉐이프 + 손가락 터치
- 방법: 펜슬로 퀵쉐이프를 만든 상태에서 떼지 않고, 반대 손가락을 화면에 댑니다.
- 효과: 선을 그릴 때 아래위로 움직이면, 정확히 15도 각도로만 움직입니다. 또는 타원을 동그란 정원으로 만들어 줍니다.

② 모양 편집
- 퀵쉐이프 후, 위쪽을 보세요. 모양의 이름이 뜹니다. 이것을 누르면, 다시 옵션들이 등장하는데요, 여기서 [직사각형]을 누르면 내가 그린 모양에 제일 가깝게 반듯한 직사각형이 등장합니다. 다른 모양도 누르며 경험해 보세요.

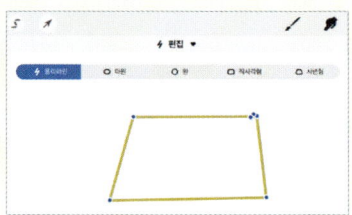

③ 퀵쉐이프 속도가 느리거나 빠를 때
- [동작( )> 설정 > 제스처 제어]에 들어가 퀵쉐이프를 선택합니다. [지연 시간]을 조정하면 해결됩니다.

④ 크기와 각도 조절
- 퀵쉐이프가 완성된 상태에서 펜을 떼지 않고 드래그하면 크기와 각도를 조절할 수 있습니다.

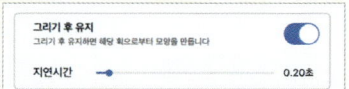

02. 타원과 직사각형의 안쪽 부분을 지워 오락기 몸체를 완성합니다.

03. 오락기 몸체의 오른쪽에 큰 원을 하나 그린 다음 다른 레이어에 작은 원을 하나 더 그립니다. 작은 원을 복제해서 형태(↗) 툴로 위치를 옮기면 오락기 몸체의 오른쪽 부분이 완성됩니다. 원이 작아 위치를 잡기 힘들다면, 화면을 확대해 주세요. 그림이 형태 툴로 선택된 상태에서는 화면 아무 데나 드래그해 움직일 수 있습니다.

그림을 선택한 상태에서 화면 확대하기 ▶ p.382

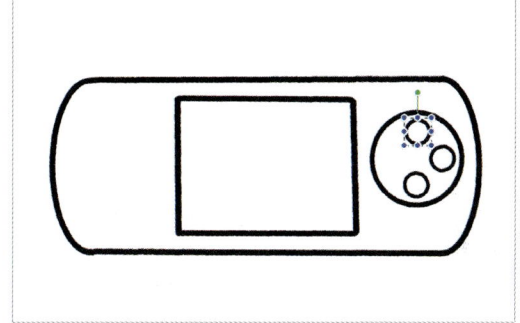

04. 새 레이어에 오락기 몸체의 왼쪽에 있는 버튼을 그릴 거예요. 세로로 긴 직사각형을 먼저 그리고, 이 직사각형을 복제합니다. 형태(↗) 툴을 사용해 90도로 기울여 주면 십자 모양 버튼이 완성되어요.

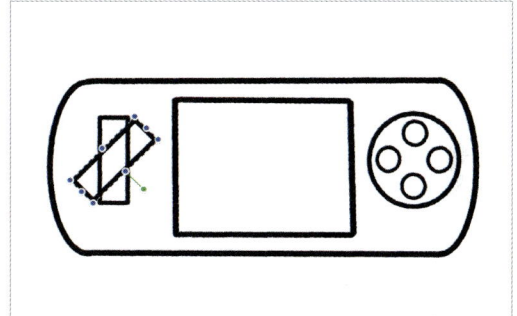

🤚 정확히 기울이기
① 15°: [자석]을 누르고 기울이기
② 45°: [45도 회전] 누르기
③ 90°: [45도 회전] 2번 누르기
④ 180°: [수직 뒤집기] 누르기

05. 미니 오락기의 대략적인 모습이 완성되었습니다.

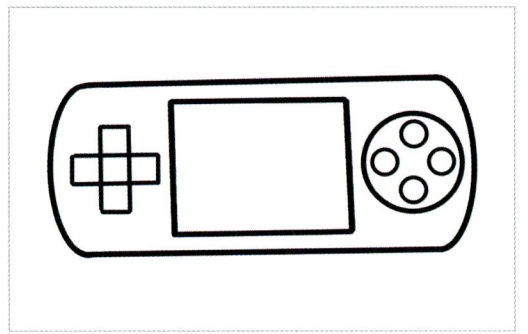

06. 디테일을 넣어 줍니다. 아래쪽에 다른 버튼을 그리고, 십자 모양 버튼에 화살표를 그려 넣습니다. 선을 얇게 설정해 오락기 화면 주변과 양옆에 보조선도 그어 봅니다. 아래쪽 버튼에는 'START', 'SELECT'를 써 넣어 오락기 느낌을 더 살립니다.

07. 선 레이어를 구역별로 병합하거나 그룹을 지어 한 번 정리해 줍니다. 그리고 선 레이어 아래쪽에 새 레이어를 만들어 채색하면 알록달록 귀여운 미니 오락기가 완성됩니다. 채색 시에는 앞서 배운 [레퍼런스]와 [컬러 드롭]을 활용해 보세요.

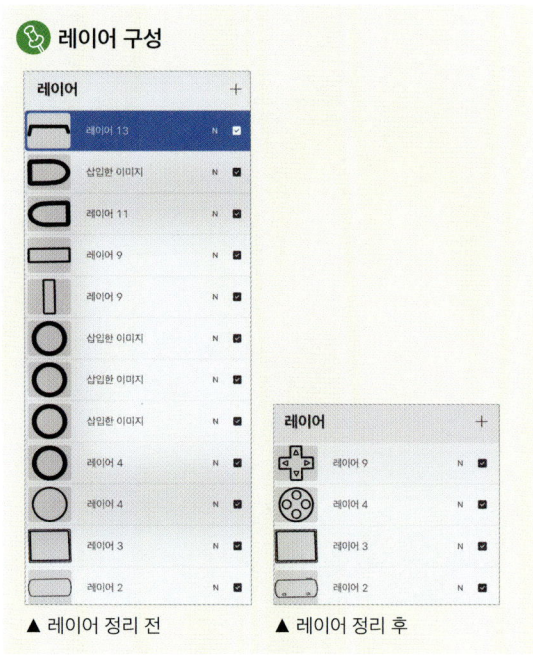

▲ 레이어 정리 전   ▲ 레이어 정리 후

08.

08. 그림 아랫부분에 텍스트도 넣어 봅시다. 지금까지는 글자를 직접 써 넣었는데요, 이번에는 폰트가 있는 텍스트를 넣어 보아요. 먼저 [동작() > 추가 > 텍스트 추가]를 선택합니다. 그러면 아래쪽에 키보드가 뜨고, 화면에 '텍스트'라고 기본 설정 텍스트가 나옵니다. 그곳에 'START GAME'을 써 봅시다. 계속 대문자만 나오게 하고 싶다면, 키보드의 화살표(↑)를 두 번 터치하세요. 나중에 [Aa]를 눌러 메뉴에서 한 번에 바꿀 수도 있습니다. 텍스트 주변 상자의 크기와 위치를 조절하여 텍스트가 들어갈 구역을 정할 수 있습니다.

> **TIP**
> 텍스트는 따로 레이어를 새로 만들지 않아도 새 레이어가 자동으로 생성됩니다. 썸네일에 'A'로 표시되며, 레이어 이름에 텍스트가 그대로 나타납니다. 이는 레이어 옵션의 '이름 변경'으로 변경할 수 있습니다.

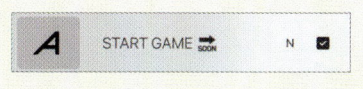

09. 작은 아이콘도 추가해 보아요. 키보드 맨 아랫줄에 아이콘 키를 눌러 봅니다. 아이콘 모드에는 그림에도 활용할 수 있는 아이콘이 정말 많아요. 밑의 카테고리를 누르며 구경해 보세요. 다른 그림이나 다이어리, 여행기 등에도 활용할 수 있습니다.

10. 키보드 오른쪽 위 [Aa]를 누르면, 서체와 자간 등을 바꿀 수 있는 메뉴가 나타나며, 다시 왼쪽 위 키보드 아이콘을 누르면 기존의 키보드로 돌아갈 수 있습니다. 오른쪽 [속성]에서 문단의 스타일과 밑줄, 외곽선 글자 등도 쉽게 만들 수 있으며, [TT] 버튼을 활성화해 모든 서체를 대문자로 한 번에 바꿀 수도 있습니다. ❶는 세로 쓰기입니다. 여러 가지 서체로 바꿔 보며 어떤 서체가 가장 어울리는지 선택해 보세요.

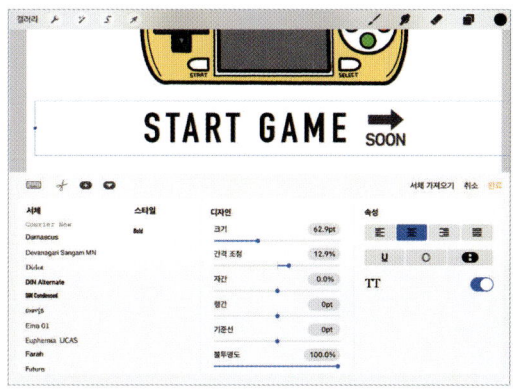

11. '클리핑 마스크'를 사용해 텍스트 색 바꾸기

텍스트 레이어 위에 새 레이어를 만들고 [클리핑 마스크]를 해 주세요. 마스크 레이어에 원하는 색을 [컬러 드롭]합니다. 글자의 일부만 바꾸고 싶다면 원하는 글자만 칠해 보세요. 클리핑 마스크는 현재 있는 레이어를 보호하면서 색을 입힐 수 있는 방법이므로 알파 채널 잠금과는 또 다른 편리함으로 사용할 수 있어요.

클리핑 마스크 ▶ p.152, 컬러 드롭 ▶ p.27

12. '래스터화'를 사용해 텍스트 색 바꾸기

텍스트의 색상을 변경하는 또 다른 방법은 바로 '래스터화'입니다. 레이어 옵션에서 [래스터화]를 선택해 글자를 이미지로 만들어 줍니다. 이것을 선택하면 썸네일이 글자 이미지대로 바뀌며, 더 이상 텍스트에 대한 편집은 할 수 없고 텍스트는 이미지처럼 다뤄집니다. 래스터화를 한 다음 [알파 채널 잠금]을 해 색을 칠하는 등의 방법으로 이미지와 똑같은 방법으로 색상을 변경할 수 있습니다.

텍스트의 벡터/래스터

텍스트 자체는 '벡터' 이미지입니다. 벡터는 깨짐 현상 없이 크기 변경이 가능한 이미지 형태입니다. 벡터 상태에서만 글자 수정, 폰트 변경, 각종 스타일 변경이 가능합니다. 벡터 상태에서도 레이어 이름 변경, 위치 변경, 불투명도 조절, 클리핑 마스크, 마스크는 가능합니다만, 조정 효과 등은 적용이 불가합니다. '래스터화'를 하면 텍스트는 일반 이미지화되어 그림과 똑같이 각종 효과들 적용이 가능해집니다. 다음 동작을 하면 텍스트는 자동으로 래스터화됩니다.

- 컬러 드롭
- 형태 툴로 형태나 크기 변경
- 조정 툴의 효과 적용
- 레이어 병합

손글씨 입력

아이패드의 [설정 > Apple Pencil > 손글씨 입력]을 활성화하고, 텍스트 박스에 손글씨로 쓰면 텍스트로 자동 변환해 줍니다(영문만 가능).

13. '텍스트 편집'을 사용해 텍스트 색 바꾸기

텍스트 레이어의 옵션에서 [텍스트 편집]을 선택하거나 손가락으로 텍스트를 터치해 텍스트를 선택합니다. 텍스트를 선택하면 해당 텍스트 주변으로 상자가 생기지요. 이 상자가 생긴 것으로 이 텍스트가 편집 모드인지 아닌지 알 수 있습니다. 편집 모드 상태에서 색상 툴에서 다른 색상을 선택하면 텍스트의 색상이 실시간으로 변하는 것을 볼 수 있습니다. 이 방법을 적용하면 한 레이어의 색상이 모두 같은 색으로 바뀝니다.

14. 첫 번째나 두 번째 방법을 선택해 화살표 부분을 빨간색으로 칠해 줍니다. 중간에 'THE'라는 글자도 노란색으로 추가해 완성합니다.

15. 노란색 오락기를 그린 레이어들을 그룹으로 묶은 뒤, 복제해 몸체의 색상만 바꾸면 여러 대의 오락기를 만들 수 있습니다. 게임의 한 장면을 그려 넣어도 좋고, 게임의 한 장면을 찍은 사진을 합성해도 좋겠지요. 화면에 다른 글자도 넣어 보고, 색상도 변경해 보세요.

색상 변경하기 ▶ p. 47, **사진 합성하기** ▶ p.204

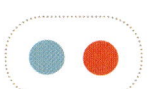

빛 브러시와 브러시 커스터마이징으로 반짝임 표현하기

크리스마스트리

반짝이는 것을 쉽게 그리는 방법을 소개합니다. 프로크리에이트의 장점 중 하나인 빛 브러시를 이용해 보아요.

● **KEYWORD**
- 툴: 브러시 > 빛, 브러시 설정
- 소재: 크리스마스트리
- 테크닉: 반짝이는 표현, 브러시 커스터마이징

● **SETTING**
- 캔버스 크기: 3000×4000(px)
- 해상도: 300DPI
- 컬러 모드: RGB

● **NOTICE**
커스텀 브러시(점선 라이트펜)는 책밥 홈페이지 자료실(www.bookisbab.co.kr/down)에서 다운로드할 수 있습니다.
브러시 적용하기 ▶ p.182

info 사용할 색을 미리 정하고 시작해 보세요. 전체적인 색 구성을 미리 생각해 두면, 그때그때 고민하지 않아도 돼 편리합니다. 그림의 완성도와 만족도도 올라갈 확률이 높아요. 여기서는 트리를 몇 가지 색으로 그릴지, 어떤 느낌의 색으로 그릴지 정해 봅니다. 미리 새 레이어를 만들어 사용할 색을 팔레트에 물감 짜듯 그려 두거나, 내 팔레트에 색을 저장한 다음 색상 탭을 움직여 원하는 곳에 위치시켜 두고 사용할 수 있습니다.

색상 탭 이동 ▶ p.17

01. 크리스마스트리를 그립니다. 라인을 그린 다음 안쪽에 색을 컬러 드롭해 주세요. 위에서부터 세 가지색으로 차곡차곡 쌓으며 그립니다. 나중에 합치면 되므로 각각의 단계를 새 레이어에 그려 주세요.

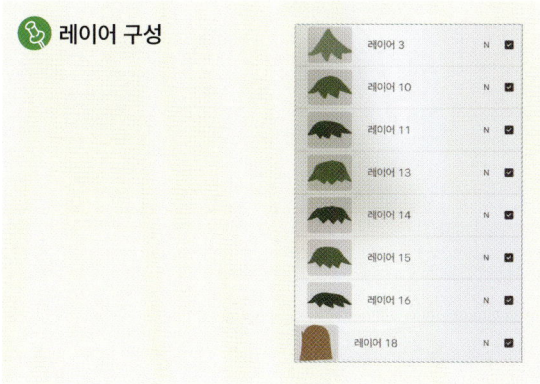

02. 이제 여기에 반짝이는 오너먼트를 잔뜩 달아 줄 거예요. 새 레이어에 맨 위에는 별을, 중간 중간 작은 노란 전구, 조금 더 큰 빨간 전구를 콕콕 심어 줍니다. 동글동글하게 그리면 됩니다. 별은 테두리를 선으로 그린 뒤, 안쪽을 채워 주세요. 같은 브러시로 해도 되고, 안쪽 색이 선명하길 원한다면, 모노라인 브러시로 바꾼 후에 칠하면 됩니다.

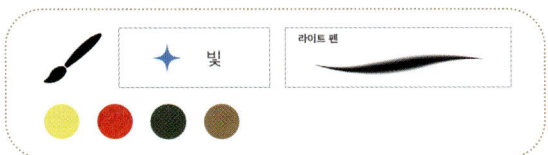

03. 이제 작은 전구들을 트리에 두를 거예요. 일일이 그리지 않고 브러시를 커스텀해 편하게 그릴 수 있습니다. 우선 라이트펜 브러시를 선택해 주세요.

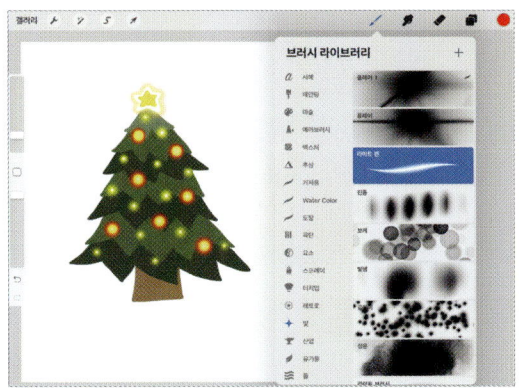

04. 그 다음 한 손가락으로 왼쪽으로 쓱 밀면 나타나는 옵션에서 [복제]를 선택합니다.

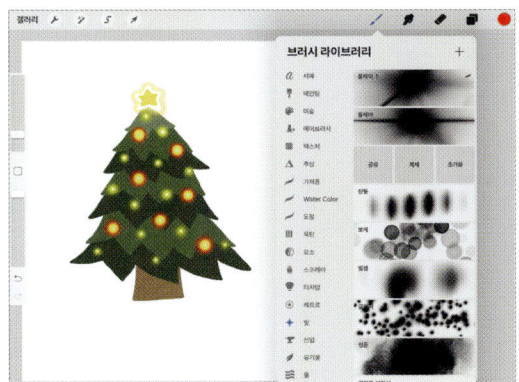

> 🖐 **브러시 옵션**
> - **공유**: 내가 만든 커스텀 브러시를 다른 사람들과 공유할 수 있습니다.
> - **복제**: 해당 브러시를 복제합니다.
> - **초기화**: 오리지널 브러시일 때 등장하는 옵션으로, 설정을 바꾼 브러시를 원래 모습으로 되돌립니다.
> - **삭제**: 커스텀 브러시일 때 등장하는 옵션으로, 해당 브러시를 삭제합니다.

05. 복제된 브러시를 두 번 터치하면 브러시를 커스텀할 수 있는 [브러시 스튜디오]가 나타납니다. 우선 [획 경로] 카테고리의 [간격]을 조정할 거예요. 간격을 넓게 설정함에 따라 그리기 패드의 선이 점선으로 변하는 것을 볼 수 있습니다. 적당한 간격에서 멈춘 뒤 [완료] 버튼을 누릅니다.

브러시 커스텀 심화 ▶ p.390

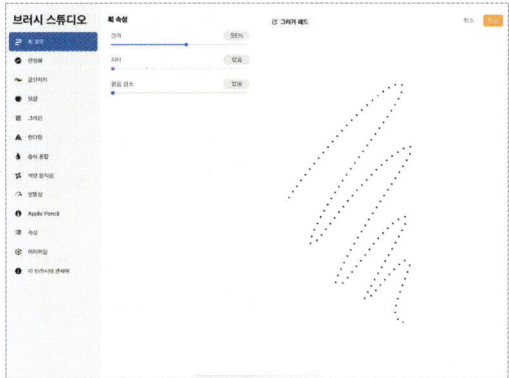

TIP

- 복제된 펜은 이름에 숫자가 붙으며, 오른쪽 끝에 마크가 생깁니다.

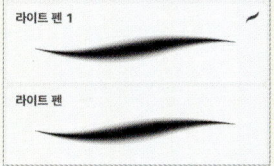

- 설정을 변경한 펜의 미리보기가 바뀐 것을 볼 수 있습니다.

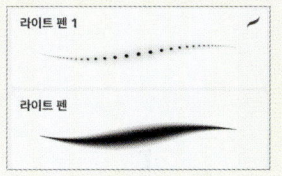

06. 이렇게 만든 점선 라이트펜으로 트리 위에 알전구를 둘러 주세요. 펜의 압력에 따라 두께가 바뀌므로 압력을 달리해서도 그려 보세요.

07. 일정한 두께로 그리고 싶다면, 브러시 설정에 들어가 [Apple Pencil > 압력 > 크기]를 0%로 조절해 보세요. 옆의 그리기 패드에 직접 그리며 변경된 결과를 확인할 수 있습니다.

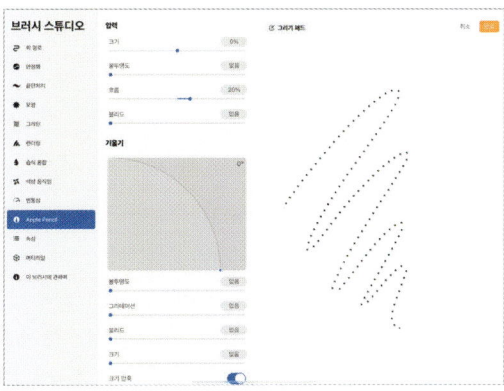

08. 여기서 끝내도 되지만, 빛이라는 건 주변이 어두울 때 더 잘 보이는 법이지요. 배경 색상을 검은색으로 하고, 맨 위에 새 레이어를 만들어 빛 효과를 더합니다. 랜덤으로 나타나는 브러시이므로 원하는 모습이 나올 때까지 취소를 반복하며 결정해 보세요. 여기서 또 한 번 브러시를 커스텀합니다. 한 가지 색으로만 빛나는 것보다 여러 가지 색으로 빛나는 것이 더 자연스럽겠죠? 보케 브러시의 [브러시 스튜디오]에 들어가 [색상 움직임] 카테고리의 [도장 색상 지터 > 색조] 부분을 높입니다. 색조 값이 클수록 다양한 색이 나옵니다. [그리기 패드]를 눌러 색을 변경해 그려볼 수 있어요.

색상 움직임 ▶ p.396

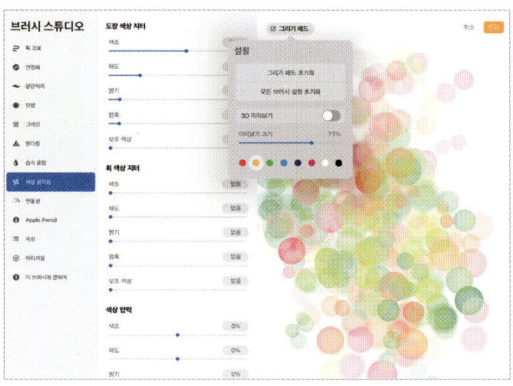

09. 보케 레이어는 [N]자를 눌러 블렌딩 옵션을 [추가]로 설정하고, 불투명도도 80%로 설정합니다.

10. 크리스마스트리 완성!

11. 다양한 모습의 크리스마스트리도 그려 보세요. 맨 위쪽의 빛은 흰색 플레어를 한 번 찍은 후, 복제해 90도 돌려서 빛이 번지는 모습을 만듭니다. 노란 글리머로 트리 모양을 잡아 주세요. 흰색 라이트펜으로 텍스트를 넣고 배경을 붉게 만들면, 완성됩니다.

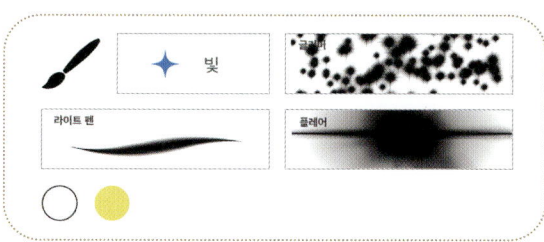

[레이어>불투명도]로 투명함 표현하기,
여러 개의 클리핑 마스크 설정하기

스노우 볼

앞서 그린 크리스마스트리를 이용해 스노우 볼을 그려 보고, 투명한 표현도 배워 봅시다.

● **KEYWORD**
- 툴: 레이어 > 불투명도, 클리핑 마스크, 조정> 흐림 효과
- 소재: 스노우 볼
- 테크닉: 투명한 표현하기, 여러 개의 클리핑 마스크

● **SETTING**
- 캔버스 크기: 3000×4000(px)
- 해상도: 300DPI
- 컬러 모드: RGB

01. 퀵쉐이프로 동그란 볼과 받침을 그려 줍니다. 각각 다른 색으로, 다른 레이어에 그립니다. 받침은 도형이 복잡하기 때문에 퀵쉐이프가 한 번에 잡히지 않아요. 중간 중간 끊어가며 선을 하나씩 이어 준다는 느낌으로 그립니다.

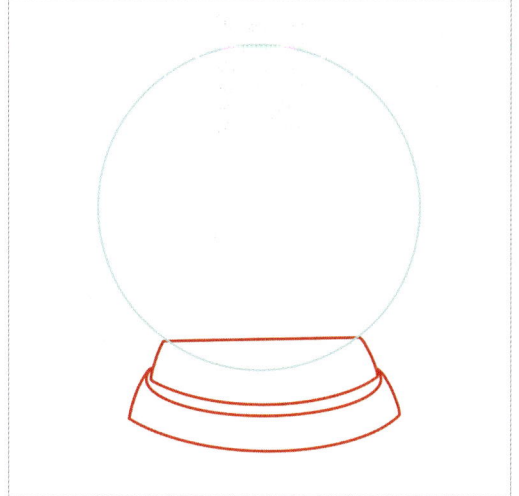

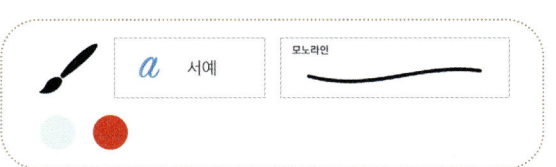

02. 받침 레이어 아래에 새 레이어를 만들고, 채색을 합니다. 레퍼런스와 컬러 드롭을 이용해 전체적으로 빨간색으로 칠한 다음 어두운 빨간색과 밝은 빨간색으로 명암을 표현합니다. 역시 퀵쉐이프를 이용하면 편리합니다.

레퍼런스와 컬러 드롭 ▶ p.66

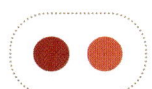

03. 새 레이어에 앞서 그린 동그란 볼보다 조금 작은 볼을 덧그립니다. 복제 후 크기 조절을 해도 좋아요. 컬러 드롭으로 안쪽을 채워 주세요. 이렇게 외곽에 흰 공간을 남겨 두면 투명한 것의 두께를 표현할 수 있어요.

04. 볼 레이어 위에 새 레이어를 만들고, 옵션에서 클리핑 마스크를 선택합니다. 이제 이 볼 안에 들어가는 모든 그림들은 이 레이어에 클리핑 마스크로 넣을 거예요. 클리핑 마스크로 넣으면 그림이 절대 이 볼 밖을 빠져나가지 않습니다. 클리핑 마스크가 된 새 레이어에 먼저 아래쪽에 쌓인 눈을 하얗게 그려 주세요.

클리핑 마스크 ▶ p.152

05. 그 위에 새 레이어를 하나 더 만들어 클리핑 마스크를 누르고 그 안에 내리는 눈을 그려 줍니다. 펜으로 콕콕 찍어도 좋고, 동글동글 그려도 좋아요. 이렇게 클리핑 마스크는 한 레이어에 하나가 아니라 여러 개를 만들 수도 있습니다.

06. 흩날리는 눈에 약간의 효과를 줄 거예요. [조정(✨) > 움직임 흐림 효과]를 누른 다음 한 손가락을 화면에 대고 한쪽 방향으로 살짝 움직여 보세요. 손가락의 방향대로 움직임이 생기며 흐림 효과가 적용되는 것을 볼 수 있습니다. 움직임은 어느 방향으로도 가능합니다. 방향을 주지 않고 살짝 흐린 효과만 주고 싶다면, [가우시안 흐림 효과]를 선택한 후, 화면에 한 손가락을 대고 오른쪽 왼쪽으로 밀며 효과가 적용되는 정도를 조절해 보세요.

> **TIP**
> 손가락을 대고 있을 때 위쪽에 파란색 바와 정확한 퍼센트가 나오는 것을 확인하세요. '움직임 흐림 효과' 옆 작은 세모를 누르면 '레이어/펜슬' 옵션이 나옵니다. 여기서 레이어는 레이어 전체에 효과를 주는 것이고, 펜슬은 내가 펜슬로 원하는 부분만을 건드려 효과를 줄 수 있습니다. 전체 혹은 일부 효과의 옵션인 셈입니다.

07. '고양이' 그림에서 라탄 바구니 화분과 잎들을 다른 그림으로 복사해 온 것처럼 이전에 그린 크리스마스트리를 가져와 받침 위에 얹고, 볼 레이어의 불투명도를 조절해 투명한 느낌을 더합니다. 저는 70% 정도로 설정했습니다.

다른 캔버스에서 그림 가져오기 ▶ p.79

08. 투명한 느낌을 조금 더 주기 위해 위쪽에 새 레이어를 만들고, 흰색으로 빛이 반사되는 것처럼 반달 모양 등을 그립니다.

09. 빛 반사 레이어의 불투명도를 조금 낮춰 반질반질한 유리 느낌을 더하고, 아래쪽 받침에는 라이트펜으로 글자도 씁니다. 좋아하는 문구나 이니셜을 적어도 좋겠죠. 앞서 배운 [텍스트 추가]를 이용해도 좋습니다.

10. 완성된 스노우 볼이 조금 허전해 보인다면, 옆에 작은 눈사람도 그려 넣어 그림을 완성하세요.

🟢 **레이어 구성**
여러 개의 클리핑 마스크가 하나의 레이어에 붙어 있는 것을 확인하세요.

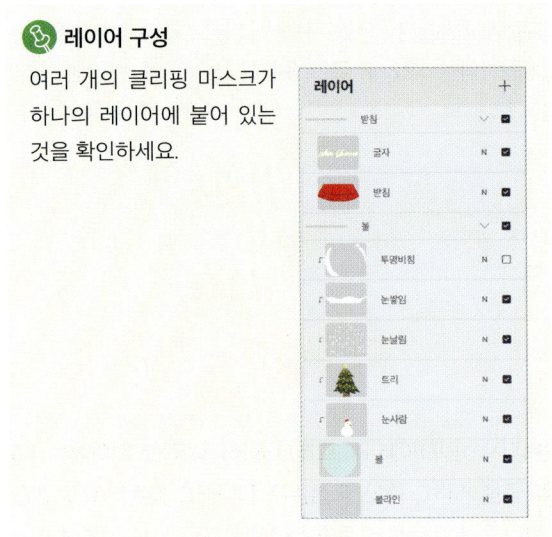

11. 눈 내린 다른 풍경이나 봄의 벚나무도 투명한 스노우 볼에 넣어 보세요. 스노우 볼 GIF 만들기 ▶ p.317

제스처 기능, 서체 내려받기

작품을 따라 그리면서 '이런 기능도 있으면 좋겠다!'라고 생각한 것이 있나요?
이 페이지에서는 프로크리에이트와 더욱 친해질 수 있는 편리한 팁을 알려 드립니다.

제스처 기능

❶ **복사하기/붙여넣기**: 화면 아무 데나 세 손가락으로 쓸어내리기

화면에 대고 세 손가락을 쓸어내림으로써 재빨리 복사하기와 붙여넣기를 할 수 있는 팝업 메뉴를 소환할 수 있습니다. '라탄 바구니 화분'이나 '미니 오락기'와 같이 복사/붙여넣기 할 것이 많을 때 정말 편리하겠죠? 레이어 하나하나에 들어가 복제하지 않고 화면을 쓸어내리는 것만으로 복사/붙여넣기가 한 번에 가능해집니다. 꾹 눌러 레이어를 선택하는 제스처와 연계하면 정말 편리합니다.

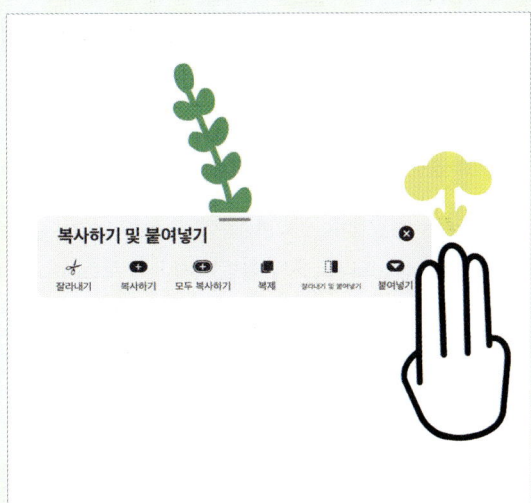
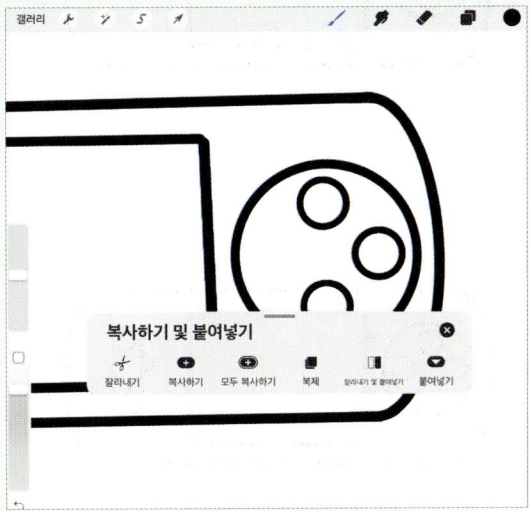

❷ **전체 화면 모드**: 네 손가락으로 터치하기

네 손가락을 화면에 터치함으로서 전체 화면 모드로 변경할 수 있습니다. 전체 화면 모드는 브러시를 변경하지 않고 한 화면에서 그림을 그릴 때 사용하면 좋습니다. 취소(두 손가락 탭)나 복사/붙여넣기 메뉴 소환(세 손가락 쓸어내리기) 등의 다른 화면 제스처도 실행할 수 있습니다. 전체 화면 모드를 끄고 싶다면 다시 한 번 네 손가락을 터치하면 됩니다. 또는 화면 왼쪽 위의 작은 네모 아이콘을 클릭해 주세요.

서체 내려받기

프로크리에이트가 우리나라에서 만들어진 프로그램이 아니다 보니 영문 서체에 비해 한글 서체가 부족합니다. 거의 없다고 봐야지요. 기존에 아이패드를 사용하는 분이라면 서체를 내려받는 법을 알고 있겠지만, 그렇지 않은 분들을 위해 프로크리에이트에서 한글 서체를 다운받아 추가하는 법을 알려 드리려고 합니다.

❶ 서체 찾기

프로크리에이트에서 사용되는 서체는 '.ttf', '.otf', '.ttc' 확장자를 가진 서체입니다. 'zip'이나 '.exe'로 된 자동 설치 파일은 실행되지 않습니다. 'zip'으로 되어 있다면, 압축을 풀어서 사용합니다. 아이패드에서 되지 않으면 PC에서 압축을 풀어 옮깁니다.

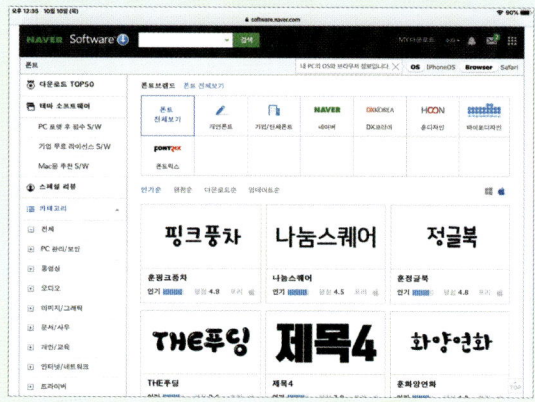

네이버 소프트웨어의 '폰트' 카테고리에 들어가면 다양한 폰트를 다운받을 수 있습니다. 수동 설치되는 폰트를 다운받아 사용하면 되어요. 이때 확장자를 확인하는 것을 잊지 마세요. 대체로 개인적으로 사용하는 것은 모두 허가됩니다. 하지만 판매용 굿즈에 활용하는 것과 같이 상업적으로 사용하는 경우, 상업적 사용이 가능한지 꼭 체크하고 사용해야 합니다. 또한 2019년 한글날 기념으로 네이버 클로바에서 배포한 AI가 만든 '나눔손글씨'도 다운받아 사용할 수 있습니다. 예쁜 손글씨 폰트를 찾고 있다면 한 번 둘러보세요.

❷ 프로크리에이트에 서체 반영하기

프로크리에이트에 서체를 반영할 수 있는 세 가지 방법을 소개합니다.

01. 서체 파일을 다운로드한 다음, 해당 파일을 프로크리에이트 안의 폰트 폴더에 넣어 둡니다. 아이패드의 '파일' 애플리케이션을 이용하세요.
컴퓨터에서 내려받아 공유하기 ▶ p.406

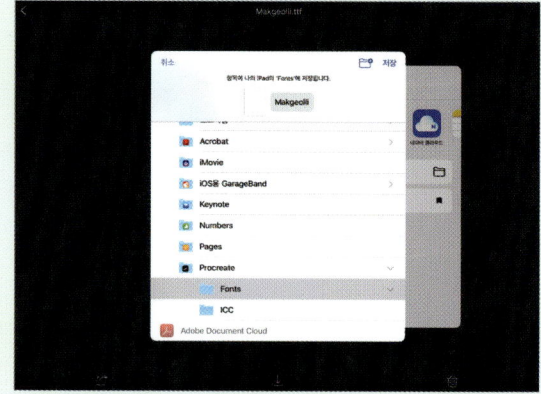

02. [동작(🔧) > 추가 > 텍스트 추가]를 선택한 다음 [Aa > 서체 가져오기]를 선택해 해당 파일을 찾아 불러옵니다.

03. 또는 멀티태스킹으로 파일을 가져옵니다.

멀티태스킹 ▶ p.346

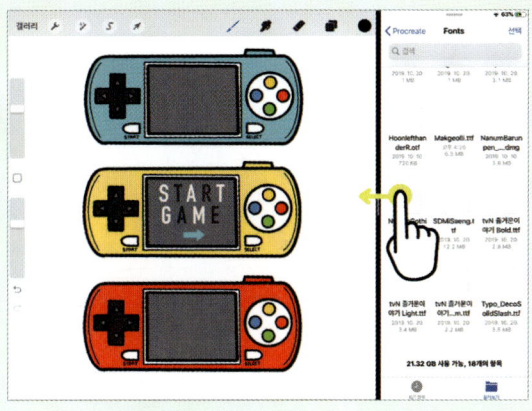

레이어와 형태 툴로 그림자 표현하기

꽃병

이번엔 그림자를 그려 보겠습니다. 편리하게 그림자를 표현하는 방법을 알아보아요.

- **KEYWORD**
  - 툴: 레이어 > 선택, 채우기 / 형태 > 왜곡
  - 소재: 꽃병
  - 테크닉: 그림자 표현하기

- **SETTING**
  - 캔버스 크기: 1700×2000(px)
  - 해상도: 300DPI
  - 컬러 모드: RGB

01. 먼저 꽃병을 스케치합니다. 병을 먼저 그리고 큰 가지와 넓은 잎을 그려 주세요.

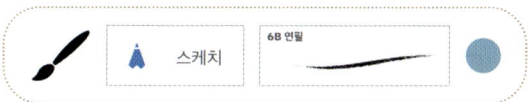

02. 이어서 작은 가지와 꽃을 그립니다.

03. 스케치 레이어의 불투명도를 흐리게 설정한 다음, 그 위에 새 레이어를 만들고 선을 그려 주어요. 연필 브러시로 그려 부드러운 느낌을 줍니다. 큰 가지와 넓은 잎을 그린 다음, 꽃병과 작은 가지를 그립니다.

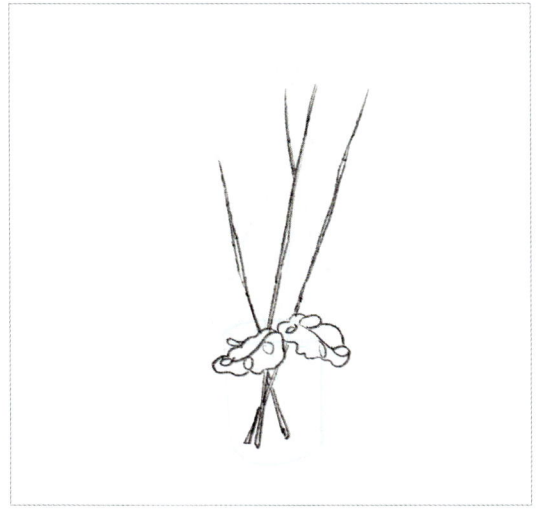 

04. 이어서 꽃을 그려 주세요.

🟢 **TIP**
꽃봉오리의 크기나 핀 정도에 조금씩 차이를 두면 좋습니다.

05. 새 레이어에 같은 브러시로 채색합니다. 다만 꽃병만 다른 레이어에서 채색해 주세요. 꽃병의 채색 레이어를 맨 위에 두고, 불투명도를 60% 정도로 설정해 투명한 느낌을 살립니다. 그 다음 지우개로 한쪽을 살짝 지워 병 안쪽에 비친 모습을 표현해 줍니다.

06. 이제 그림자를 표현하겠습니다. 이와 같이 복잡한 모양의 꽃병에는 그림자를 어떻게 그리면 좋을까요? 둥근 모양으로 단순하게 그려도 좋지만, 조금 더 사실적인 느낌이 나도록 연출하는 방법을 알아봅시다.

07. 꽃병 그림을 하나의 그룹으로 묶고, 그룹 레이어를 선택한 다음 왼쪽으로 쓱 밀면 나오는 메뉴에서 복제를 합니다. 복제한 레이어를 [병합]하여 하나의 그림이 되게 합니다.

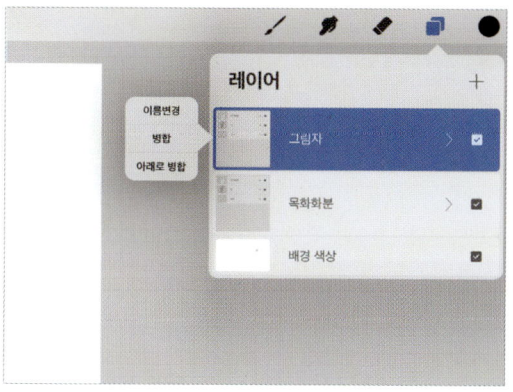

PART 1. 가볍게 쓱, 소품 그리며 툴 익히기 | 107

08. 색상을 검은색으로 세팅하고, 병합한 레이어의 옵션에서 [선택]을 누르면 해당 그림이 선택됩니다. 이어서 다시 옵션에서 [레이어 채우기]를 누르면 현재 색상으로 모두 칠해집니다. 그리고 불투명도를 40% 정도로 조절해 주어요.

레이어 선택 제스처 ▶ p.70

TIP
선택이 되면, 선택된 부분을 제외한 부분이 빗금으로 표시됩니다. 선택 심화 ▶ p.376

09. [형태(✈) > 왜곡]을 선택하고, [45° 회전]을 3번 눌러 비스듬한 모습이 되도록 만듭니다. 위치를 조성하고 파란 점을 드래그하며 모양을 조절해 자연스러운 그림자를 만들어 주세요. 왼쪽 위에서 빛이 비칠 때 생기는 그림자를 표현했습니다.

10. 빛을 더 표현하고 싶다면, '크리스마스트리' 작품에서 사용한 보케 브러시를 이용해 보아요. 새 레이어에 그린 뒤, 블렌딩 옵션을 [핀 라이트]로 설정해 보세요. 색다른 빛 번짐 효과를 낼 수 있습니다. 다른 블렌딩 효과도 적용해 보세요.

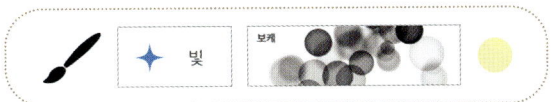

11. 그림자에 '스노우 볼' 작품 속 눈송이에 적용한 [조정(◭) > 가우시안 흐림 효과]를 더하면 훨씬 자연스러워집니다. 불투명도도 함께 조절해 보세요.

🟢 레이어 구성

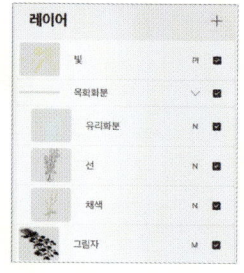

12. 여러 개의 화분을 그리며 그림자를 연출하는 것에도 도전해 보세요.

13. 때로는 단순한 그림자를, 때로는 이렇게 복잡한 그림자를 그리며 그림에 맞게 그림자를 연출하기 바랍니다.

14. 그림자로 재미있는 표현도 가능합니다. 이렇게 그림자를 독특하게 그리면 더욱 풍부한 그림을 그릴 수 있습니다.

브러시로 재질 표현하기,
브러시 커스터마이징으로 점선 표현하기

가죽 가방

프로크리에이트에서 기본적으로 제공하는 브러시에는 재질 느낌을 나타내는 브러시가 많습니다. 이것들을 제대로 잘 사용하려면 어떻게 해야 할까요? 가죽 가방의 가죽 재질을 나타내며 배워 봅시다.

● **KEYWORD**
- 툴: 브러시 > 재질 관련
- 소재: 가죽 가방
- 테크닉: 재질 표현하기, 점선 만들기(브러시 커스터마이징)

● **SETTING**
- 캔버스 크기: 2000×2000(px)
- 해상도: 300DPI
- 컬러 모드: RGB

● **NOTICE**
커스텀 브러시(네모 점선, 둥근 점선)는 책밥 홈페이지 자료실(www.bookisbab.co.kr/down)에서 다운로드할 수 있습니다. 브러시 적용하기 ▶ p.182

01. 가죽 가방을 스케치합니다. 먼저 네모난 모양으로 자리를 잡아 주세요.

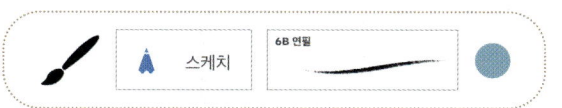

02. 손잡이와 버튼, 주머니 등의 디테일을 그려 주어요.

03. 스케치 레이어를 흐리게 해 두고 새 레이어를 만들어 선명한 선으로 그려 줍니다.

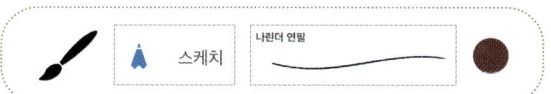

04. 레이어별로 편하게 명암을 주기 위해 구역을 나누어 서로 다른 레이어에 채색합니다.

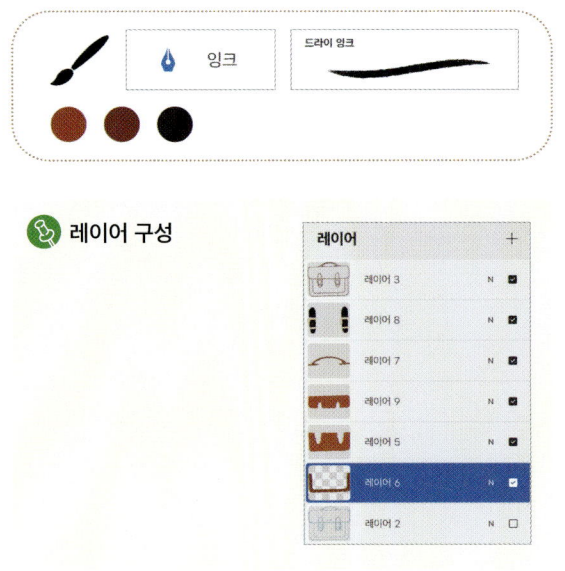

05. 가방이 접히는 부분에는 한 톤 어두운 색으로 그림자를 넣어 줍니다. 그림자가 필요한 레이어에 [클리핑 마스크]를 만들고, 검은색으로 그림자를 그린 다음 불투명도를 10% 정도로 설정합니다.

06. 가죽 가방의 채색 레이어들을 그룹 지은 다음, 그룹을 복제해 병합합니다. 채색된 부분에 [클리핑 마스크]를 만들어 가죽 느낌을 주기 위함이에요.

07. 클리핑 마스크 된 레이어에 짙은 갈색으로 가죽 느낌을 도포합니다. 살살 그리며 재질 느낌이 나타나는 것을 확인해 보세요. 확대해서 작업해도 좋습니다. 그리고 블렌딩 모드를 [곱하기]해 주면 더욱 자연스럽게 표현할 수 있습니다.

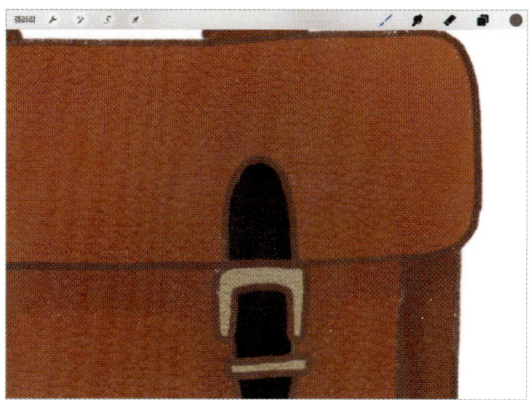

08. 이제 가죽 가방의 백미인 점선을 그리겠습니다. 다른 그림에서도 편리하게 사용할 수 있는 납작한 점선 브러시를 만들 거예요. 먼저 납작한 점선 1개로 브러시의 모양을 만듭니다. 모든 레이어의 체크 박스를 끈 다음, 새 레이어에 흰색으로 바탕을 채웁니다. 이어서 검은색으로 길쭉한 네모를 가운데에 그려 주세요. 이미지의 레이어 옵션을 열어 [복사하기]를 선택합니다.

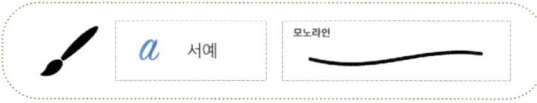

09. 브러시 라이브러리에서 [모노라인]을 복제해 주세요.(브러시 복제 ▶ p.92) 브러시 스튜디오의 [모양 > 모양 소스 > 편집 > 가져오기 > 붙여넣기]를 합니다. 이전에 복사해 둔 이미지가 나와요. 모양 소스는 흰 부분이 사용되는 것이므로 이대로 진행하면 가운데가 비어 있는 도장처럼 만들어집니다. '모양 편집기' 화면에서 이미지에 두 손가락을 대고 터치해 주세요. 이미지의 색이 반전됩니다. 브러시 커스텀 심화 ▶ p.390

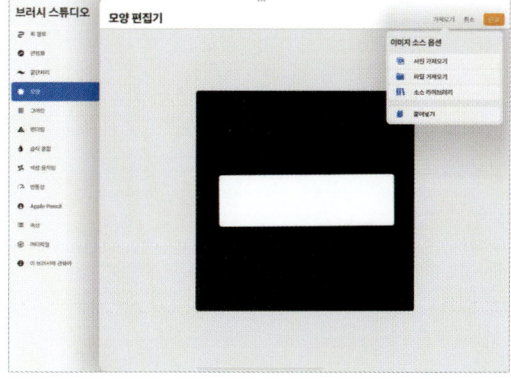

10. 이어서 [모양 특성]의 회전 항목을 100%로 설정해 주세요. 선을 세로로 그어도 점선이 그대로 따라옵니다. 0%로 설정한 다음 그리기 패드에 그려 보고, 100%로 설정한 다음 그리기 패드에 그려 보세요. 차이가 느껴질 거예요. (▶ p.391)

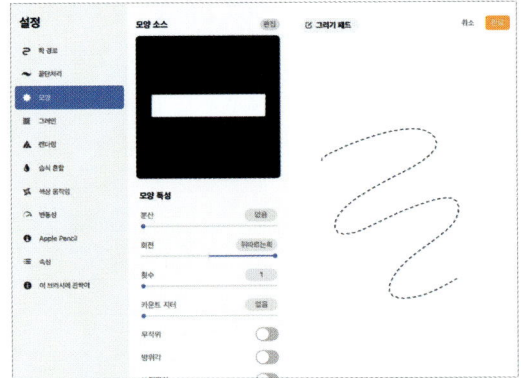

11. 마지막으로 브러시 스튜디오의 [획 경로] 카테고리에서 간격을 85% 정도로 늘려 줍니다.

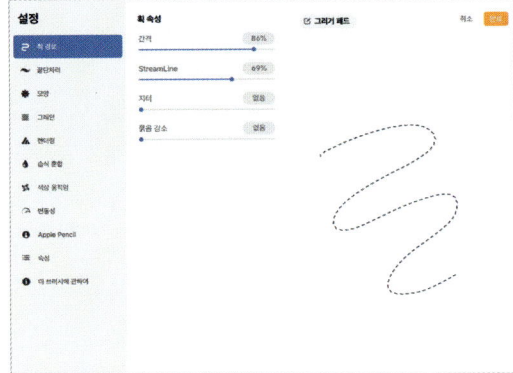

12. 이제 이 점선 브러시로 가죽 가방에 바늘땀을 넣어 주고, 가방 가운데에 글자도 써 넣어 보아요. 원하는 문구나 이름을 적어도 좋겠죠. 가죽 가방이 완성되었습니다.

13. 가죽 재질을 표현하는 것과 같은 방법으로 나뭇결이나 다른 질감도 표현해 보세요. 클리핑 마스크와 블렌딩 옵션으로 무궁무진한 질감의 세계에 빠져 보세요. 화분과 나무 펜스, 돌, 식물 부분에 각각 다른 질감을 낸 그림입니다.

그리기 가이드와 픽셀 유동화로 패턴 제작하기

여러 가지 패턴 만들기

기본 브러시와 그리기 가이드, 왜곡 효과 등 다양한 기능을 사용해서 패턴을 만들어 보겠습니다. 격자무늬, 점무늬, 체크무늬 등 기본적인 패턴을 만들어 두면 아주 다양하게 활용할 수 있답니다. 색도 빠르게 변경할 수 있으니 패턴만 모아 둔 캔버스를 하나 만들어 그때그때 꺼내 쓰면 정말 편하겠죠.

● **KEYWORD**
- 툴: 그리기 가이드, 픽셀 유동화
- 소재: 여러 가지 패턴 만들기
- 테크닉: 패턴 제작해 활용하기

● **SETTING**
- 캔버스 크기: 3000×3000(px)
- 해상도: 300DPI
- 컬러 모드: RGB

1. 패턴 브러시를 활용해 패턴 만들기

우선 브러시를 활용한 패턴을 만들어 보겠습니다. 프로크리에이트에는 질감을 나타내는 브러시들이 꽤 있습니다. 그때그 때 칠해서 사용해도 되고 이렇게 패턴으로 만들어 꺼내 써도 좋습니다. 그리다 보면 좋아하는 질감이나 자주 쓰는 패턴이 생겨날 거예요. 그럴 때 저장해 두고 사용하면 좋습니다. 그럼 어떤 브러시로 어떤 패턴을 만들어 낼 수 있는지 볼까요? 브러시의 크기와 농도를 조절해 가며 만들어 보세요. 질감은 '텍스처', '산업', '레트로', '머티리얼' 브러시 그룹에 가장 많이 들어 있어요. 이 브러시는 배경이나 무늬를 넣는 데에 활용하면 좋습니다.

샘플로 네 가지 패턴을 보여 드립니다. 이렇게 화면 전체를 해당 브러시로 칠해 두면 되어요. 진한 색이 블렌딩 하기에 편하답니다. 색은 필요에 따라 바꿀 수 있으니까요! 다양한 브러시로 패턴을 만들어 보세요.

▲ 텍스처 > 격자

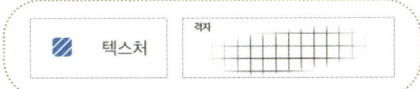

▲ 텍스처 > 정육면체

▲ 레트로 > 라드

▲ 유기물 > 헤센

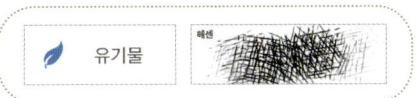

2. 그리기 가이드를 이용해 패턴 만들기

브러시에는 없는 패턴도 만들어 볼까요? '그리기 가이드'로 표현해 봅시다.

[동작(🔧) > 캔버스] 탭을 보면 '그리기 가이드'가 있습니다. [그리기 가이드]를 활성화한 다음, 바로 밑의 [그리기 가이드 편집]을 눌러 주세요. 화면이 작아지며 아래쪽에 옵션이 나옵니다. '2D 격자, 등거리, 원근, 대칭'의 4가지 옵션이 있으며 각각의 옵션에 따른 하위 옵션도 존재합니다. 하나씩 그리며 어떻게 활용하는지 알아볼 거예요. 먼저 [2D 격자]를 선택합니다.

그리기 가이드를 선택하면, 해당 가이드대로 선이 그어집니다. 격자는 가로세로 직선으로만 그을 수 있어요. 직선만 긋고 싶을 때 사용하면 좋아요. 맨 위에 있는 색상 바를 움직이면 가이드의 색상을 바꿀 수 있습니다. [그리기 도움받기]를 활성화하면 해당 레이어에 설정한 그리기 가이드가 활성화됩니다.

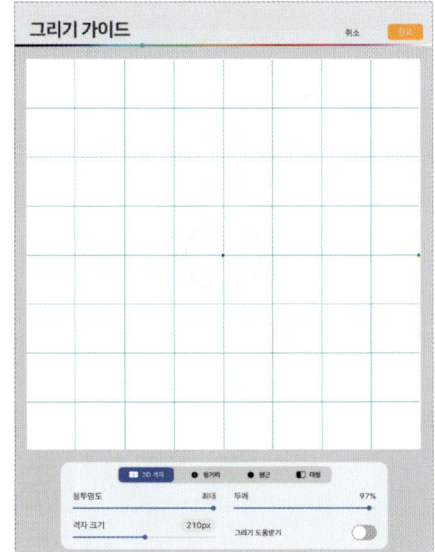

🟢 그리기 가이드 옵션 살펴보기

- **불투명도**: 가이드 선의 불투명도를 조절합니다.
- **두께**: 가이드 선의 두께를 조절합니다.
- **격자 크기**: 가이드 격자의 크기를 조절합니다.

위 세 옵션은 가이드 선을 내 입맛에 맞춰 보기 위함이고, 실제 선을 그을 때는 이 가이드 선 위에만 그어지는 것은 아닙니다. 아무 데나 그을 수 있습니다.

- **그리기 도움 받기**: 해당 레이어가 가이드대로만 그려지도록 켜고 끄는 버튼입니다. 지금 건드리지 않아도 나중에 레이어 개별로 설정할 수 있습니다.

01. [격자 크기]를 조절해 화면에 4x4의 격자가 생기도록 하고 오른쪽 위의 [완료]를 누릅니다.

02. 가이드에 맞춰 가로세로로 선을 그어 줍니다. 캔버스를 화면보다 작게 줄여 선이 캔버스 끝까지 닿도록 합니다.

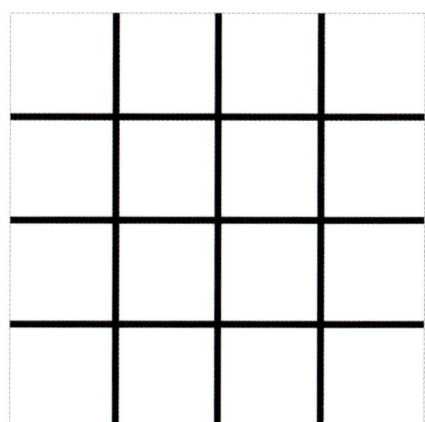

🤔 가이드를 설정했는데 직선이 그어지지 않을 때

- 설정 시 [그리기 도움 받기]를 켜지 않아서 그렇습니다.
- 개별 레이어별로 다음과 같이 '그리기 도움 받기'를 설정해 보세요. 레이어 옵션에서 [그리기 도우미]를 선택해 주세요. 레이어 이름 밑에 '보조'라는 글자가 작게 적힌 것을 볼 수 있습니다. 이제 가이드에 맞춰 그릴 준비가 되었습니다. '보조'가 쓰여 있지 않은 레이어는 가이드에 따르지 않습니다.

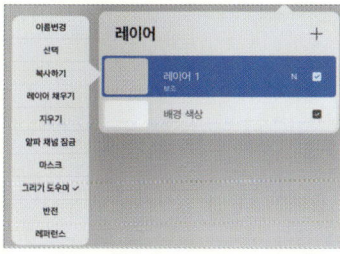

03. 새 레이어를 만들어 색도 칠합니다. 색을 칠할 때 직선 레이어를 [레퍼런스]로 설정한 다음 컬러 드롭으로 채우면 빠르겠죠? 먼저 4군데만 각각 다른 색으로 칠해 주세요.

레퍼런스 ▶ p.66

 TIP

[색상 > 하모니 > 사합]으로 같은 채도의 다른 색상을 손쉽게 선택할 수 있어요.

04. 4군데만 색을 채운 다음 그 레이어를 복제해 나머지 부분을 채우면 편합니다. 이렇게 네모난 패턴을 만들어 보았어요.

05. 가이드 선을 흰색으로 바꾸면 또 다른 분위기를 연출할 수 있습니다.

🔵 **레이어 구성**

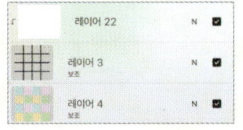

06. [조정( )> 색조, 채도, 밝기] 또는 [색상 균형] 메뉴를 통해 가이드 선 안쪽의 색도 쉽게 바꿀 수 있습니다. 이렇게 패턴 하나를 만들어 보았어요.

07. 직선 가이드라인과 복사/붙여넣기(세 손가락 쓸어내리기)를 이용해 체크무늬를 만들어 보세요.

08. 퀵쉐이프를 이용해 정원을 그린 뒤, 일정하게 배열하고 복사/붙여넣기를 하여 원하는 크기와 간격의 동그라미 무늬도 만들어 봅시다. 색상 변경은 클리핑 마스크를 만들어 컬러 드롭으로 쉽게 할 수 있습니다.

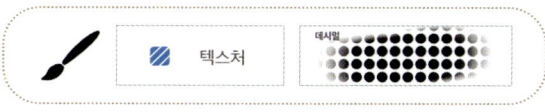

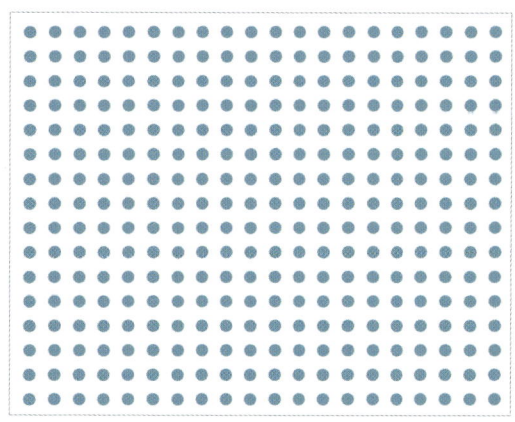

 TIP
동그라미 패턴은 '데시멀' 브러시로도 그릴 수 있지만 데시멀 브러시는 간격이 좁아 이와 같이 만들었습니다.

09. 이제 [그리기 가이드 편집]에서 [원근]을 이용해 집중되는 무늬를 그려 볼게요. 원근을 선택한 다음 펜슬로 화면 가운데를 콕 찍어 보세요. 콕 찍은 그 점에서부터 사방으로 퍼지는 가이드 선이 생겨납니다. 이것이 1점 투시의 가이드이고, 파란색 점은 드래그로 이동이 가능합니다. 이것을 이용해 투시 원근법을 쉽게 그릴 수 있습니다. 물건이나 풍경에도 이용할 수 있지만, 여기서는 패턴을 그리는 데에 이용해 봅시다.

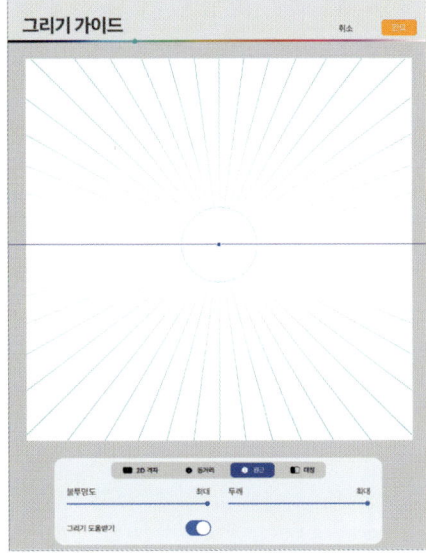

> 🐸 **TIP**
> 점을 2개, 3개 찍어 2점 투시, 3점 투시의 가이드도 만들 수 있습니다. 투시 ▶ p.250, p.266, p.284

10. 가이드가 보이고, 그 가이드대로만 그릴 수 있으니 패턴을 그리기가 정말 수월해요. 세로선을 기준으로 대칭을 만들며 세모를 표현합니다.

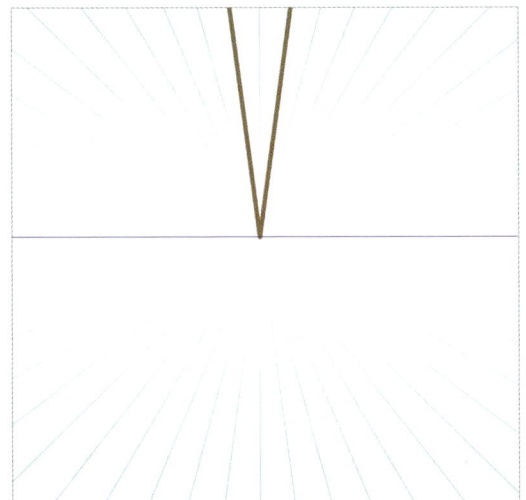

11. 선을 그린 다음 컬러 드롭으로 색을 채워 주세요. 캔버스의 끝은 메꾸지 않아도 컬러 드롭을 할 때 색이 빠져나가지 않습니다.

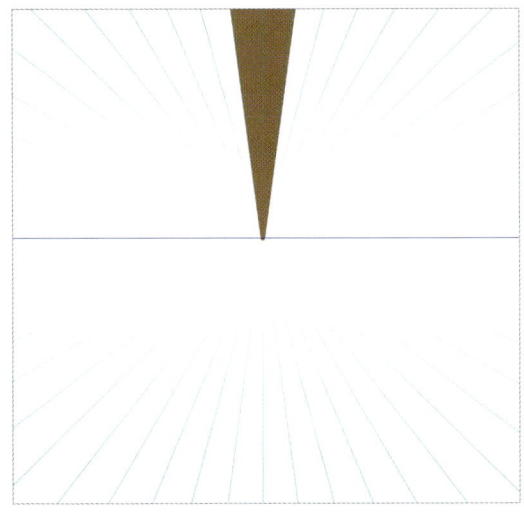

12. 같은 방법으로 캔버스를 채웁니다.

13. 모두 그린 다음 일일이 사이에 색을 칠하지 않아도 아래쪽에 새 레이어를 만들어 대비될 색을 한 번에 컬러 드롭 해주면 되겠지요.

🧷 레이어 구성

14. 만든 패턴을 변형해 보겠습니다. [조정( )> 픽셀 유동화]를 선택합니다. 아래쪽에 다양한 옵션이 나옵니다. 픽셀 유동화는 이미지를 액체라고 가정하고 이미지를 문질러 이미지에 변화를 주는 것입니다.

🧷 TIP
- 픽셀 유동화는 그룹 또는 여러 레이어를 선택한 상태에서도 가능합니다. 레이어를 병합하지 않아도 실행할 수 있습니다.
- 픽셀 유동화를 설정한 뒤에 [조정]을 선택하고 바를 움직여 그 정도를 조정할 수 있습니다.

15. 밀기, 비틀기, 꼬집기, 확장, 결정 등 다양한 메뉴가 있습니다. 하나씩 적용하고 그림을 만지며 확인해 보세요. 필압과 펜을 움직이는 속도, 그리고 아래쪽 크기와 압력, 왜곡, 탄력 옵션을 어떻게 설정하느냐에 따라서도 모양이 조금씩 달라집니다. 한 가지 패턴을 그려 여러 가지 모양의 패턴을 만들어 낼 수 있겠죠? 색 변경도 얼마든지 할 수 있고요. [픽셀 유동화]는 그림을 수정하거나 모양을 변경할 때도 유용하게 쓰입니다. 형태( ) 툴로 수정이 불가능한 미세한 수정도 픽셀 유동화를 통해 할 수도 있어요.

픽셀 유동화 활용하기 ▶ p.300

▲ '꼬집기'를 적용한 모습. '꼬집기'는 펜을 꾹 누르고 있으면 됩니다. 누르는 시간에 따라 다른 모양이 됩니다.

▲ '밀기'를 적용한 모습

▲ 살짝 돌린 이미지

▲ 비틀기/왜곡 값을 설정한 이미지

▲ 많이 돌린 이미지

3. 일반 브러시를 이용해 배경 만들기

일정한 패턴의 브러시나 그리기 가이드를 사용하지 않아도 배경이 될 만한 이미지를 만들어 두면 도움이 됩니다. 다양한 브러시로 나만의 패턴을 만들어 보세요.

▲ 파스텔 톤으로 몽환적인 분위기를 낸 배경 이미지

▲ 수묵화 느낌의 배경 이미지

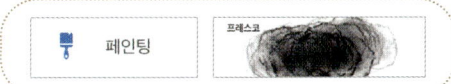

4. 사진을 이용해 배경 만들기

사진으로도 질감 패턴이나 배경을 만들 수 있습니다. 평소 이곳저곳을 다니면서 배경이나 질감이 될 만한 것들을 사진으로 찍어 두면 좋습니다.

▲ 흰 벽에 생긴 그러데이션을 찍은 사진

▲ 청바지 질감을 찍은 사진

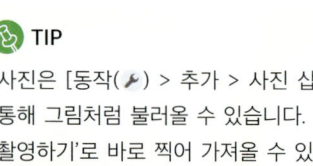 TIP

사진은 [동작(🔧) > 추가 > 사진 삽입하기]를 통해 그림처럼 불러올 수 있습니다. 또는 '사진 촬영하기'로 바로 찍어 가져올 수 있어요. 사진은 가져올 때마다 새로운 레이어로 생겨납니다.
사진 촬영이 실행되지 않는 경우 ▶ p.187

▲ 몽글몽글한 구름을 찍은 사진

그리기 가이드로 대칭 표현하기
드림캐처

좋은 꿈을 꾸게 해 준다는 드림캐처를 그리면서 앞서 만든 패턴을 활용하고 대칭을 표현하는 새로운 기능을 배워 보아요.

● **KEYWORD**
- 툴: 그리기 가이드 > 대칭
- 소재: 드림캐처
- 테크닉: 라인 드로잉, 패턴 활용하기

● **SETTING**
- 캔버스 크기: 3000×4000(px)
- 해상도: 300DPI
- 컬러 모드: RGB

01. 드림캐처를 스케치합니다. 조금 더 단순하게 그려도 괜찮습니다.

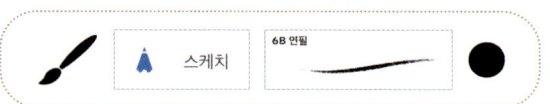

02. [동작(🔧) > 캔버스 > 그리기 가이드]를 활성화합니다. [그리기 가이드 편집]에서 [대칭]을 선택한 다음 옵션 중 [수직]을 선택하고 [완료] 버튼을 누릅니다. 가이드 선을 기준으로 이등분된 화면을 볼 수 있어요. 대칭 가이드는 선택한 옵션에 따라 화면을 나누고, 한쪽에 그림을 그리면 정확하게 반대쪽에 대칭으로 그려지는 기능을 수행합니다. 좌우가 대칭인 것을 그릴 때 정말 편리하겠지요.

> 🧷 **그리기 가이드 대칭 옵션**
> - **수직**: 화면을 수직으로 나눕니다.
> - **수평**: 화면을 수평으로 나눕니다.
> - **사분면**: 화면을 4등분으로 나눕니다.
> - **방사상**: 화면의 중앙을 기준으로 화면을 8조각으로 나눕니다.
> - **회전대칭**: 대칭되는 방향을 바꿉니다. 이 옵션을 켜고 끄며 그려 보면 쉽게 이해할 수 있습니다.

03. 수직 대칭 가이드를 켜 놓은 상태에서 앞서 그린 스케치의 불투명도를 조절하고, 위쪽에 새 레이어를 만들어 드림캐처를 그립니다. 먼저 드림캐처의 윗부분 원을 그려 주세요. 반원만 그리면 되겠지요? 원의 안쪽도 장식해 주세요.

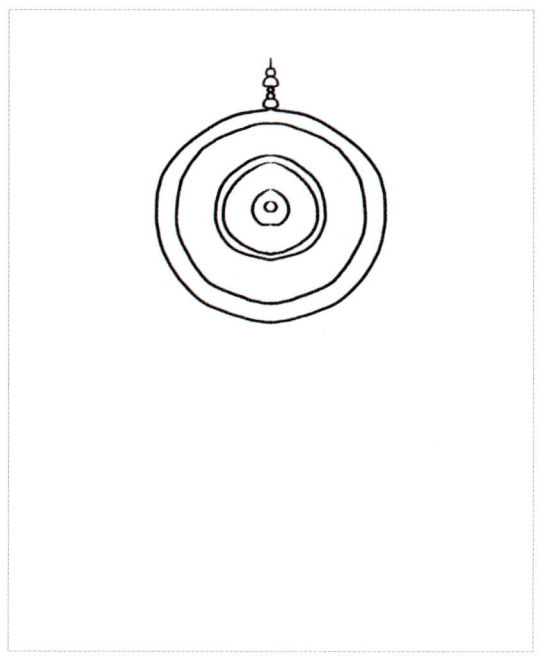

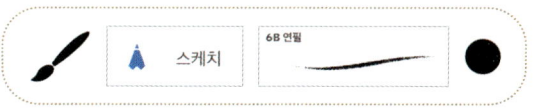

04. 자잘한 디테일을 넣어 주세요. 반쪽만 그려도 나머지 반쪽이 저절로 그려지니 신기하고 편리합니다.

05. 원 아랫부분에 직선을 그어 깃털 그릴 준비를 합니다. 한쪽에 깃털을 세 개 그리면, 반대쪽에 대칭으로 깃털이 그려집니다.

06. 대칭이 아닌 것은 어떻게 그릴까요? 레이어 옵션의 [그리기 가이드]를 끄고 대칭이 아닌 이미지를 그린 뒤 다시 켜는 방법도 있고, 그리기 가이드가 적용되지 않는 새 레이어를 만들어 그곳에 그리는 방법도 있습니다. 어떤 방법이든 아랫부분에 달을 그릴 때는 잠시 가이드를 없앤 상태에서 그려 줍니다. 다시 [그리기 가이드]를 살리고, 달 아래에 별과 깃털을 그립니다. 드림캐처를 완성했습니다.

07. 앞서 만든 패턴을 활용해 다양한 느낌을 연출해 보세요. 패턴을 불러와 맨 아래쪽에 두고, 드림캐처를 하얀색으로 바꿔 보았습니다. 클리핑 마스크를 활용하세요.

클리핑 마스크 ▶ p.152, 다른 캔버스에서 그림 가져오기 ▶ p.79

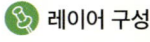 레이어 구성

08. 패턴을 드림캐처 위에 두고 클리핑 마스크를 했습니다. 드림캐처를 알파 채널 잠금을 한 뒤 여러 색으로 칠해도 좋지만, 이와 같이 패턴을 만들어 두니 편리하게 활용할 수 있어서 좋습니다. 다른 패턴도 적용해 보세요.

레이어 구성

09. 여러 가지 모양의 드림캐처도 그려 보고, 복잡한 디테일을 더해서도 그려 보세요. 그리기 가이드가 있어 어렵지 않고 재미있게 그릴 수 있습니다.

그리기 가이드로 방사상 표현하기

힐링 만다라

만다라란 '근원'을 뜻하는 단어예요. 이전에는 종교 색을 많이 띠었지만 최근에는 심리 치료나 힐링의 한 방법으로 만다라 그리기나 만다라 컬러링이 이용되고 있습니다. 만다라는 사방이 같은 모습으로 뻗어 나가는 것이 특징입니다. 대칭을 직접 그리기는 어렵지요. 프로크리에이트의 가이드 기능으로 쉽고 재미있게 만다라를 그려 봅시다.

● **KEYWORD**
- 툴: 그리기 가이드 > 방사상
- 소재: 만다라
- 테크닉: 그리기 가이드 활용하기

● **SETTING**
- 캔버스 크기: 3000×3000(px)
- 해상도: 300DPI
- 컬러 모드: RGB

01. [동작(🔧) > 캔버스 > 그리기 가이드]를 활성화한 후, [그리기 가이드 편집]을 눌러 [대칭]을 선택합니다. 옵션에서 [방사상]을 선택해 주세요. 8조각으로 쪼개진 방사 가이드가 나옵니다. [완료]를 눌러 캔버스로 돌아옵니다.

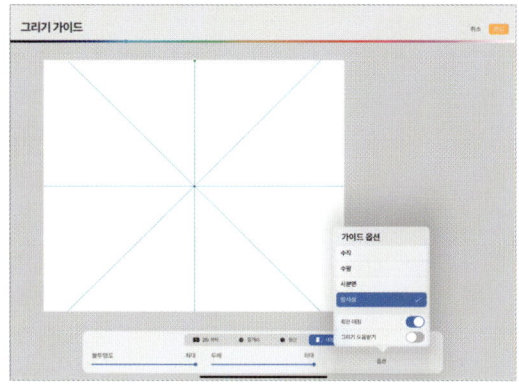

02. 방사 가이드 한쪽에 그림을 그립니다. 한쪽에만 그렸는데 나머지 공간에도 똑같은 그림이 그려집니다. 만다라를 그리기에 적합한 기능입니다.

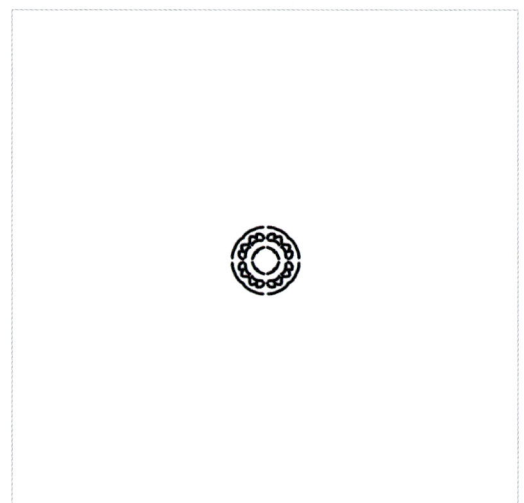

03. 신기하고, 쉽고, 재미있습니다. 자유롭게 모양을 그리며 나만의 만다라를 채워 주세요.

04. 차근차근 원하는 모양으로 채우며 완성합니다.

05. 완성 후에는 클리핑 마스크나 알파 채널 잠금 기능을 이용해서 색을 바꿀 수도 있습니다.

🧑 레이어 구성

06. 방사상뿐 아니라 사분면으로도 그릴 수 있습니다. [사분면]을 선택하고 [회전 대칭]을 활성화해 그려 볼게요.

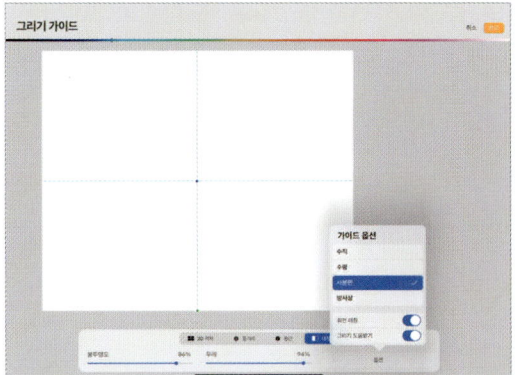

07. 회전 대칭을 활성화하면, 가운데를 중심으로 화살표 모양으로 회전하며 모양이 생겨납니다. 이 기능을 이용해서 장미를 그려 볼게요.

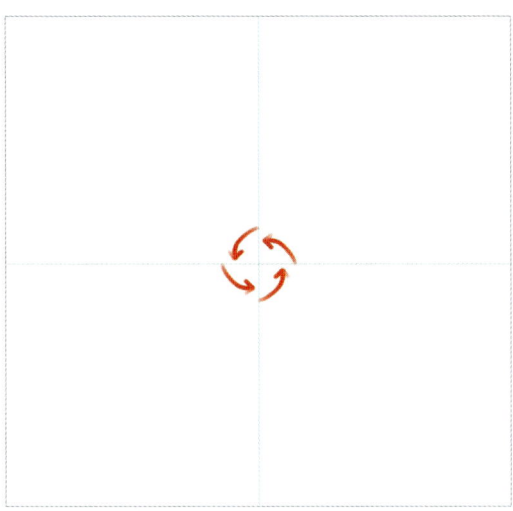

08. 중앙은 가장 진한 색으로 그리고, 퍼져 나갈수록 연한 색을 선택해 줍니다.

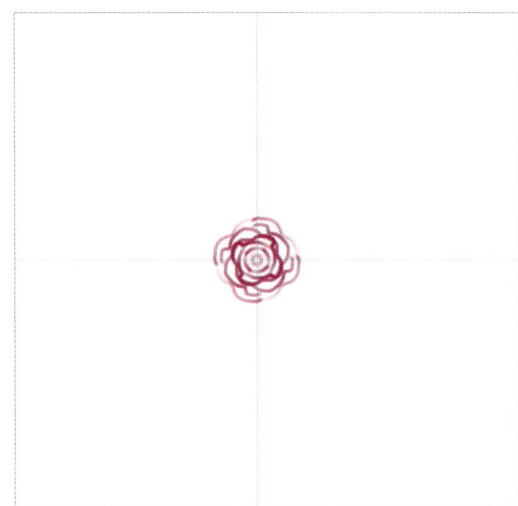

09. 둥글둥글 파도를 그리듯이 한쪽 면에만 그려 보세요. 나머지 공간들이 자연스럽게 채워지며 장미 잎이 겹친 모습이 될 거예요.

10. 주변에 잎도 그려 선을 완성합니다.

11. 아래에 새 레이어를 만들고 브러시를 크게 하여 채색도 합니다. 간단한 방법으로 장미 그림이 완성되었어요.

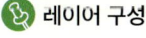 레이어 구성

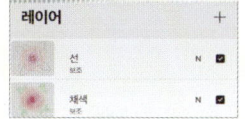

12. 선을 흰색으로 채우고 배경을 질감 있게 칠하면 또 다른 느낌이 됩니다.

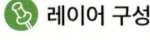 **레이어 구성**

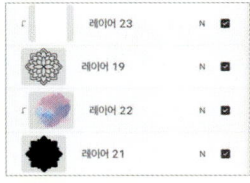

13. 배경을 검은색으로 채운 다음 '추상' 카테고리의 브러시로도 그려 보세요.

▲ 색다른 느낌을 연출할 수 있습니다.

▲ 브러시와 색상을 다르게 해서 그릴 수도 있어요.

추상 카테고리 브러시

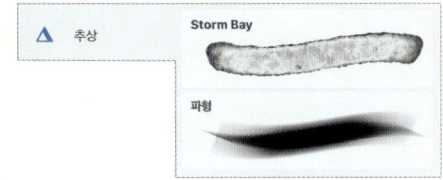

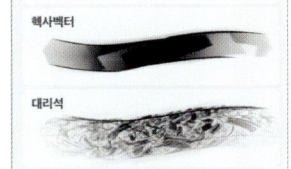

▲ 한 캔버스에서 대칭 가이드를 옮겨 가며 그릴 수도 있습니다.

▲ 그림의 무늬로도 활용해 보세요.

 TIP

다시 [그리기 가이드]로 들어가서 가운데에 있는 파란색 점을 움직이면 그리는 도중에도 대칭 중심의 이동이 가능합니다.

그리기 가이드로 등거리 그림 그리기

딸기 우유

등거리 투시법은 평면적인 화면에 입체를 표현하기 위한 투시도법의 한 종류입니다. 특정한 각도를 활용해 물체의 면을 보다 효율적으로 모두 보여 줄 수 있어요. 일정한 각도를 가지고 있기 때문에 아날로그 드로잉보다는 디지털 드로잉에서 많이 활용되고 있습니다. 프로크리에이트에서는 등거리 투시도 가이드가 있어 쉽게 그릴 수 있어요. 등거리 투시로 귀여운 아이콘이나 공간을 창조할 수 있으니 따라 그리며 등거리 투시에 대한 감각을 익혀 봅시다.

● KEYWORD
- 툴: 그리기 가이드 > 등거리
- 소재: 딸기 우유
- 테크닉: 등거리 투시 개념 이해 및 활용하기

● SETTING
- 캔버스 크기: 2000×2000(px)
- 해상도: 300DPI
- 컬러 모드: RGB

01. [동작(🔧) > 캔버스 > 그리기 가이드]를 활성화하고, 아랫부분에 보이는 [그리기 가이드 편집]을 선택합니다. 옵션에서 [등거리]를 선택하면 등거리 가이드가 나옵니다.

그리기 가이드 옵션 ▶ p.120

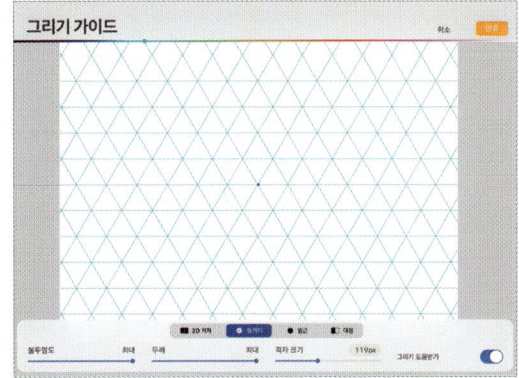

02. 택배 상자를 그리며 등거리를 맛보아요. 레이어 옵션의 [그리기 도우미]를 켜고, 사각형을 먼저 그려 주세요. 가이드 선의 칸을 참고하면 쉽게 그릴 수 있어요. 사각형에 라인을 더해 입체로 표현한 다음 아래쪽에 레이어를 만들어 채색합니다. 레퍼런스, 컬러 드롭 등 앞서 배운 옵션을 활용해 보세요.

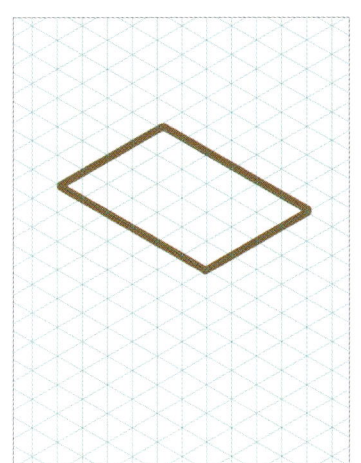 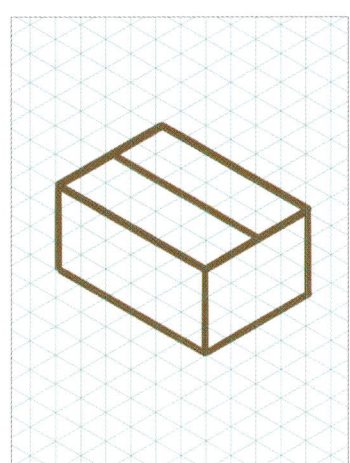 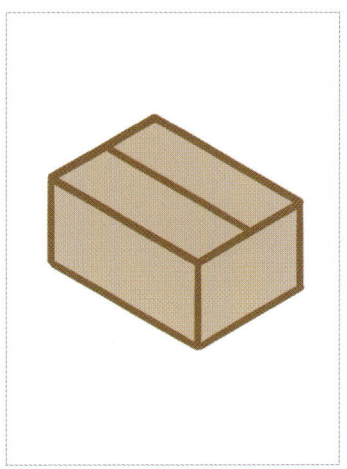

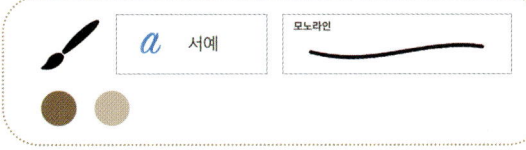 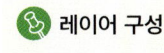 레이어 구성

03. 이제 딸기 우유를 그려 보아요. 위에서부터 순서대로 그려도 좋지만, 형태에 대한 이해를 돕기 위해 이어지는 과정을 꼭 한 번 따라해 보기 바랍니다.

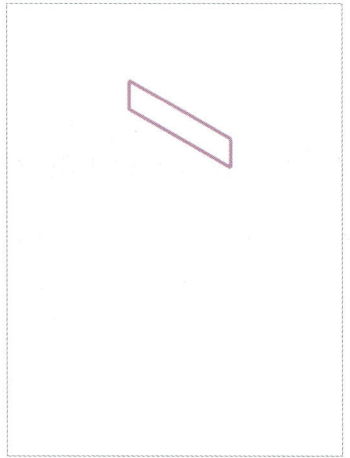 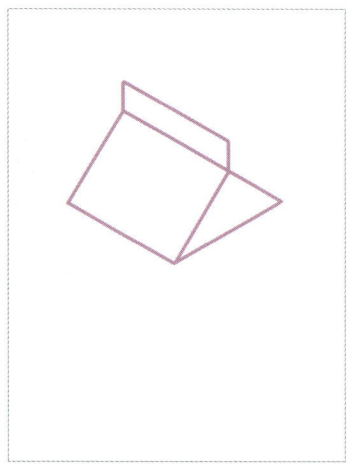 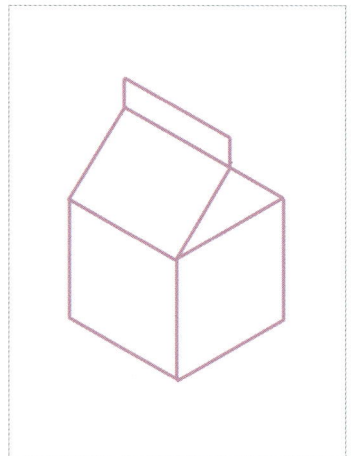

04. 앞서 그린 '택배 상자'와 같이 가이드를 참고해 사각형을 먼저 그립니다. 가로세로 길이를 각각 4칸으로 고정해 주세요.

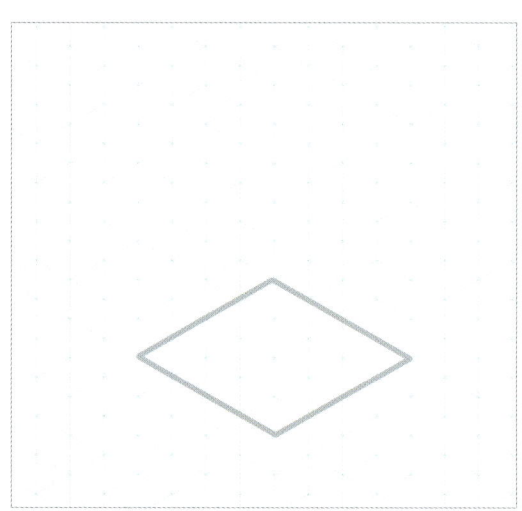

> 🌱 **TIP**
> 임의로 칸 수를 고정해 그립니다. 가이드 칸이 너무 작거나 클 경우, [그리기 가이드 편집] 옵션의 [격자 크기]에 들어가서 조정해 주세요.

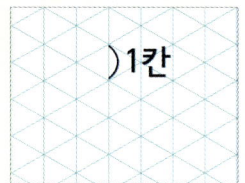

05. 옆면을 그려 높이를 표현합니다. 높이도 4칸으로 그려 주세요.

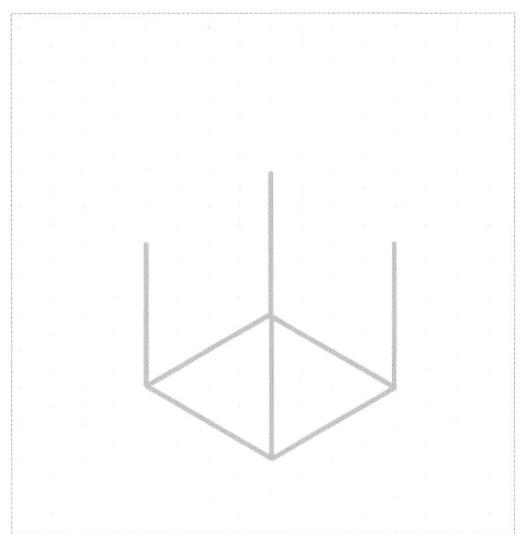

06. 윗면을 그려 정육면체를 완성합니다. 가이드를 켜니 어렵지 않게 그릴 수 있어요.

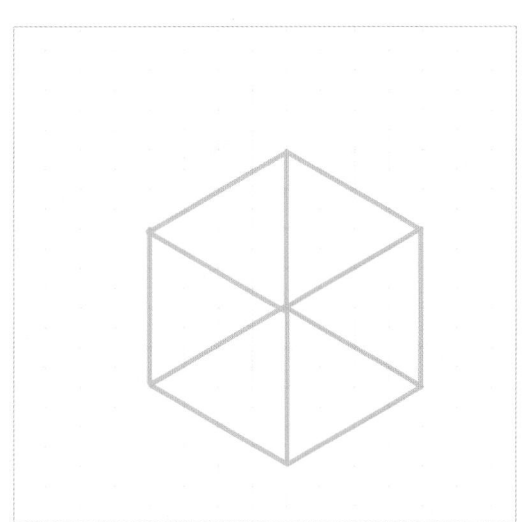

07. 새 레이어에 두 번째 상자를 그려 줍니다. 앞서 그린 정육면체와 가로세로 길이는 같게, 높이만 2칸으로 그려 줍니다. 이 상자로 딸기 우유의 세모난 윗부분을 표현할 거예요.

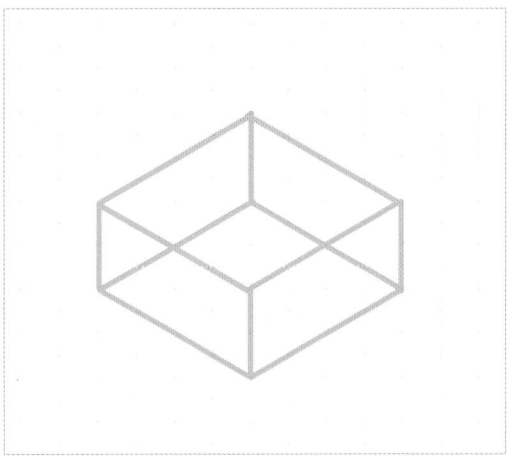

08. 상자의 앞뒷면을 반으로 나누는 세로선을 긋습니다. 나눈 면에 대각선을 그을 거예요. 반으로 나눈 면 중 오른쪽 면에는 대각선을 그릴 수 있지만 왼쪽 면에는 대각선을 그릴 수 없습니다. 등거리 투시법에서 제시되는 각도가 아니기 때문이지요. 하지만 종종 투시에서 벗어나는 선을 그어야 할 때가 있습니다. 이 작품에서는 퀵쉐이프를 이용해 그려 보겠습니다. 선을 긋고자 하는 한쪽 끝에서부터 아무 방향으로 비슷한 길이의 선을 그어준 다음, 펜을 떼지 않고 잠시 눌러 보세요.

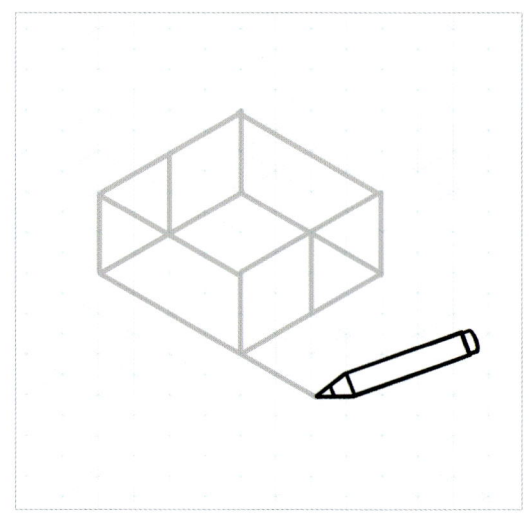

09. 펜이 닿은 선 끝을 자유롭게 움직일 수 있습니다. 그때 펜을 떼지 말고 원하는 곳에 선 끝을 가져다 놓으세요. 이 방법은 직선을 그을 때만 해당하며, 자유로운 선의 경우 아래에서 언급하는 4가지 방법 중 하나를 써 주세요.

> 🖐 **그리기 가이드 상태에서 가이드에 벗어나는 선을 긋는 4가지 방법**
> ① 그리기 도우미가 꺼져 있는 새 레이어에 그립니다.
> ② 그리기 도우미를 잠시 끄고 해당 선을 그은 뒤, 다시 그리기 도우미를 켭니다.
> ③ 퀵쉐이프를 이용합니다.
> ④ 제스처를 이용합니다. [제스처 제어 > 그리기 도움 받기]에서 설정한 대로 가이드를 끄고 켤 수 있습니다.

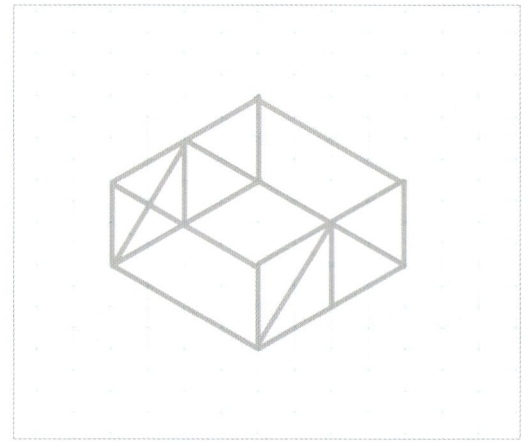

10. 같은 방법으로 새 레이어에 중간을 나눈 높이 1칸의 상자도 하나 더 그려 주세요.

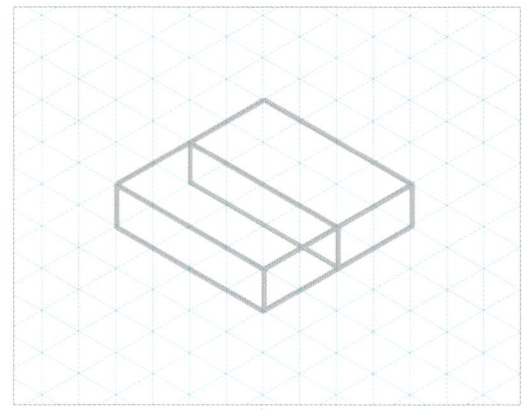

11. 이제 모든 스케치 레이어를 나란히 놓습니다. 각각의 부분이 합쳐져 하나의 형태가 됩니다. 이와 같이 연습하면 사물의 형태를 잘 이해할 수 있습니다.

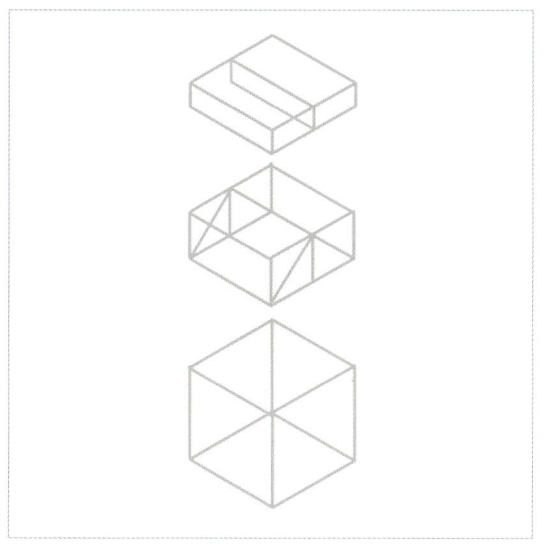
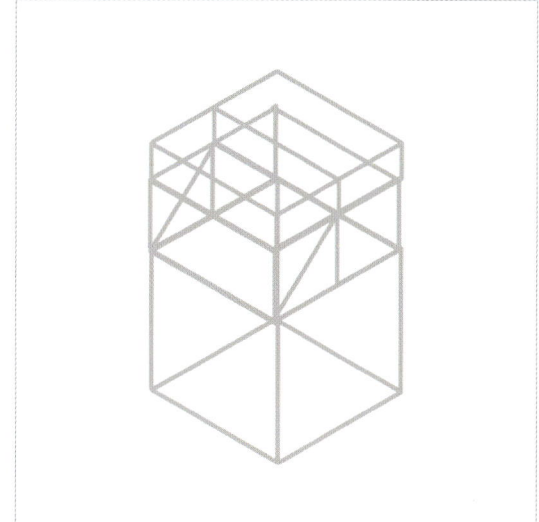

12. 새 레이어에 진한 분홍색으로 필요한 선만 그어 줍니다.

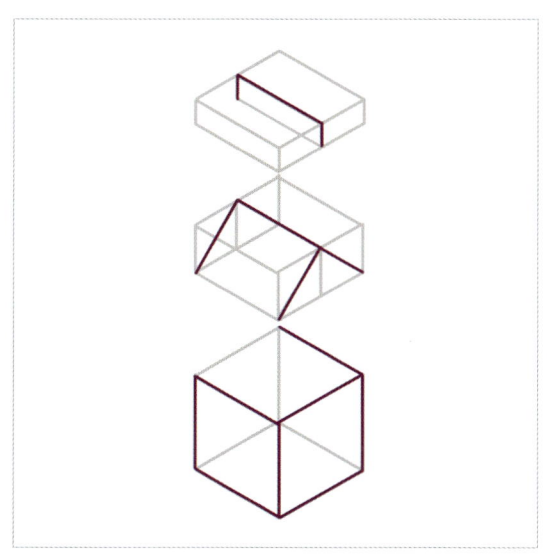
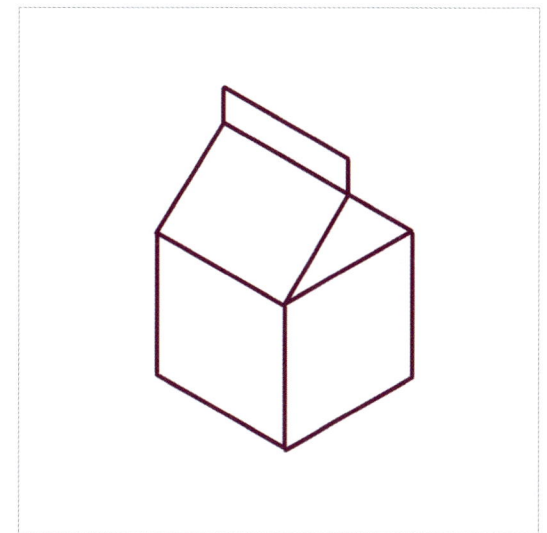

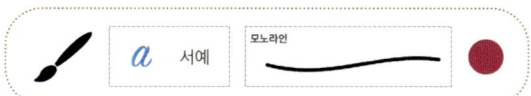

13. 선 레이어 아래에 새 레이어를 만들어 채색을 합니다.

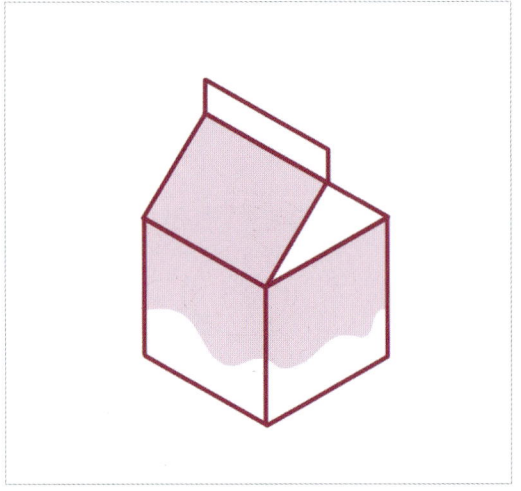

14. 우유갑 옆면에는 딸기를, 윗부분에는 로고를 그려 넣습니다. 각각의 그림은 새 레이어에 그려 수정할 수 있게 만들고, 필요하면 나중에 병합해 주세요.

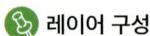 레이어 구성

15. 우유갑 옆면에 우유 방울을 그리고 텍스트를 넣어 주세요. 텍스트를 넣은 다음 [형태( ) > 왜곡]을 선택해 등거리에 맞게 변형해 주세요.

형태에 맞게 이미지 변형하기 ▶ p.384

16. 단순한 소품부터 복잡한 소품까지 등거리 투시를 응용하면 재미있는 그림을 많이 그릴 수 있습니다.

종이 질감 나타내기, 클리핑 마스크와 마스크 구분하기

작품을 따라 그리면서 '이런 기능도 있으면 좋겠다!'라고 생각한 것이 있나요?
이 페이지에서는 프로크리에이트와 더욱 친해질 수 있는 편리한 팁을 알려 드립니다.

종이 질감 나타내기

'가죽 가방' 작품을 그리며 그림에 질감을 내는 방법을 알아보았습니다. 이제 종이 자체에 질감을 얹는 방법을 배워 봅시다. 드로잉용 종이는 다양합니다. 흰 종이에도 질감이 여러 가지가 있지요. 캔버스 느낌, 수채화용지, 크래프트지, 그리고 검은색 종이도 있습니다. 이 모든 종이를 하나의 캔버스 안에 잘 넣어 두고 사용하면 무척 편리하답니다. 패턴 이미지를 만들어 두고 꺼내 쓰는 것과 같지요.
먼저 검색을 통해 종이 질감 이미지를 찾습니다. '종이 질감', '종이 이미지'를 검색해도 되고, 또는 '화선지', '크래프트지'와 같이 구체적으로 검색해도 좋습니다. 구글에 영문으로 'paper texture'로 검색해도 되어요. 원하는 질감의 종이를 다운받고 사용하면 되는데, 구체적인 사용 방법을 알려 드리겠습니다.

❶ [동작(🔧) > 추가 > 사진 삽입하기]를 통해 다운받은 종이 질감 파일을 불러옵니다. 프로크리에이트 홈페이지에서 사용자들이 업로드한 종이 질감 파일을 무료로 다운받아 사용할 수도 있습니다.
프로크리에이트 홈페이지 ▶ p.181

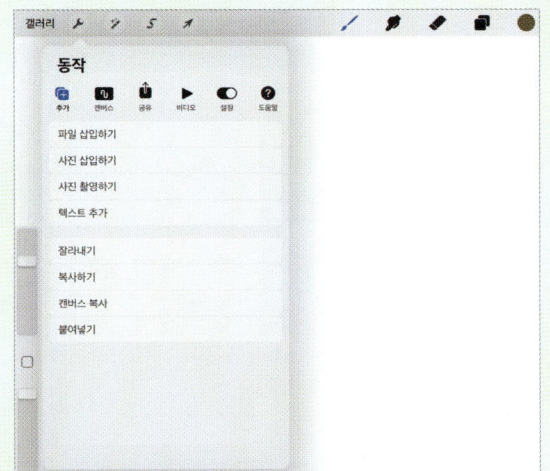

❷ 불러온 파일은 자동으로 새 레이어에 앉혀집니다. 종이 질감 레이어의 블렌딩 옵션을 [곱하기]로 설정하면 사용할 준비가 완료된 것입니다. 종이 질감 레이어를 맨 위에 두고, 아래쪽으로 새 레이어를 만들어 그림을 그리면 됩니다.

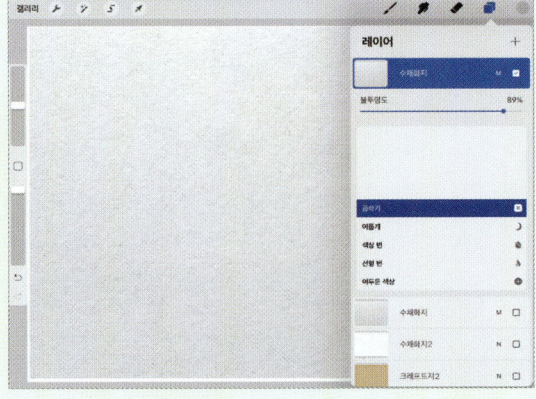

❸ 때때로 곱하기 모드에서 만족되지 않을 때가 있어요. 종이의 질감을 더욱 드러내고 싶을 때는 종이 레이어를 복제해 하나 더 만든 다음, 블렌딩 모드를 조절해 보세요. 현재 질감에서 조금 더 어둡게 표현하고 싶을 때는 모드를 [색상번]으로, 현재 질감을 유지하며 밝게 표현하고 싶을 때는 [소프트 라이트]로 선택하세요. 여러 모드를 선택하며 원하는 모드 조합을 알아보세요. 이와 같이 레이어에 각종 종이 질감을 넣은 캔버스를 하나 만들어 두면 편합니다. 첫 번째와 두 번째 레이어는 같은 수채화지인데, 블렌딩 옵션을 서로 다르게 조합한 것입니다.

❹ 지금까지 연습한 소품 그림에 종이 질감을 추가해 봅시다. '블루베리 타르트' 그림에 수채화지를 불러와 맨 위에 놓고, 블렌딩 모드는 [곱하기], 불투명도는 80% 정도로 설정합니다.

❺ 다른 작품에도 종이 질감을 얹으며 종이 느낌을 확인해 보세요. 내가 좋아하는 조합은 어떤 종이에 어떤 브러시인지 여러 옵션을 적용하며 알아보기 바랍니다.

클리핑 마스크와 마스크 구분하기

비슷한 듯 다른 두 가지 옵션에 대해서 정확하게 알아봅시다. 차이를 알게 되면 더욱 잘 활용할 수 있을 거예요.

❶ 클리핑 마스크
- **사용 목적**: 이미지의 색이나 질감을 이미지 모양대로 쉽게 바꾸고 싶을 때 이용합니다.
- **만들기**: 해당 레이어 위쪽에 새 레이어를 만든 후, 새 레이어 옵션에서 [클리핑 마스크]를 선택합니다. 화살표가 생겨 아래쪽 레이어와 연결된 레이어임을 알 수 있습니다.
- **사용 방법**: 클리핑 마스크 레이어에 색을 칠하거나 질감패턴을 넣어 주세요. 아래쪽에 연결된 그림 위에만 해당 효과가 나타납니다.
- **해제**: 클리핑 마스크 레이어 옵션에서 [클리핑 마스크]를 한 번 더 눌러 적용 해제합니다.
- **적용**: 클리핑 마스크 레이어 옵션에서 [아래 레이어에 병합]을 선택합니다.

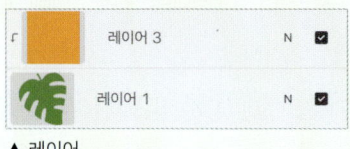

▲ 레이어　　　　　　　　　　　▲ 결과물

❷ 마스크
- **사용 목적**: 원본 그림을 유지하며, 수정한 모습을 보고 싶을 때 이용합니다.
- **만들기**: 해당 레이어의 옵션에서 [마스크]를 선택합니다. 레이어 위에 '레이어 마스크' 레이어가 생겨나면서 연결됩니다.
- **사용 방법**: 마스크 레이어에 검은색/흰색을 칠하면 아래쪽 레이어의 그림이 수정됩니다. 검은색은 '지우기', 흰색은 '지운 이미지 되살리기', 회색은 '투명하게 만들기'입니다.
- **해제**: 마스크 레이어를 왼쪽으로 밀어서 [삭제]를 선택합니다.
- **적용**: 레이어 옵션에서 [마스크 병합]을 선택합니다.
- **반전**: 마스크 레이어 옵션에서 [반전]을 선택하면 해당 부분만 반전이 가능합니다.

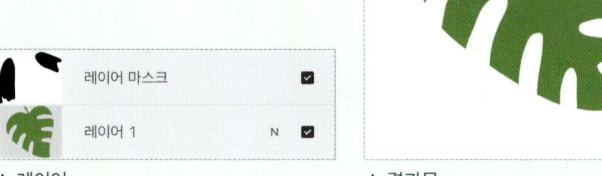

▲ 레이어　　　　　　　　　　　▲ 결과물

> **TIP**
> 한 레이어에 클리핑 마스크와 마스크를 동시에 사용할 수 있습니다.

연필과 지우개 바꿔 쓰며 스크래치 페이퍼 만들기,
캔버스 늘이고 잘라내기

놀이동산

직접 만든 패턴으로 드림캐처를 알록달록하게 꾸며 보았지요. 그때는 클리핑 마스크로 이미 그려 놓은 그림에 색을 입혔다면, 이제는 반대의 방법을 배워 보아요. 바로 '스크래치 페이퍼'입니다. 어릴 때 크레용으로 직접 색칠해 보았던 기억이 있을 거예요. 프로크리에이트로 만드는 스크래치 페이퍼는 틀려도 다시 채울 수 있고, 무한정으로 만들어 낼 수 있고, 사진이나 다른 그림을 대고 그릴 수도 있어서 정말 좋답니다. 나타나는 색상도 마음대로 정할 수 있다는 것도 좋지요. 함께 만들어 보아요.

● KEYWORD
- 툴: 연필과 지우개 바꿔 쓰기, 캔버스 늘이고 잘라내기
- 소재: 놀이동산
- 테크닉: 스크래치 페이퍼 만들기

● SETTING
- 캔버스 크기: 4000×3000(px)
- 해상도: 300DPI
- 컬러 모드: RGB

01. 먼저 알록달록한 밑바탕부터 만들어 보겠습니다. 원하는 브러시로 알록달록하게 색을 칠해 주세요. 동심원이 퍼져 나가는 모양으로, 불규칙한 모양으로 칠해도 됩니다. 다만 선명한 색상으로 칠해야 색이 잘 드러나 예뻐요.

02. 새 레이어를 검은색으로 덮어 줍니다. 레이어를 만들고 컬러 드롭으로 채워 주세요.(컬러 드롭 ▶ p.27) 또는 레이어 옵션에서 [레이어 채우기]를 선택합니다. 이제 이 위에 그림을 그릴 거예요. 검은색을 긁어낸다는 생각으로 그리면 됩니다. 자연스럽게 긁히는 느낌을 내고자 스케치 브러시를 선택했어요. 다른 그림과 다른 점은, 그림을 그리기 위해서 브러시 툴이 아닌 지우개 툴을 선택해야 한다는 것입니다.

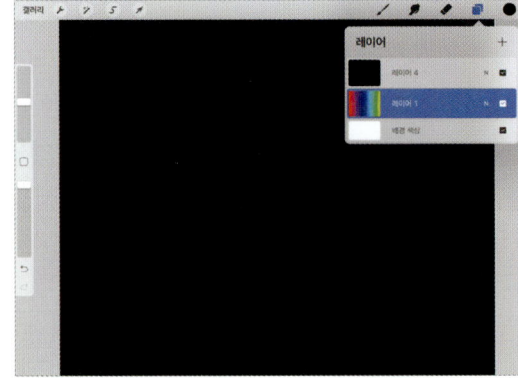

03. 잠시 두 배경 레이어의 눈을 꺼두고, 새 레이어에 스케치를 합니다.

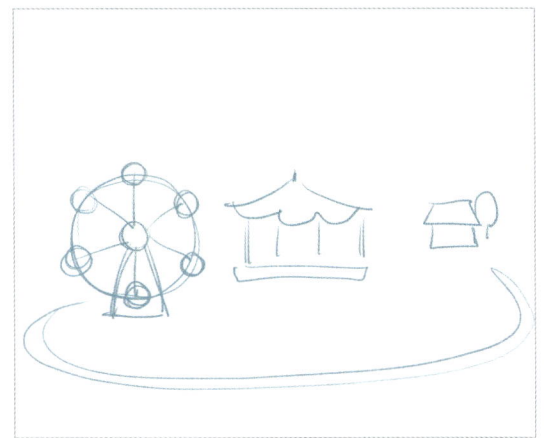

04. 스케치 레이어를 맨 위에 두고, 불투명도를 조정해 살짝만 보이도록 만들어 주세요.

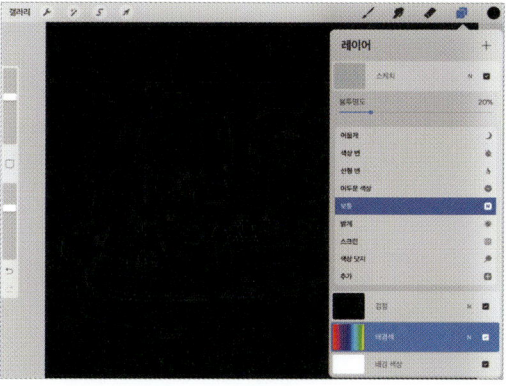

05. 이제 검은색 레이어를 선택하고, 검은색을 긁어내듯 지우개 툴로 대관람차를 그립니다. 그림을 그리다가 틀렸다면 어떻게 해야 할까요? 물론 손가락 두 개로 화면을 터치해 취소해도 좋지만 일부만 지우고 싶을 때는 브러시를 선택해서 검은색으로 지워 주면 됩니다. 브러시와 지우개의 역할이 뒤바뀌었다고 생각하면 됩니다.

06. 대관람차 옆에 회전목마도 그려 주세요.

07. 롤러코스터도 그립니다. 레일은 자유롭게 그려도 좋아요.

08. 대관람차 뒤에 블록을 쌓듯 성을 한 칸, 한 칸 그려 줍니다.

09. 주변에 나무와 가로등, 푸드 코트 등을 그려 그림을 완성합니다. 바닥도 둥글게 그려 안정감을 주었어요.

10. 완성하고 보니 캔버스 여백이 모자란 것 같습니다. 그림을 그리던 중 캔버스 여백이 모자랄 때는 어떻게 해야 할까요? [동작(🔧) > 캔버스 > 잘라내기 및 크기 변경]을 선택합니다. [설정] 옵션에서 정확한 수치를 눌러도 되고, 캔버스 끝을 드래그해 원하는 만큼 늘여도 됩니다. 레이어가 많은 상태에서 너무 크게 조정할 경우, 너무 크다는 메시지가 나오며 변경할 수 없습니다. 그럴 때는 삭제나 병합 등으로 레이어 수를 줄인 다음 다시 시도해 보세요.

🐵 잘라내기 및 크기 변경 옵션 살펴보기

- **체인 그림 활성화**: 숫자 사이의 체인 그림을 눌러 활성화하면, 가로세로의 비율을 유지하며 크기를 변경할 수 있습니다.
- **DPI**: 캔버스의 해상도를 변경할 수 있습니다.
- **캔버스 리샘플**: 리샘플 버튼을 활성화하면 현재 캔버스의 모습을 유지하며 크기만 줄이고 늘일 수 있습니다. 리샘플을 활성화한 상태에서 크기를 조절해 보세요. 캔버스의 모습이 변하지 않는 것을 볼 수 있습니다. 리샘플 시에는 '쌍선형식' 보간법을 사용합니다.(보간법 ▶ p.386)
- **스냅**: 원래 크기를 기억해 쉽게 돌아올 수 있도록 맞춰 줍니다.
- **회전**: 바를 움직여 캔버스를 회전할 수 있습니다.
- **취소**: 모든 것을 취소하고 그림 화면으로 돌아갑니다.
- **초기화**: 지금까지 움직인 것들을 원래대로 되돌립니다.
- **완료**: 설정한 것을 적용하고 그림 화면으로 나갑니다.

11. 캔버스 여백을 넓혀 그림을 완성했습니다.

🦕 레이어 구성

12. 텍스트를 적어 다양하게 활용할 수도 있습니다. 다른 그림을 불러와 스케치 레이어로 활용해 스크래치 페이퍼 그림으로 만들 수도 있어요. 다른 그림 불러와 활용하기 ▶ p.289

[선택 > 올가미] 활용하기

보물 지도

지난 팁에서 종이 질감 나타내는 방법을 알아보았지요. 그 방법을 새로운 그림에 활용해 봅시다.

● **KEYWORD**
- 툴· 선택 > 올가미
- 소재: 보물 지도
- 테크닉: 종이 질감 내기, 올가미로 선택하기

● **SETTING**
- 캔버스 크기: 3000×3000(px)
- 해상도: 300DPI
- 컬러 모드: RGB

01. 낡은 종이 느낌의 사진을 다운받아 [동작(🔧) > 추가 > 사진 삽입하기]로 불러옵니다.

02. 주변을 지우개로 지워 가며 낡은 느낌이 나도록 모양을 만들어 주세요.

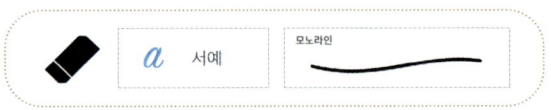

03. 클리핑 마스크 레이어를 만들어 한 톤 짙은 색으로 주변에 낡은 효과를 줍니다. 농도를 낮춰서 조금씩 칠해 보세요.

클리핑 마스크 ▶ p.58, p.152

04. 이제 한쪽 모서리가 접힌 모습을 만들 거예요. 먼저 모서리 한쪽을 [선택(𝒮) > 올가미]로 선택합니다. 올가미는 펜으로 그려 선택 부분을 지정하는 툴입니다. 필요한 부분을 세밀하고 편리하게 선택할 수 있지요. 중간에 펜을 떼도 사라지지 않으며 연속해서 그릴 수 있습니다. 시작 부분에 회색 점이 나타나며, 다시 점으로 돌아오면 선택이 마무리됩니다.

선택 심화 ▶ p.376

05. 세 손가락을 쓸어내려 '자르기 및 붙여넣기'를 선택합니다.

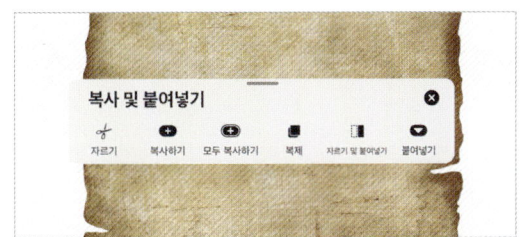

06. [형태(➚) > 뒤틀기] 탭을 선택한 후, [수평 뒤집기], [수직 뒤집기]를 각각 1번씩 눌러 그림을 회전시켜 주세요. 상세 조정을 위해 [고급 메쉬]를 선택한 후 포인트의 점들을 움직여 보세요.

PART 1. 가볍게 쓱, 소품 그리며 툴 익히기 | **161**

07. 접힌 조각 레이어에 [알파 채널 잠금] 또는 [클리핑 마스크]를 이용해 음영을 넣어 줍니다. 음영을 표현한 클리핑 마스크 레이어도 선택해 접힌 조각 밑으로도 음영을 넣어 주세요. 보물 지도의 종이가 완성되었습니다.

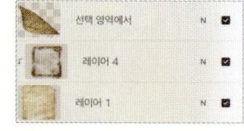 레이어 구성

08. 종이 위에 보물 지도를 그려 봅시다. 낡은 느낌을 주기에는 연필 브러시가 적당할 것 같네요. 우리나라 경주 지도를 그려 보았습니다. 지도를 그리는 것이 어렵다면, 사진을 불러와 대고 그려 보세요.

사진 삽입하기 ▶ p.187

09. 경주 지도 위에 경주의 랜드마크를 그리고 파도와 나침반도 그려 주세요. 사진을 참고해 단순화해 그립니다.

10. 붉은색으로 보물의 위치를 표시해 지도를 완성합니다.

레이어 구성

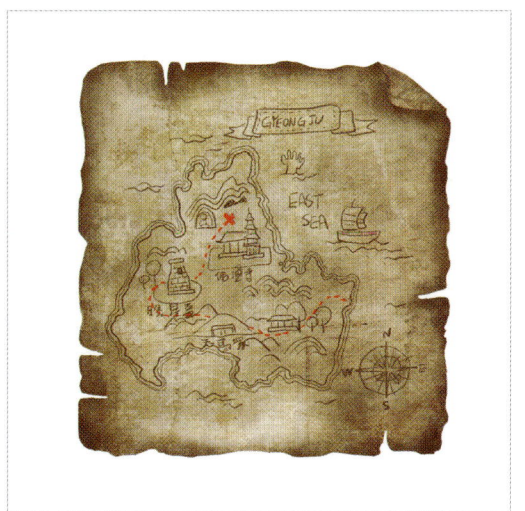

11. 종이 질감 없는 이미지는 이와 같습니다. 나만의 보물 지도를 그려 보세요!

6B 연필 브러시로 연필화 느낌 내기

바위와 소나무

이번엔 연필화 분위기를 연출해 보아요. 프로크리에이트는 다른 디지털 드로잉 프로그램에 비해 연필 느낌이 가장 잘 표현되는 프로그램으로 알려져 있어요. 그러니 연필 느낌을 맛보지 않고 지나칠 수 없겠지요? 연필화 작품의 마지막 단계에서 앞서 배운 종이 질감까지 넣으면 정말 종이 위에 연필로 그린 듯한 그림이 완성됩니다!

● KEYWORD
- 툴: 브러시 > 6B 연필
- 소재: 바위와 소나무
- 테크닉: 연필화 느낌 내기

● SETTING
- 캔버스 크기: 3000×3000(px)
- 해상도: 300DPI
- 컬러 모드: RGB

01. 먼저 나무 한 그루를 그려 볼게요. 잎이 뾰족한 침엽수를 그릴 거예요. 단순한 선으로 스케치해 줍니다. 스케치 레이어는 불투명도를 낮춰 희미하게 보이도록 설정해 주세요.

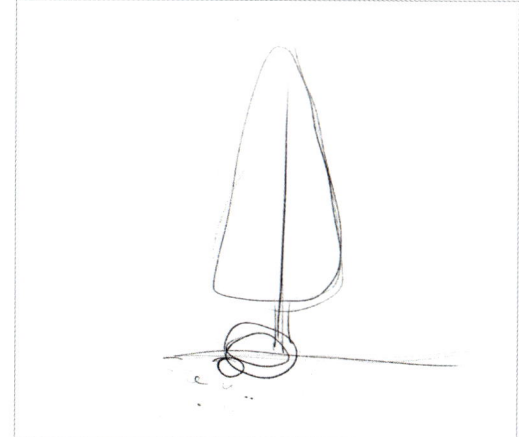

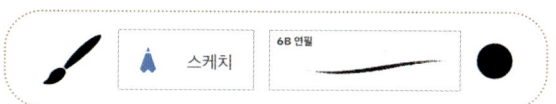

02. 새 레이어에 나무의 큰 가지와 앞에 있는 돌을 그립니다. 돌은 테두리만 표현해 주세요.

03. 돌의 그림자와 음영을 표현합니다.

04. 돌의 표면에 디테일한 음영을 더해 주세요. 연필 브러시는 펜압이나 펜슬을 눕힌 정도에 따라 농도와 굵기가 다르게 나타납니다. 그런 특성을 이용해 다양한 느낌의 선을 표현할 수 있어요.

🖐 설정을 건드리지 않고 펜을 누르는 압력과 눕힌 정도에 따라서 달라지는 선을 표현할 수 있어요.

05. 위에서부터 가지를 중심으로 짧은 선을 촘촘히 그어 나뭇잎을 표현합니다.

06. 가운데는 조금 더 진하게, 옆으로 갈수록 조금씩 흐리게 그려 주세요.

07. 나뭇잎을 모두 그린 다음 연필을 뉘어 거친 선으로 바닥을 조금 더 그려 줍니다. 여기서 마무리해도 되지만 조금 더 풍성한 느낌을 표현해 봅시다.

08. [선택(S) > 올가미]를 선택한 후, 나무 부분만 선택해 복사/붙여넣기를 합니다. (선택 심화 ▶ p.376) 또는 맨 처음부터 나무를 다른 레이어에 그려도 됩니다.

09. [형태( ) > 자유 형태]를 선택해서 옆쪽으로 옮겨 줍니다. 레이어를 앞서 그린 그림 아래로 내려 복사한 나무가 뒤쪽에 위치하도록 만듭니다. 이때, [수평 뒤집기]로 좌우를 반전시키는 것도 좋습니다.

10. 앞서 그린 나무 양쪽에 복사한 나무를 배치해 보았습니다.

🟢 레이어 구성

168 | 프로크리에이트로 시작하는 아이패드 드로잉

11. 필요한 만큼 복사해서 뒤쪽에 배치한 다음, 불투명도를 조정해 원근을 표현합니다. 멀리 있는 나무일수록 더 작고 흐리게 보이겠죠? 바닥에도 돌과 땅을 더 그려 줍니다.

12. 바탕에 종이 질감을 넣고, 흐린 회색을 사용해 물감으로 칠한 느낌도 연출해 보아요. 종이 질감 넣기 ▶ p.150

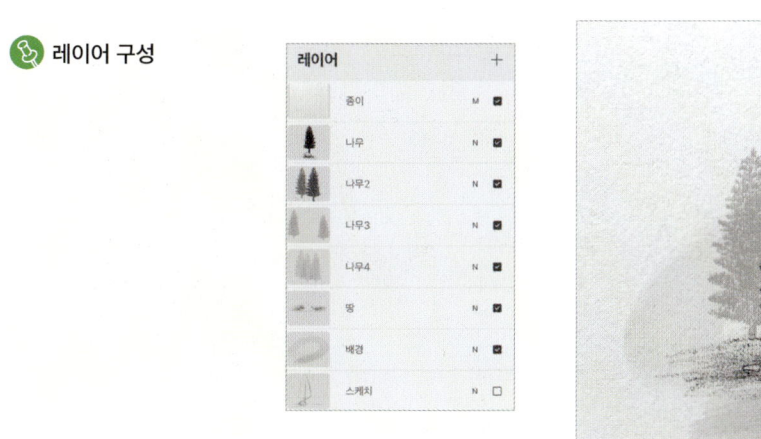

13. 나무의 주변을 확장해 연필화를 완성할 수 있습니다. 메인이 되는 나무는 진하게 그리고, 중요도나 원근에 따라 흐린 선으로도 그려 보세요.

수채화 브러시로 수채화 느낌 내기

수국

앞서 배운 '바위와 소나무' 그림의 바탕을 채우는 단계에서 수채화 브러시를 써 보았습니다. 이번에는 그와 같은 물 번짐 효과가 나는 브러시들을 메인으로 사용해 수채화 느낌의 그림을 그려 보겠습니다.

● KEYWORD
- 툴: 브러시 > 수채화
- 소재: 수국
- 테크닉: 수채화 느낌 내기

● SETTING
- 캔버스 크기: 3000×3000(px)
- 해상도: 300DPI
- 컬러 모드: RGB

01. 먼저 수채화지 질감의 종이를 위에 깔아 주세요. 이어서 꽃을 스케치합니다. 원형으로 모인 꽃송이를 표현해 주세요.

종이 질감 넣기 ▶ p.150

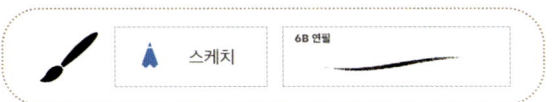

02. 비어 있는 부분을 꽃송이로 채워 둥근 모양으로 완성합니다.

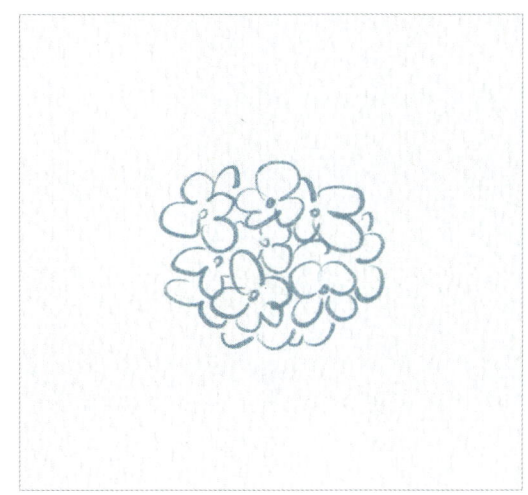

03. 주변에 작은 꽃, 크고 작은 잎을 그려 완성합니다.

04. 새 레이어에 스케치를 참고해 얇은 연필로 선을 그려 줍니다. 중심이 되는 꽃송이의 윗부분부터 그려 주세요.

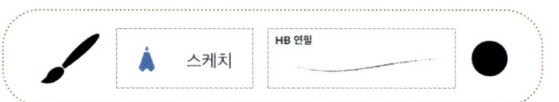

05. 커다란 꽃송이를 먼저 그립니다.

06. 주변에 있는 꽃송이도 그립니다. 스케치보다 디테일하게 그려 주세요.

07. 잎과 잎맥을 표현해 선을 완성합니다.

08. 새 레이어에 먼저 밑 색을 깔아 줍니다. 꽃과 잎을 연한 색으로 칠해 주세요. 수채화 브러시로 색을 칠할 때는 선을 그을 때와 달리 펜을 대고 문지른다는 느낌으로 칠합니다. 밑 색을 깔아 준 뒤 선 레이어의 불투명도를 낮게 조절합니다.

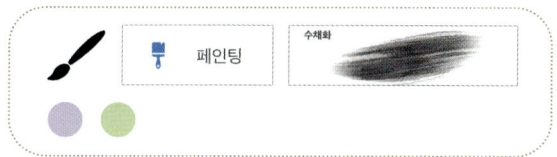

09. 꽃송이의 가운데 부분을 조금 더 진하게 칠해 주세요.

10. 이어서 꽃송이의 가운데 부분과 꽃다발의 안쪽에 있는 꽃송이를 조금 더 진한 색으로 칠해 줍니다. 이와 같이 채색하면 원근을 표현할 수 있어요. 라벤더 색으로 꽃의 중심에 수술을 찍어 줍니다.

11. 초록색으로 잎의 가운데와 끝부분을 조금 더 진하게 칠해 줍니다.

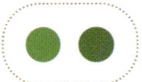

12. 조금 더 진한 초록색으로 잎의 끝부분을 칠하고, 꽃다발의 그림자를 표현합니다. 오른쪽의 작은 꽃송이도 큰 꽃송이와 같은 방법으로 칠하되 조금 더 흐린 느낌이 들도록 합니다.

13. 가장 아래쪽에 새 레이어를 만들고, 브러시 크기를 크게 조정한 다음, 배경을 칠해 주세요. 꽃이 어두워 보이면 [조정(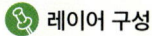) > 색조, 채도, 밝기]를 눌러 [채도] 부분을 오른쪽으로 옮겨 조절하면 됩니다.

레이어 구성

TIP

수채화 브러시만으로 수채 효과를 내기보다 물 번짐 효과가 나는 다른 브러시들을 혼합하여 사용하면 더욱 풍부한 느낌을 낼 수 있습니다.

[조정>노이즈 효과]로 레트로 스타일 표현하기

딸기 차 포스터

'소품 그리며 툴 익히기'의 마지막 작품입니다. 지금까지 배운 테크닉을 조합해 레트로풍 포스터를 만들어 볼게요.

● KEYWORD
- 툴: 조정 > 노이즈 효과
- 소재: 딸기 차
- 테크닉: 레트로 스타일 표현하기

● SETTING
- 캔버스 크기: 3000×3000(px)
- 해상도: 300DPI
- 컬러 모드: RGB

01. 포스터의 주인공 딸기 차를 스케치합니다. '컵 → 컵받침 → 딸기' 순서로 그려 주세요.

02. 새 레이어에 스케치를 참고해 선을 그려 줍니다. 거친 느낌의 브러시를 선택했어요.

03. 스케치 레이어 아래에 새 레이어를 만들고 채색을 합니다. 먼저 컵과 컵받침, 내용물을 칠해 주세요. 컵받침의 하얀 부분도 흰색으로 칠해 줍니다. 그래야 이 부분에 밑 배경이 비치지 않아요.

🖐 **TIP**

컬러 드롭을 하지 않아야 브러시의 질감을 살릴 수 있습니다. 흰색을 칠할 때는 레이어의 '배경 색상'을 임시로 바꿔 주면 좋습니다.

04. 이어서 딸기를 채색합니다.

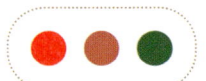

05. 딸기의 안쪽, 딸기 표면에 보이는 씨와 잎맥을 표현합니다.

06. 채색 레이어를 선택하고, 형태 툴을 선택해 살짝 옆으로 옮겨 줍니다. 이렇게 하면 조금씩 밀리면서 인쇄되는, 레트로 특유의 느낌을 표현할 수 있어요.

미세 조정 ▶ p382

07. '여러 가지 패턴 만들기'에서 만든 집중 패턴을 가져옵니다. [조정( ) > 색조, 채도, 밝기] 또는 [색상 균형]으로 색을 베이지 톤으로 바꾸고, 불투명도를 15% 정도로 설정한 다음, 주변을 지우개로 거칠게 지워 줍니다.

08. [동작( ) > 추가 > 텍스트 추가]로 텍스트도 넣습니다. 각각 다른 색으로 넣고 불투명도를 50% 정도로 조정합니다. 텍스트 밑에 사각형을 넣어도 좋습니다. 여기에서는 노란색 직사각형을 넣었어요. 각각 다른 레이어에 그리면 수정이 편리합니다. 완성 레이어를 참고하세요.

텍스트 추가 ▶ p.87

09. 이제 질감을 추가할 거예요. 맨 위에 레이어를 만들고, 짙은 갈색으로 칠해 질감을 만듭니다. '여러 가지 패턴 만들기'에서 거친 질감을 만들었다면 그것을 사용하세요. 이어서 [조정( ) > 노이즈 효과]를 선택합니다. 화면에 손가락을 대고 오른쪽, 왼쪽으로 움직이면 노이즈 효과 정도를 조절할 수 있습니다. 바를 끝까지 밀어 100%로 조절합니다.

10. 이제 해당 레이어의 블렌딩 모드를 [오버레이]로 설정합니다. 그림에 노이즈와 질감이 생기며 레트로 느낌이 연출됩니다. 딸기 차의 선 레이어도 불투명도를 50% 정도로 낮춰 주세요.

11. 인쇄 기술이 좋지 않던 시절에 생산된, 색깔이 밀려 거칠게 제작된 포스터가 완성되었습니다. 영자 신문 이미지를 덧대도 멋집니다.

 레이어 구성

커스텀 브러시 내려받기

작품을 따라 그리면서 '이런 기능도 있으면 좋겠다!'라고 생각한 것이 있나요?
이 페이지에서는 프로크리에이트와 더욱 친해질 수 있는 편리한 팁을 알려 드립니다.

❶ 커스텀 브러시 내려받기

01. 프로크리에이트의 연필 브러시는 무척 좋지만, 수채화 브러시는 상대적으로 약한 편입니다. 이러한 이유로 커스텀으로 제작한 수채화 브러시를 다운받아 사용하는 경우가 많습니다. 프로크리에이트 홈페이지에 들어가면, 전 세계 사용자들이 직접 만들어 업로드한 브러시가 무척 많습니다. 유료 브러시도 있지만, 무료 브러시도 많습니다. 무료 커스텀 브러시를 다운받아 내 브러시에 넣는 방법을 알려 드립니다. 먼저 프로크리에이트 홈페이지(http://procreate.com)에 접속합니다. Explore > Community > Discussions > Resources 순서로 찾아 들어갑니다. 그곳에 들어가면 사용자들이 만든 브러시를 다운받을 수 있습니다.

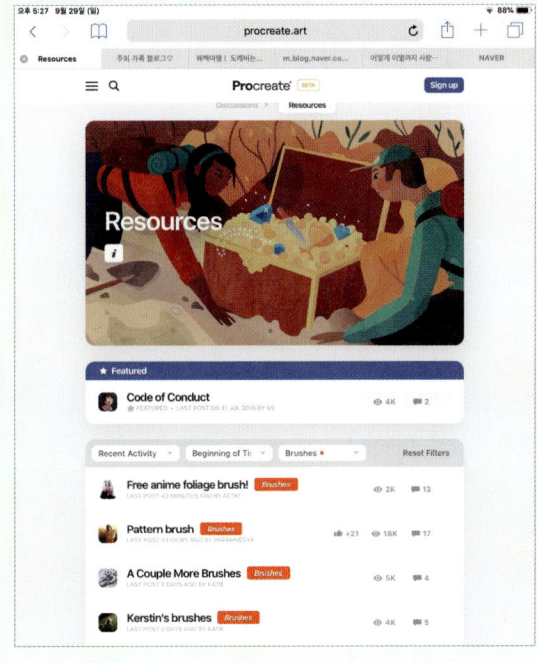

02. 업로드된 많은 글 중 어떤 글이 좋은지 모르겠다면 검색을 통해서 더 쉽게 찾을 수 있습니다. 돋보기 모양 검색 버튼을 누른 후, 'free watercolor brushes'라고 검색합니다. 이후 제시되는 결과에서 [Discussions] 탭을 누르면 무료 수채화 브러시를 받을 수 있는 글들이 나옵니다. 하나씩 보다 보면 원하는 브러시를 만날 수 있을 거예요. 대체로 브러시의 미리 보기 가능 여부를 글에 명시하고 있으며, 다운받을 수 있는 경로도 제공하고 있습니다.

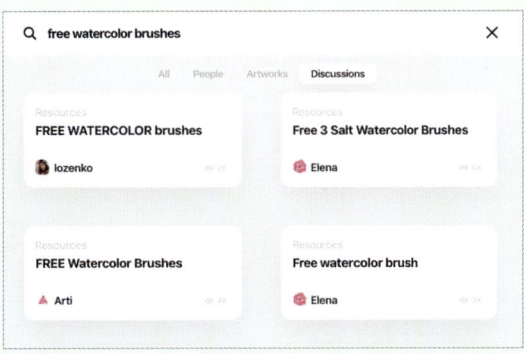

03. 그중 'Dropbox'를 통해서 다운받도록 하는 링크를 무료 브러시라고 보면 됩니다. 'Dropbox'를 통해 다운받는 것이 적용하기도 가장 쉽습니다. 글 안의 링크를 누르면, 이렇게 해당 파일을 받을 수 있는 화면이 나옵니다. 애플리케이션을 다운받지 않고 맨 밑의 [또는 웹사이트로 계속 진행]을 눌러서 바로 다운받을 수 있습니다.

04. 이어지는 화면에서 다운로드를 눌러 [직접 다운로드]를 하면 됩니다.

05. 다운받은 후 나오는 화면에서 [Procreate에서 열기]를 눌러 주세요. 바로 프로크리에이트로 연결되고 특별한 설정 없이 '브러시 라이브러리'에 해당 브러시가 생긴 것을 확인 할 수 있습니다.

06. 다운받아 저장해 둔 다른 브러시 파일이 있을 때는 브러시 라이브러리에서 오른쪽 위에 있는 [+] 버튼을 눌러 주세요. [+] 버튼을 누르면 새로운 브러시를 생성할 수 있고, 오른쪽 위의 [가져오기]를 눌러 파일을 선택하면 됩니다. 기존의 브러시 화면에는 [가져오기]가 나타나지 않습니다. 또는 멀티태스킹을 이용해 브러시를 가져올 수 있습니다.

멀티태스킹 ▶ p.346

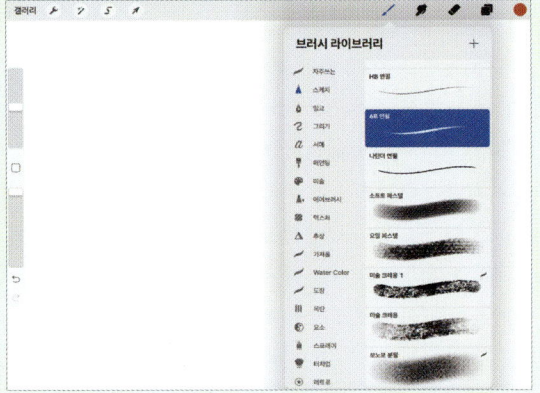

Point 책밥 홈페이지 자료실(www.bookisbab.co.kr/down)에서 브러시를 다운받아 설치하는 연습을 해 보아요.

❷ 나만의 브러시 카테고리 만들기

다운받은 브러시나 내가 커스텀한 브러시를 모아 둘 카테고리를 새로 만들 수는 없을까요? 브러시 라이브러리에 들어가서 카테고리 부분을 손가락으로 아래로 살짝 밀어 보세요. 맨 위에 [+] 버튼이 생깁니다. [+] 버튼을 누르면 카테고리를 추가할 수 있습니다. 카테고리 이름도 마음대로 변경이 가능하고요. 이렇게 만들어진 카테고리에 브러시를 옮기는 방법은 다음과 같습니다. 먼저 해당 브러시를 3초 정도 꾹 누르고 있으면 브러시가 손가락을 따라 올라오는 것을 느낄 수 있고, 이것이 브러시가 집힌 상태입니다. 그 상태로 화면에서 손을 떼지 말고, 이동하고자 하는 브러시 카테고리에 손가락을 가져다 대고 조금 기다려 주세요.

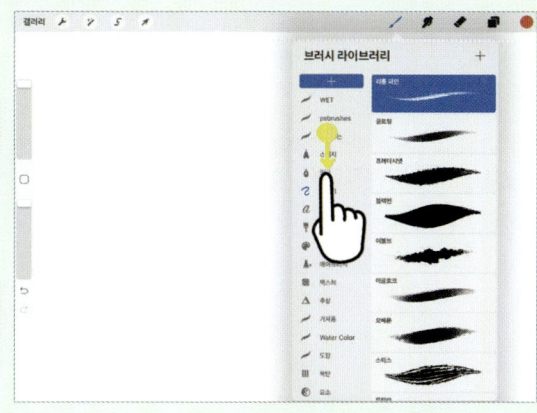

해당 카테고리의 이름이 번쩍번쩍 활성화되면서 카테고리가 열립니다. 카테고리가 열리면 밑에 놓아 주면 됩니다. '드래그&드롭'의 원리입니다. 다중 레이어를 옮길 때와 같이 양손을 이용해도 좋아요. 다운받은 브러시, 내가 커스텀한 점선 브러시, 또는 자주 사용하는 브러시를 복제한 뒤, 이동하는 방식으로 나만의 브러시 카테고리를 만들어 보세요!

❸ 포토샵 브러시 가져오기

PC 버전 포토샵의 기본 브러시뿐만 아니라 포토샵에서 커스텀해 둔 브러시도 프로크리에이트로 가져와 설치할 수 있습니다.

01. 포토샵의 브러시 옵션에서 [Save Brushes]를 선택해 브러시 파일을 저장합니다.

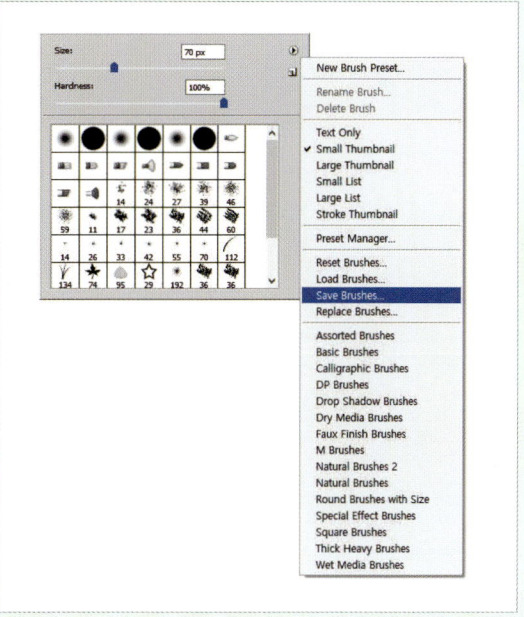

02. PC에서 브러시 파일을 클라우드에 올리거나 내 메일로 보내 두고 아이패드에서 다운받습니다. 커스텀 브러시를 다운받은 후 가져오는 방식과 동일한 방법으로 넣어 사용할 수 있습니다.

PART 2

Drawing with Procreate

일상을 작품으로, 사진 활용하기

동작 툴로 글과 그림 활용하기
사진 꾸미기

프로크리에이트의 장점 중 하나는 사진이나 이미지를 불러와 활용할 수 있다는 것입니다. 다이어리에 사진이나 스티커, 마스킹 테이프 붙이는 것을 편리하게 무한정 할 수 있는 것이지요. 사진을 활용하는 방법은 여러 가지가 있습니다. 우선 사진 위에 그림을 그리는 것부터 배워 볼까요?

● KEYWORD
- 툴: 동작 > 사진 삽입하기 • 소재: 사진 꾸미기 • 테크닉: 글과 그림으로 사진 꾸미기

01. [동작(🔧) > 추가 > 사진 삽입하기] 또는 [사진 촬영하기]를 선택해 원하는 사진을 불러오거나 찍습니다. 사진을 불러왔다면, 마음이 가는 대로 낙서를 하고 다양한 효과를 줍니다. 텍스트도 넣을 수 있겠죠? 물론 편리한 수정을 위해 사진 레이어와는 분리해서 작업해야 합니다. 흰색 펜으로 사진에 낙서하는 느낌이 참 좋아요. 사진을 자유롭게 꾸미는 재미를 느껴 보세요. 효과는 새 레이어에 그리면 수정이 쉽습니다.

👉 **사진 촬영이 실행되지 않는 경우**
아이패드의 [설정 > 프로크리에이트]에 들어가 카메라 옵션이 활성화되어 있는지 확인하세요.

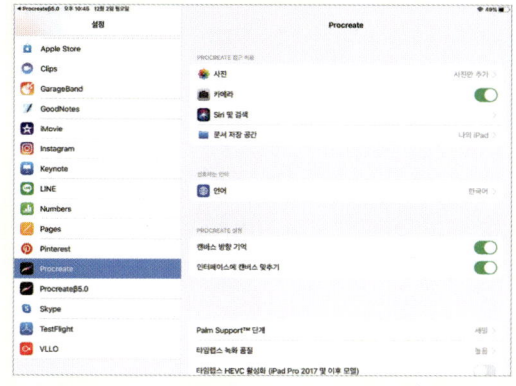

02. 사진만으로는 아쉬운 장풍 샷에 효과를 넣어 보아요!

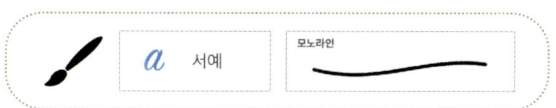

03. 사진에 다양한 그림을 그려 꾸미는 재미가 쏠쏠합니다.

04. 좋아하는 피규어 사진에도 효과를 넣을 수 있답니다. 앞서 배운 텍스트 효과도 넣어 보세요.

05. 구름 사진엔 구름 같은 글씨도 써 보아요.

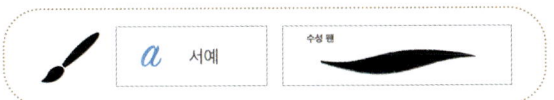

06. 이미 그려 둔 그림을 소환할 수도 있어요. 완성해 둔 그림을 아이패드와 함께 찍은 다음 다시 불러와 그림과 함께 합성하거나,

07. 그림이나 글씨를 써 넣을 수도 있어요. 나만의 즐거운 낙서를 해 보세요.

08. 사진을 나만의 터치로 그려 볼 수도 있어요.

09. 사진을 놓고 불투명도를 낮춘 다음, 새 레이어에 나만의 느낌을 담아 따라 그려 보세요.

10. 사진의 어디까지 그릴지도 내가 정할 수 있어요.

11. 선을 그린 다음 안쪽을 칠해도 좋고, 앞서 배운 다양한 표현 방법 중 마음에 드는 방법이나 사진과 잘 어울릴 것 같은 표현 방법으로 그려 보세요.

동작 툴 활용해 트레이싱 하기
캐릭터 그리기

아무것도 없는 상태에서 캐릭터를 그리려고 하면 무척 막연하게 느껴질 거예요. 그럴 때는 가지고 있는 사진을 활용해 나만의 캐릭터를 만들어 보아요. 캐릭터는 정말 다양한 스타일이 있지요. 단순하게 사진을 따라 그리는 것에서 출발해 그리다 보면 나만의 스타일도 찾을 수 있을 거예요!

● KEYWORD
• 툴: 동작 > 추가 • 소재: 캐릭터 그리기 • 테크닉: 사진 활용하기, 트레이싱 하기, 사진에서 색상 팔레트 만들기

● NOTICE
여행 가는 캐릭터의 팔레트 컬러칩은 책밥 홈페이지 자료실(www.bookisbab.co.kr/down)에서 다운로드할 수 있습니다. 팔레트 적용하기 ▶ p.371

01. [동작(🔧) > 추가 > 사진 삽입하기]를 통해 캐릭터로 표현할 사진을 불러오세요. 사진을 아래에 두고, 불투명도를 조절해 흐리게 보이도록 합니다. 위쪽에 새 레이어를 만들어 선으로 따라 그려 보아요. 커다란 포즈나 특징적인 요소를 살려 그려 주세요. 표정은 단순화합니다.

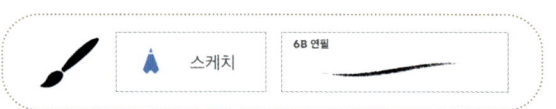

02. 선으로 모두 표현했다면, 사진의 불투명도를 다시 100%로 설정하고, 사진을 옆으로 옮겨 사진과 스케치가 나란히 위치하도록 만듭니다.

03. 스케치한 캐릭터의 비율을 바꾸고 싶다면, [형태(✈) > 뒤틀기]에서 [고급 메쉬]를 선택한 다음 파란 점들을 요리조리 움직여 보세요.

 TIP

선이나 채색 브러시는 자유롭게 선택해도 좋습니다. 저는 '선 6B 연필 + 채색 드라이 잉크'의 조합을 선호해 이와 같이 선택했습니다.

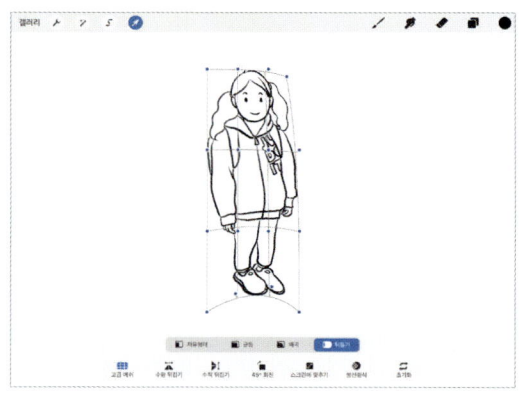

04. 선 레이어 아래쪽에 새 레이어를 만들고 채색합니다. 사진에서 '스포이드'로 색을 뽑아내 칠하면 편합니다.(스포이드 ▶ p.51) 사진이 어두워서 색이 어둡게 뽑힌다면, 색을 뽑은 다음 색상 디스크에서 조금 더 밝은 색을 선택하거나 사진 자체의 밝기를 조절해 보세요.

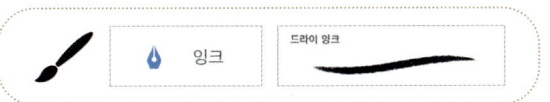

🧑‍🎨 밝은색 선택
색상 스포이드 후 [색상]의 '값' 탭에서 'B'(명도) 값을 조절해서 색상을 밝거나 어둡게 만들 수 있어요. 명도 값이 높아지면 밝아집니다. 한 톤 정도 높이려면 5% 정도 높여 보세요.

05. 또는 팔레트의 +를 누르면 나오는 메뉴 중 '사진 앱으로 새로운 작업' 선택 후 해당 사진을 불러오면 그 사진의 색을 자동으로 추출해 하나의 팔레트로 만들어 줍니다. '카메라로 새로운 작업'을 눌러 내 눈앞의 풍경이나 물체를 찍어 바로 팔레트로 만들 수도 있습니다. 팔레트 위쪽 작은 회색 바를 움직여 원하는 곳에 위치시켜 사용하세요.

06. 채색 후 얼굴에는 볼터치를, 옷에는 주름이나 주머니 등을 더해 완성합니다. 이렇게 사진을 덧대고 그린 후 비율을 조정하는 방법으로 그려도 되지만, 익숙해지면 사진을 옆에 두고 바로 그려 보세요. 스케치한 다음 선을 그리고, 채색하는 방법으로 연습하면 점점 익숙해지는 자신을 발견할 수 있습니다.

 레이어 구성

07. 위와 같은 방식으로 그린 캐릭터 그림입니다. 다양한 색으로 선을 그려도 좋아요. 귀여운 동물도 그려 보세요.

08. 또 다른 느낌으로도 그려 볼까요? 이번에는 선이 없는 느낌으로 그려 볼게요. 사진을 옆에 두고 스케치합니다. 불투명도를 낮춘 다음 새 레이어를 만들어 채색 준비를 해요.

09. 스케치를 바탕으로 얼굴에서 몸 순서로, 선 없이 칠합니다.

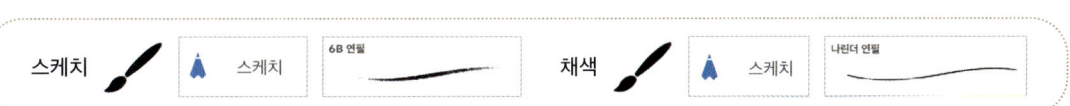

10. 머리카락을 표현해 주세요. 그런 다음 옷을 그려 줍니다. 얼굴과 머리, 옷과 몸은 각각 다른 레이어에 그려 주세요.

▲ 머리카락 표현한 모습

▲ 옷과 몸을 표현한 모습

11. 다음은 옷에 무늬를 넣을 차례입니다. '여러 가지 패턴 만들기'에서 만들어 둔 점무늬를 가져와 넣을 거예요. 형태 (↗) 툴로 옷에 알맞은 크기로 맞춰 줍니다.

12. 색을 바꾸고자 한다면 조정( ) 툴의 색상 관련 옵션을 사용하세요. 옷 레이어 위쪽에 무늬 레이어를 둔 뒤, [클리핑 마스크]를 하면 옷 위에만 무늬가 나타납니다. 이 과정이 번거롭거나 만들어 둔 패턴이 없다면 손으로 무늬를 그려도 좋아요.

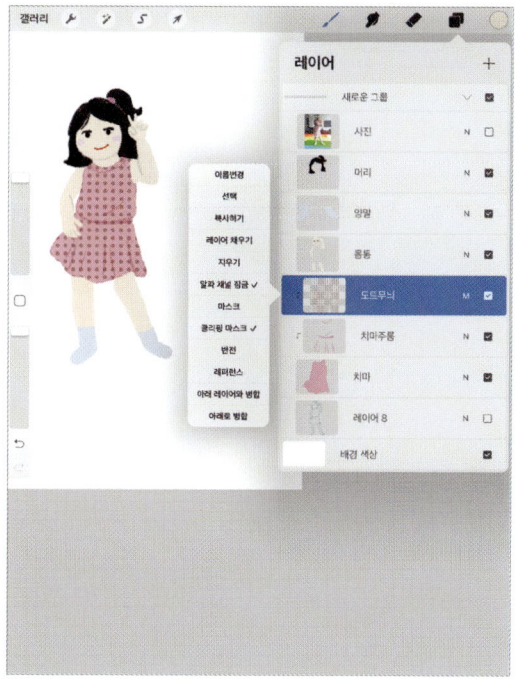

13. 옷 위에 패턴이 생겼습니다.

14. 옷 위의 레이스, 양말의 디테일, 무릎을 그려 완성합니다. 선으로 그리고 채색하는 느낌과는 또 다르죠?

15. 위와 같은 방식으로 그린 캐릭터 그림입니다.

16. 한 가지 스타일을 더 그려 볼게요. 이번에는 '퀵쉐이프'를 이용하는 방법입니다. 사진을 보고 스케치해 주세요.

17. 마찬가지로 흐리게 한 스케치를 밑에 깔고, 새 레이어를 만들어 선으로 그려 줍니다. 이번에는 퀵쉐이프를 이용해 깔끔한 선으로 완성합니다.

퀵쉐이프 ▶ p.84

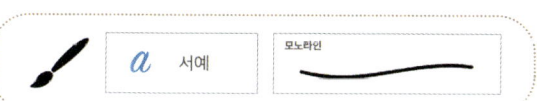

18. 선을 완성한 다음, 아래에 새 레이어를 만들어 색을 칠합니다. 선으로 모자 무늬와 주머니, 신발끈과 같은 디테일을 추가해 주세요.

19. 소품을 덧그릴 수도 있어요. 원하는 소품을 다른 레이어에 그린 뒤, 원래 그림과 겹치는 부분을 지워 주면 됩니다.

20. 원래 그림과 덧그린 그림 중 한쪽의 불투명도를 낮추면 겹친 모습을 수월하게 볼 수 있습니다. 캐리어의 불투명도를 낮춘 다음 확대해 손잡이와 손이 겹치는 부분을 지우개로 지웠습니다. 또는 마스크를 사용하면 원본을 유지하면서 지운 모습을 연출할 수 있어요.

마스크 ▶ p.152

21. 캐리어에 예쁜 스티커도 붙이고, 그림자도 추가해 완성합니다. 이렇게 캐릭터를 만들어 두면 나중에 나만의 다이어리에 활용할 수도 있고, 종이 인형으로도 만드는 등 재미가 업그레이드될 것입니다.

다이어리에 캐릭터 활용하기 ▶ p.213, p.342
종이 인형 만들기 ▶ p.352

 레이어 구성

22. 위와 같은 방식으로 그린 캐릭터 그림입니다.

▲ 민들레 님 캐릭터

▲ 다인이 가족 캐릭터

🖼 사진을 옆에 두고 그리는 편리한 방법들

같은 캔버스에 사진과 그림을 두고 그리는 경우, 사진이나 그림을 확대해서 보고 싶을 때나 타임랩스에 잡히고 싶지 않을 때 불편할 수 있습니다. 그럴 때 사용할 수 있는 방법들을 소개합니다. 이 세 가지 방법은 모두 해당 캔버스나 타임랩스에 전혀 영향을 주지 않으므로 매우 유용합니다!!

① **멀티태스킹**

멀티태스킹(▶ p.346)을 이용해 갤러리를 열어 사용합니다. 그림만 기울이거나 확대하며 그릴 수 있고 사진으로는 전체적인 모습을 확인하거나 사진만 확대해서 볼 수 있어요.

② **레퍼런스**

기존 레이어 옵션의 레퍼런스와는 다른 편리한 기능입니다. [동작 > 캔버스 > 레퍼런스] 부분을 활성화 해주면 창이 뜨면서 캔버스가 나타납니다. 확대하면서 작업할 때 전체 캔버스의 모습을 보면서 작업할 수 있습니다. 또는 이미지를 불러와 보면서 그릴 수 있어요. 게다가 이미지와 캔버스를 왔다 갔다 하면서 볼 수도 있고, 잠시 껐다가 켜도 그대로 유지됩니다(현재 아주 일부 기기에 한해 Face Paint라는 실시간 페인팅 기능도 제공하고 있습니다).

③ 비공개 레이어

파일이나 사진을 삽입할 때 메뉴를 왼쪽으로 밀면, 새롭게 [비공개 사진 삽입]이라는 메뉴가 나타납니다. 이를 통해 사진을 넣게 되면 레이어에 '비공개'라는 문구가 뜨면서 해당 레이어는 캔버스에 전혀 영향을 주지 않게 됩니다. 사진을 대고 그릴 때 등에 사용하면 정말 편리하겠지요!

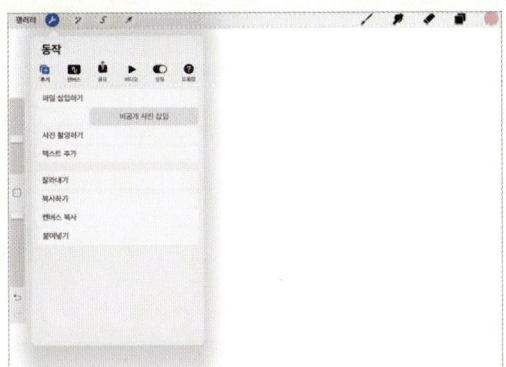 

선택 툴 활용해 사진 합성하기

컵과 손, 바다 합성하기

사진 위에 그림을 그리거나, 사진을 보고 그림을 그리는 방법 외에 사진과 그림을 합성하며 재미있는 느낌을 더할 수 있습니다.

● **KEYWORD**
- 툴: 선택 > 올가미, 조정 > 복제 • 소재: 컵, 손, 바다 • 테크닉: 사진 합성하기

01. 컵을 그려 주세요. 안을 비운 채 그린 다음, 사진을 가져와 뒤쪽에 두고 모양대로 지워 줍니다. 지우개로 쓱 지워도 되고, [선택() > 올가미]로 사진이 보일 부분을 선택해도 됩니다. 올가미로 컵 주변을 선택한 다음 [반전]을 눌러 선택을 반전시킨 뒤 레이어 옵션에서 [지우기]를 합니다.

> 🔰 **TIP**
>
> 선택이 완성되지 않으면 [반전] 버튼이 활성화되지 않습니다. 올가미의 회색 점을 한번 탭하여 선택을 완료해 주세요.

02. 색을 바꾸고, 글씨를 써 넣는 작업은 이제 잘할 수 있겠죠? 그림에 사진을 합성해 구름 담긴 컵을 완성했습니다.

03. 이번에는 연필을 들고 있는 손을 찍은 다음 가져와 [선택() > 올가미]로 손과 연필만 선택합니다.

선택 심화 ▶ p.376

> 🔰 **TIP**
>
> 포토샵에서는 올가미를 한 번에 그려야 합니다. 하지만 프로크리에이트에서는 올가미를 여러 번에 나누어 그릴 수 있습니다. 캔버스를 돌려 가며, 확대해 가며 그릴 수 있으므로 더욱 정교하고 편리하게 원하는 부분을 선택할 수 있습니다.

04. 선택 완료 후 [반전]을 누르고, 레이어 옵션에서 [지우기]를 선택해 손과 연필만 남도록 합니다.

05. 밝기를 조절하고, 지우개로 부드럽게 외곽을 지워 자연스러운 느낌을 표현합니다. 주름은 스머지 툴로 문지르면 자연스럽게 지울 수 있어요.

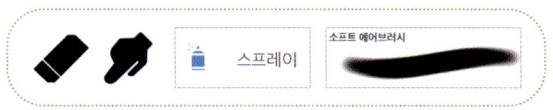

06. 사진을 불러와 아래에 둡니다. 사진 한쪽을 그리는 것처럼 손의 위치를 조절해 주세요. 사진의 불투명도를 낮춰 흐리게 보이도록 한 상태에서 새 레이어를 만들어 위에 그림을 덧그립니다.

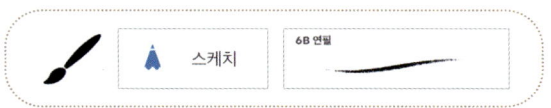

07. 일부만 그린 다음 그린 부분의 사진을 지우개로 지웁니다. 또는 사진 위에 전부를 덧그린 뒤, 사진을 완전히 지워 그림만 남기는 방법도 있습니다. '창밖 풍경' 편에서도 사진을 합성하는 방법이 쓰이니 참고해 주세요!

창밖 풍경 ▶ p.260

08. 캐릭터를 그린 뒤 사진 위에 다시 얹어 합성할 수도 있답니다. 배경에 대한 부담도 덜고, 재미있는 표현을 할 수도 있어요.

09. 인물을 찍은 사진에 직접 그린 캐릭터를 얹을 수도 있습니다. 그런데 사진 속 인물 부분이 캐릭터 밖으로 튀어나온다면 어떻게 해야 할까요? 그림은 덧그릴 수 있지만 사진은 그럴 수 없습니다. 이럴 때는 [복제] 툴을 사용하면 편리합니다. 포토샵의 [클론] 툴과 동일한 기능입니다. 먼저 캐릭터를 그려 주세요.

10. 사진 속 인물이 있는 곳에 캐릭터를 얹으면 크기를 조절해서 맞추려고 해도 빠져나오는 부분이 있습니다. [조정( )> 복제]를 선택해 주세요. 부드럽고 자연스럽게 이미지를 복제해야 하므로 에어브러시 종류로 브러시를 선택합니다.

PART 2. 일상을 작품으로, 사진 활용하기 | **207**

11. 복제하고자 하는 곳에 동그라미를 잡아끌어 위치시킨 뒤, 펜으로 복제할 곳을 그리듯 문지르면 동그라미 부분의 이미지가 펜이 있는 곳으로 복제됩니다. 브러시의 크기와 불투명도를 조절해 복제할 이미지의 크기와 불투명도를 결정할 수 있어요.

12. 캐릭터 레이어를 잠시 끄고 사진 레이어만 켜 둔 채 나머지 부분을 모두 없애 바다만 보이는 사진으로 만들 수 있습니다. .

13. 다시 사진 레이어를 켜고, 글자와 그림을 더해 나만의 느낌 있는 사진으로 변신시켜 보세요!

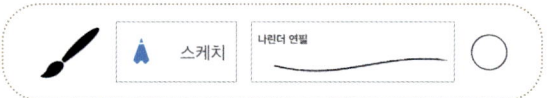

다양한 툴 혼합 응용해 콜라주 하고 스티커 만들기

다이어리 템플릿 만들기

저널이나 다이어리에도 사진을 활용할 수 있습니다. 프로크리에이트를 다이어리, 저널, 메모용으로 활용하기 위한 팁을 소개할게요. 다이어리 템플릿을 만들어 여러 가지 스티커와 마스킹 테이프, 포스트잇을 그려 붙이거나 사진도 붙이며 다양하게 꾸미는 방법도 알아보아요.

● **KEYWORD**
- 툴: 다양한 툴 혼합 응용
- 소재: 다이어리 만들기
- 테크닉: 콜라주 하기, 스티커 만들기

● **SETTING**
- 캔버스 크기: 4000×3000(px)
- 해상도: 300DPI
- 컬러 모드: CMYK

● **NOTICE**
다이어리 템플릿의 팔레트 컬러칩은 책밥 홈페이지 자료실(www.bookisbab.co.kr/down)에서 다운로드할 수 있습니다. 팔레트 적용하기 ▶ p.371

info 다이어리용 캔버스를 작업하기 전 확인해야 할 것이 있습니다. 다이어리를 모아 책으로 만들 예정이라면 인쇄용에 적합한 설정을 갖추고 있어야 합니다. 갤러리에서 새 캔버스를 만들 때 가로 사이즈는 2000 픽셀 이상, 해상도(DPI)는 300 정도로 설정해 주세요. 인쇄 업체를 미리 정해 두었다면 그곳의 인쇄 크기에 맞춰 작업해도 좋습니다. 색상 프로필은 CMYK로 진행해야 합니다. 그림 이제 템플릿을 만들어 볼게요. 또는 'UI'라고 할 수도 있겠네요. 무언가를 작성할 수 있는 바탕을 그림으로 그려 만든다고 생각하면 됩니다.

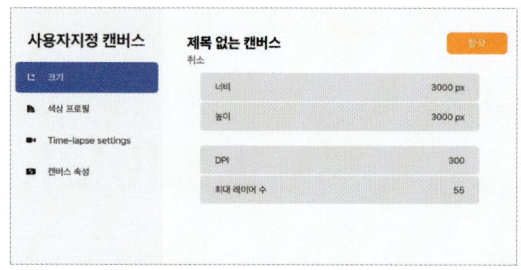

01. 먼저 큰 틀을 정해 보아요. 저는 오른쪽에는 다이어리 공간을, 왼쪽에는 포스트잇을 하나 붙이고 위쪽은 비워 사진을 넣을 수 있도록 구성했습니다.

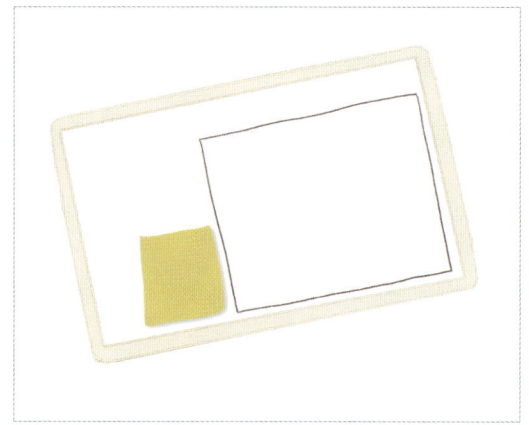

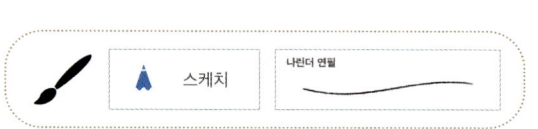

02. 배경에 격자무늬도 넣고, 마스킹 테이프도 붙여 주어요.

03. 마스킹 테이프는 먼저 직사각형을 그린 다음, 지우개로 양옆을 삐죽하게 지워 손으로 뜯어 낸 느낌을 더합니다.

04. 알파 채널 잠금, 또는 클리핑 마스크로 무늬를 넣거나 그림을 그립니다. 불투명도를 조금 낮추면 아랫부분이 비치는 효과도 낼 수 있어요.

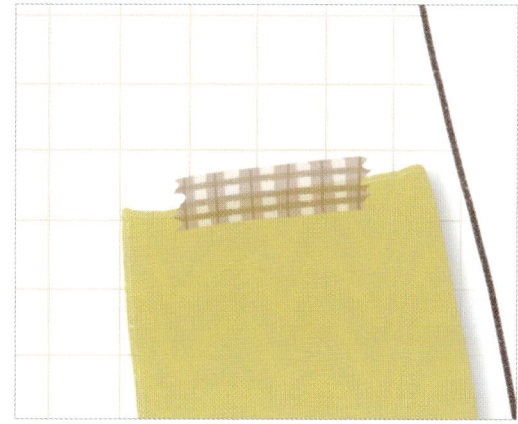

🔖 레이어 구성

05. 기본 틀을 만들고 장식을 더해 갑니다. 수월한 수정을 위해 하나하나 다른 레이어에 그려 주세요. 오른쪽에 작은 태그를 만들고, 왼쪽 위에 집게를 그립니다. 아래에 색연필도 그려 줍니다.

06. 스티커도 만들어 사용할 수 있어요. 먼저 원하는 그림을 그려 주세요.

07. 아래쪽에 새 레이어를 만들어 흰색 테두리를 그려 줍니다. 정확한 테두리를 원한다면 복제 후, 흰색으로 전체를 채운 뒤 크기 조절을 합니다. 조절 후에 어색한 부분이 있다면 브러시로 수정해 주세요.

08. 흰색 레이어를 복제해 검은색으로 만든 다음, [조정(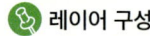) > 가우시안 흐림 효과]를 줘 그림자를 표현합니다. 스티커는 어느 과정에서 끝내도 괜찮습니다. 그림만 그려서 넣어도 되고, 흰 테두리까지만 넣어도 됩니다. 완성한 스티커는 나중에 모아 실물 스티커로 제작할 수도 있고, '복사/붙여넣기'로 무한정 생성이 가능하기 때문에 너무 좋답니다.

스티커 만들기 ▶ p.354

레이어 구성

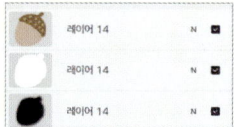

09. 사진을 가져와 스티커로 붙인 것처럼 넣고, 오늘의 의상을 입은 캐릭터도 그립니다.

10. 글과 그림을 더해 다이어리를 완성하세요. 줄을 그어 사용하거나, 달력을 만들어 바탕 화면에 응용할 수 있습니다.

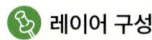 레이어 구성

11. 다이어트 다이어리, 메모 패드 등 다양한 템플릿을 만들어 사용해 보세요.

PART 3

Drawing with Procreate

한 단계 더,
깊이 있게 배우기

커스텀 브러시로 크레파스 느낌 내기,
일자 구도 표현하기

제주 더럭 분교

크레파스 느낌의 그림을 그릴 거예요. '소품 그리며 툴 익히기'에서 카페 건물을 그릴 때, 색연필 느낌을 내는 데 사용한 브러시가 있습니다. 바로 '분필 브러시'인데요, 넓게 칠하면 크레파스 느낌도 낼 수 있어요. 이 브러시를 커스터마이징해서 그려 볼게요.

● **KEYWORD**
- 툴: 브러시 > 커스텀
- 소재: 제주 더럭 분교
- 테크닉: 크레파스 느낌 내기, 일자 구도 표현하기

● **SETTING**
- 캔버스 크기: 3000×4000(px)
- 해상도: 300DPI
- 컬러 모드: RGB

● **NOTICE**
커스텀 브러시(둥근 색연필)는 책밥 홈페이지 자료실(www.bookisbab.co.kr/down)에서 다운로드할 수 있습니다.
브러시 적용하기 ▶ p.182

01. 분필 브러시를 복제해서 바꿀 거예요. 브러시를 왼쪽으로 밀어 복제한 뒤, 브러시를 터치해 [브러시 스튜디오]에 들어갑니다. [모양] 카테고리에 들어가면 모양 소스가 뾰족한 모양이라 사용 시 불편할 때가 있어요. 그래서 끝이 둥글고 더 도톰하게 커스텀을 해 보겠습니다.

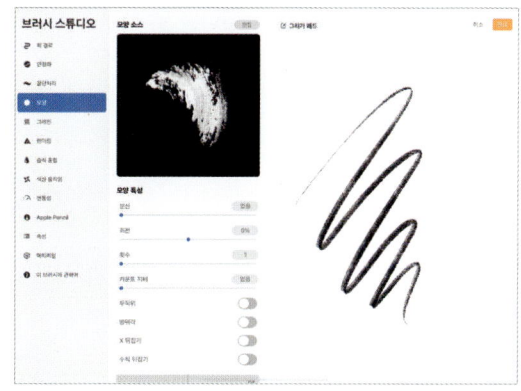

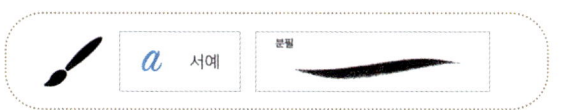

02. [모양 > 모양 소스 > 편집 > 가져오기 > 소스 라이브러리]를 선택하고, [Bleed] 모양을 선택합니다.

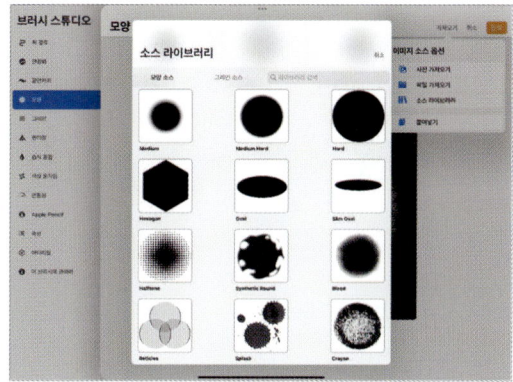

03. [끝단 처리 > 압력 끝단 처리 > 크기]를 줄여 줍니다. [터치 끝단 처리 > 크기]도 줄여 줍니다. 그러면 브러시의 끝단이 조금 둥글어지는 것을 볼 수 있어요. '완료'를 눌러 커스텀을 마무리 합니다. 다른 모양으로도 교체해 보고 어떻게 나오는지 실험해 보세요.

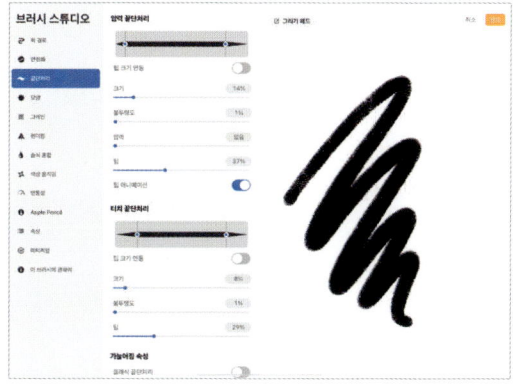

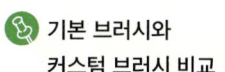 기본 브러시와
커스텀 브러시 비교

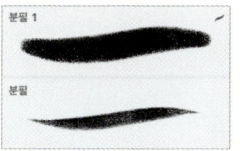

04. 커스터마이징한 브러시로 잔디를 깔아 줍니다.

05. 그 위에 농도를 조절하며 두 가지 색을 더 얹어 풍부한 색감을 표현합니다.

06. 이제 학교 건물을 그릴게요. 새 레이어에 알록달록한 색감을 담아 네모난 벽을 그립니다.

07. 흰색으로 창문도 그려요. 파란색으로 지붕도 그려 줍니다.

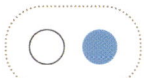

08. 건물을 복사해서 옆으로 하나 더 붙여 주어요.

09. [형태(✈) > 왜곡]을 선택해 오른쪽으로 갈수록 건물이 작아지도록 조절합니다. 원근감을 주는 거예요.

10. 새 레이어에 연한 갈색으로 화단을 그리고, 나무를 그립니다. 나무를 그릴 때는 세 가지 색을 사용합니다. 큰 나무는 두 가지 색으로 명암을 주고, 작은 나무는 한 가지 색으로 그려요.

11. 아래쪽에 새 레이어를 만들어 산을 그리고, 하늘도 하늘색으로 칠합니다. 필요한 경우, 건물과 나무의 크기를 조절해 주세요.

12. 브러시 불투명도를 옅게 조절해 흰색으로 몽글몽글한 구름을 그립니다.

13. 구름을 더 그려 하늘을 채우고, 멀리 보이는 산과 학교 주변의 나무, 화단에 음영을 넣어 주세요. 잔디밭의 비어 있는 부분까지 채우면, 완성!

🎨 레이어 구성

14. 분필 느낌과 비슷한, 부드러운 유화 느낌의 브러시도 많으니 직접 그리며 활용해 보세요.

▲ ① 페인팅 > 타마르 ② 미술 > 풀림솔 ③ 미술 > 라라푸나

15. 같은 그림을 다른 브러시로 그려 보았습니다.

16. 이와 같이 일자 구도에 사물을 중첩으로 쌓아 원근을 표현하는 것을 '중첩 원근법'이라고 합니다. '제주 더럭 분교'는 '나무 - 건물 - 산' 순서로 멀리 있는 것이지요. 중첩 원근법을 사용한 다른 그림입니다. 멀리 있는 사물은 흐리고 작게, 가까이 있는 사물은 진하고 크게 보입니다.

그림자 표현하기, 위에서 본 모습 그리기

디저트

이번에는 얇은 라인으로 그림을 그린 다음 깔끔하게 채색하는 방법을 소개합니다. 앞서 배운 '그림자 표현하기'도 응용하고, 여러 가지 소품을 한자리에 그려 보며 구성하는 것도 배워 봅시다.

● KEYWORD
- 툴: 혼합 응용
- 소재: 디저트
- 테크닉: 회색 라인 드로잉, 위에서 본 모습 표현하기, 그림자 표현하기

● SETTING
- 캔버스 크기: 3000×3000(px)
- 해상도: 300DPI
- 컬러 모드: RGB

01. 큰 덩어리로 위치를 잡으며 스케치해 주세요.

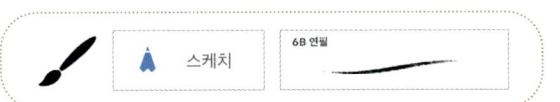

02. 상세 스케치를 합니다.

03. 스케치를 자세하고 깔끔하게 할수록 선을 긋는 데에 도움이 됩니다. 얼마든지 지웠다가 다시 그릴 수 있으니 정성 들여 그려 보세요.

04. 스케치를 마치면 선을 그어 줍니다. 펜션을 꼭 검은색으로 선택하지 않아도 됩니다. 회색으로 그리면 더 부드러운 느낌을 표현할 수 있어요.

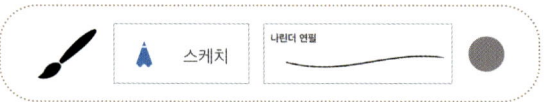

05. 겹치는 물건은 각각 다른 레이어에 그려 줍니다. 그러면 선이 겹치더라도 걱정 없이 그릴 수 있습니다. 나중에 위치를 바꿀 수도 있으니 각각의 레이어에 완전한 모습으로 그려 주세요.

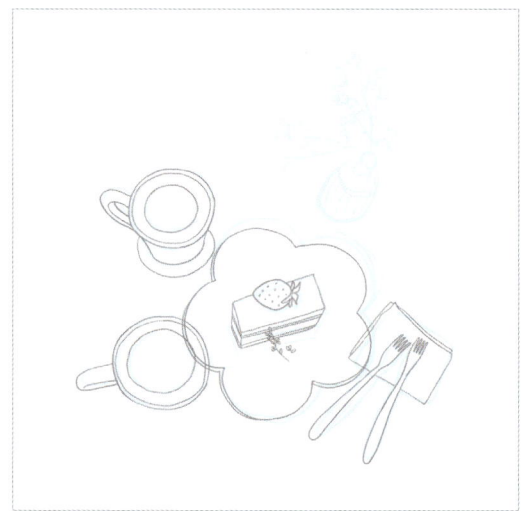

06. 꽃병의 꽃과 가지는 서로 다른 레이어에 그립니다. 먼저 가지를 그려 주세요.

07. 꽃을 그립니다. 나중을 생각해서 서로 다른 레이어에 선을 그리면 채색하기도 편하고 편집하기도 좋습니다. 레이어의 장점을 십분 활용하는 것이지요. 펜션이 완성되었습니다.

08. 펜션이 완성되었으면 이제 채색을 합니다. 선 레이어 아래에 각각의 레이어를 새로 만들어 채색해 줍니다. 회색 라인과 어울리는 색감은 톤 다운된 파스텔컬러지요. 만약 너무 진하게 칠했다면, 조정 툴의 색감 조정 옵션을 통해 조정할 수 있어요. 색을 칠한 뒤, 컵에 명암도 넣어 봅니다.

색감 조정하기 ▶ p.47, p.373

09. 접시와 접시 위의 케이크를 칠해 주세요.

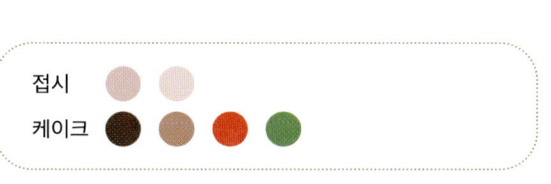

10. 꽃은 3가지 색으로 칠합니다. 이렇게 칠하면 1가지색으로 칠할 때보다 풍성한 느낌이 납니다. 꽃병도 한 톤 낮은 색으로 명암을 넣어 주세요. 구불구불한 홈 부분과 아래쪽을 약간 어둡게 칠해 주세요.

11. 맨 위에 레이어를 만들어 케이크 위에 스노우 파우더를 뿌리고, 맨 아래에 레이어를 만들어 그림자를 칠합니다. 컵이나 접시 등은 바닥에 붙어 있고, 모양이 복잡하지 않기 때문에 그림자를 그리는 것이 어렵지 않지만 꽃병의 꽃은 모양이 복잡하지요. 그럴 때는 '소품 그리며 툴 익히기'의 꽃병에서 그림자를 만든 것과 같은 방법으로 그림자를 표현해 주면 좋습니다. 그림자 표현하기 ▶ p.107

12. 꽃과 가지의 선 레이어와 채색 레이어를 복제해 병합한 다음 회색을 부어 그림자로 활용합니다.

🟢 **레이어 구성**

레이어를 병합하거나 정리해도 좋아요.

13. 다양한 선과 면으로 음식을 그려 보세요. 여러분이 좋아하는 표현 방법으로 좋아하는 것들을 그려 보세요.

▲ 거친 선으로 그린 그림

▲ 부드러운 면으로 그린 그림

단순한 구도의 건물 그리기

카페 건물

이번에는 라인 없이 단순한 구도의 카페를 그려 봅시다. 그림의 디테일은 조금 복잡해 보여도 하나씩 따라 그리면 완성의 뿌듯함을 느끼실 수 있을 거예요.

● KEYWORD
- 툴: 레이어 활용
- 소재: 카페 건물
- 테크닉: 단순한 구도 건물 그리기

● SETTING
- 캔버스 크기: 3000×3000(px)
- 해상도: 300DPI
- 컬러 모드: RGB

01. 스케치를 합니다. 먼저 큰 덩어리에서부터 조금씩 구역을 나눠 주세요.

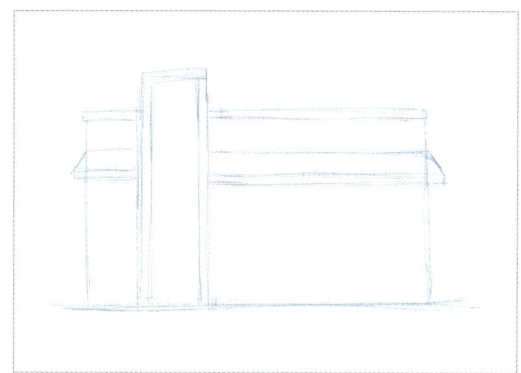

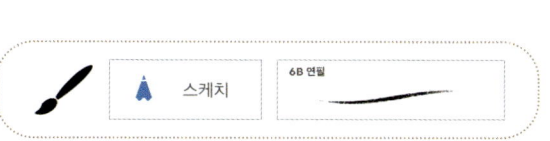

02. 문과 창문, 동그란 간판을 그립니다.

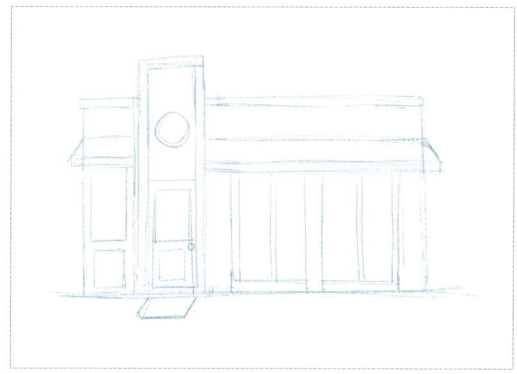

03. 카페 앞의 화단과 테이블, 가로등을 그립니다. 디테일한 요소를 그려 주세요.

04. 부드러운 번짐 효과가 나는 브러시를 사용할게요. 건물의 넓은 부분부터 차근히 채색합니다. 명암이 다른 3가지 회색과 2가지 노란색으로 간판과 차양, 창문 등을 차례로 그려 주어요.

05. 아래에 새 레이어를 만들어 창문을 하늘색으로 칠한 뒤, 흰색으로 빛나는 느낌을 더합니다. 아래 레이어에 그리므로 빠져나올까 걱정할 필요 없이 칠해도 되겠지요. 또 다른 레이어에 땅과 잔디를 그립니다. 문의 장식도 그려 주어요.

06. 건물의 레이어를 잠시 체크 해제해 두고, 새 레이어에 화분을 하나 그립니다.

07. 또 다른 레이어에 파라솔 세트를 그릴 거예요. 흰색으로 그릴 때는 임시로 배경에 색이 있도록 설정한 다음 그립니다. 먼저 테이블과 의자를 그려 주세요.

08. 이어서 파라솔을 그려 완성합니다.

09. 화분과 파라솔을 복제하여 여러 개 배치해 봅니다.

🧷 **레이어 구성**
배치가 끝나면 하나로 병합해도 됩니다.

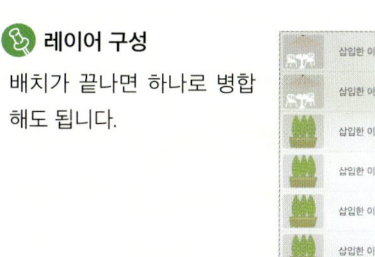

10. 새 레이어에 간판을 그리고, 가로등도 그려 주세요. 간판에는 원하는 문구나 자신의 이름을 넣어도 좋습니다.

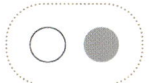

11. 문 앞에 동글동글 자갈을 깔고, 주변에 두 가지 색으로 나무를 그려 완성합니다.

12. 라인 없이 단순하게 표현하면서도 얼마든지 디테일을 추가할 수 있습니다. '레이어'라는 편리함이 있기 때문이지요. 만약 같은 그림을 종이에 그린다고 생각하면 조금 까다로울 수 있겠지요? 다른 예쁜 가게를 찍어 이렇게 평면적인 구도로 표현해 보세요. 디지털 드로잉의 편리함을 흠뻑 느낄 수 있어요.

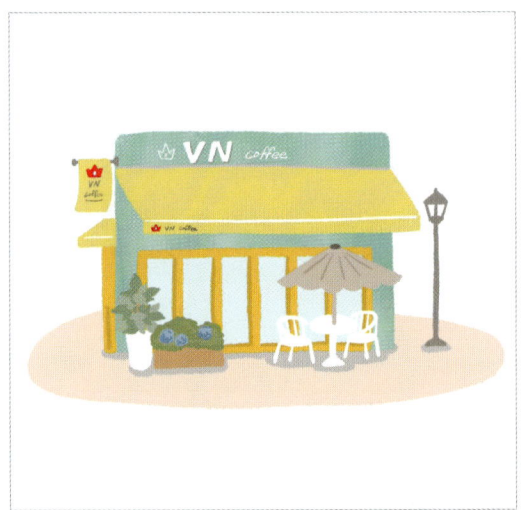

선택 툴 활용하기,
반짝이는 브러시로 반짝임 표현하기

카페 건물 야경

이번엔 야경에 도전해 봅시다. '크리스마스트리'를 그리며 빛 표현으로 반짝이는 것들을 그려 보았는데요, 이번에는 간판과 같이 은은하게 번지는 빛을 표현해 보아요. 어떠한 풍경도 야경으로 바꿀 수 있을 것입니다.

● KEYWORD
- 툴: 선택 > 자동, 페더 / 브러시 > 반짝이는 브러시
- 소재: 카페 건물 야경
- 테크닉: 야경의 빛 표현하기, 레이어 모드 활용하기

● SETTING
- 캔버스 크기: 3000×3000(px)
- 해상도: 300DPI
- 컬러 모드: RGB

01. 이전에 그린 '카페 건물' 그림을 통째로 복제해 야경으로 만들 거예요. 갤러리 화면에 보이는 카페 건물 그림 썸네일 위에서 왼쪽으로 쓱 밀면 옵션이 나타납니다. 복제를 선택해 주세요.

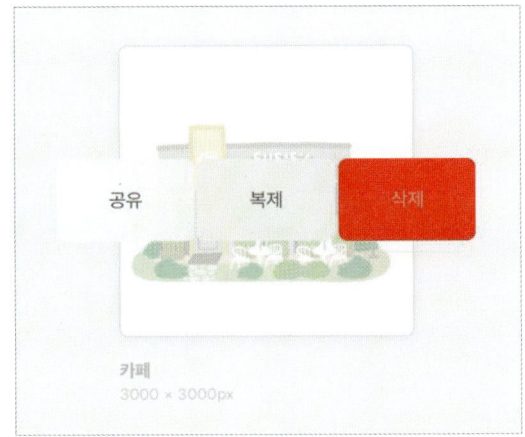

02. 헷갈릴 수 있으니 제목을 바꿔 줍니다. 기본적으로 '제목 없는 아트 워크'라고 설정되어 있어요. 설정되어 있는 글자를 누르면 바꿀 수 있는 화면이 나옵니다.

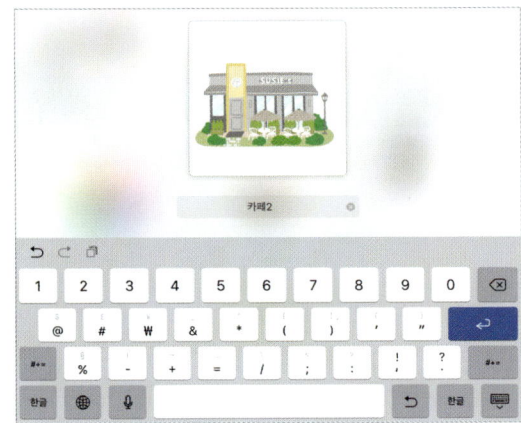

03. 원하는 제목으로 수정해 주세요. 이 책에서는 '카페2'로 제목을 수정했습니다.

 TIP
원본을 잘 보존하기 위해 꼭 필요한 과정입니다. 복제와 백업을 생활화하세요.

04. 복제한 그림에 들어갑니다. 그림의 모든 레이어를 그룹으로 만들어 주세요.(그룹 만들기 ▶ p.46) 카페 건물의 위, 아래에 새 레이어를 만들어 모두 검은색으로 채워 줍니다.(컬러 드롭 ▶ p.27) 위쪽 어둠 레이어는 '블렌딩 모드 곱하기, 불투명도 65%'로 설정해 주세요. 아래쪽 어둠 레이어는 '블렌딩 모드 보통, 불투명도 50%'로 설정합니다.

🟢 레이어 구성

05. 먼저 간판 불을 켭니다. 간판 레이어를 어둠 레이어 위쪽으로 가져옵니다.(레이어 이동 ▶ p.69) 그리고 그 밑에 새 레이어를 만들고, 조금 넓은 에어브러시로 글자 주변을 감싸듯 그려 줍니다. 간판 뒤에서 빛이 납니다.

06. 브러시를 얇게 설정해 글자 가까이에 한 번 더 그려 줍니다.

07. 동그란 간판에도 같은 방법으로 빛을 그려 주어요.

🟢 레이어 구성

08. 새 레이어에 가로등과 간판 조명도 그립니다. 마찬가지로 2단계로 그려 줄 거예요. 퍼져 나가는 넓은 빛을 먼저 그린 다음, 안쪽으로 선명한 빛을 덧그립니다.

09. 라이트 펜으로 앞쪽의 작은 나무에 콕콕 점을 찍어 작은 알전구를 표현해 보세요.

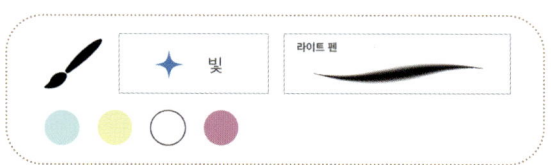

10. 이제 가장 까다로운 빛 표현이 남았습니다. 바로 창문입니다. 완성 그림 속 창문의 모양대로만 선택해야 합니다. 우선 갤러리로 빠져나가 이전 그림으로 들어가 보아요. [동작(🔧) > 추가 > 캔버스 복사]를 눌러 그림 전체를 복사합니다. 다시 야경 그림으로 돌아와 '붙여넣기'를 해요. 낮의 카페 건물 그림이 나타납니다. 다만 레이어가 모두 합쳐진 모습이지요. 이 레이어를 맨 위로 가져오세요. 이제부터  이 합쳐진 그림에서 창문만 선택할 거예요. [선택(S) > 자동]을 선택해요. 자동 선택 옵션은 펜슬로 터치하는 곳의 일정 영역을 자동으로 선택해 줍니다. 선택 정도를 사용자가 정할 수도 있어요. 선택하고자 하는 곳에 펜을 댄 채로 드래그하듯 오른쪽 왼쪽으로 펜을 움직여 보세요. 메뉴 바 아래에 파란색 바가 나옵니다. 오른쪽으로 펜을 움직이면 숫자가 커지고, 왼쪽으로 움직이면 작아집니다. 먼저 터치하고 선택 영역이 원하는 것보다 더 작거나 크다면, 이 방법을 통해서 적당한 영역을 선택할 수 있습니다. 자동 선택 심화 ▶ p.376

11. 창문과 파라솔의 하얀 테이블은 색이 다르지만 그 차이가 크지 않습니다. 이럴 때 선택 한계 값을 높이면 색이 하나로 인식되어 함께 선택됩니다. 선택 한계 값을 낮추면 더 정교하게 선택할 수 있지요. 8%로 위쪽의 넓은 창문을 선택할 경우, 하늘색 부분과 흰색 부분이 따로 선택되어 불편합니다. 그럴 때는 다시 선택 한계 값을 10% 이상으로 올려 주고 선택하면 됩니다. 한 번에 하지 않아도 되고, 값을 계속 변경하며 선택할 수 있습니다. 또는 값을 변경하지 않고도 원하는 부분을 터치하면 추가 선택이 가능합니다. 선택 한계 값을 잘못 설정했을 경우엔 그림 취소와 마찬가지로 두 손가락 터치로 되돌릴 수 있습니다.

▲ 선택 한계 값을 8%로 설정한 경우

▲ 선택 한계 값을 10%로 설정한 경우

12. 선택된 부분은 검은색(선택 색의 보색)으로 표시되어 한눈에 알 수 있습니다. 선택이 완료되면, 아래쪽 메뉴에서 [복사 및 붙여넣기]를 선택합니다. 완성 그림의 창문 부분만 복제되어 레이어가 생성된 것을 확인할 수 있습니다. 이제 복사해 온 낮의 카페 건물 그림은 삭제해도 됩니다.

 **레이어 구성**

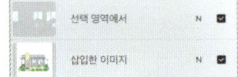

13. 선택해 만든 창문 레이어를 복제해 주세요. 원본 레이어는 불투명도를 50% 정도로 낮춰 두고, 복제한 레이어를 두 손가락으로 꾹 눌러 선택합니다.

레이어 선택 제스처 ▶ p.70

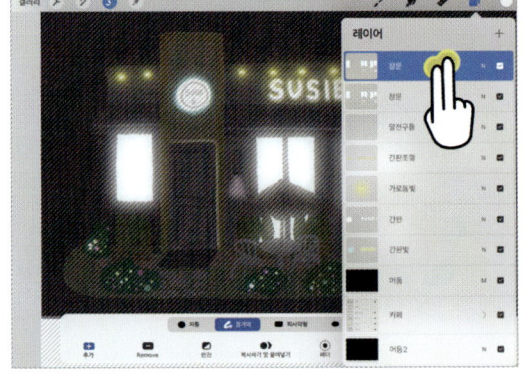

14. 화면 아래쪽에 나오는 메뉴에서 [페더]를 선택합니다. 페더란, 선택한 영역에서부터 점점 색이 퍼져 나가는 효과를 말해요. 양이 클수록 더 넓은 영역으로 색이 퍼집니다. 여기서는 15~20% 정도로 설정해 주세요. 바를 움직이면 그림의 선택 영역도 덩달아 움직이는 것을 볼 수 있어요. 움직임에 따라 그림에서도 직관적으로 영역을 보여 주므로 선택이 편리합니다.

15. 페더 값을 준 상태로 흰색을 세팅한 다음 레이어 옵션에서 [레이어 채우기]를 선택합니다. 그러면 선택 영역에서 빛이 퍼져 나가는 모습으로 칠해진 것을 볼 수 있습니다. 빛의 강한 정도는 불투명도로 조정해 보세요. 마지막으로 벽에 있는 조명이나 문틈 사이로 새어 나오는 약한 빛도 표현해 보세요. 지금까지 배운 세 가지 빛 표현 방법을 응용해 보세요. 주변을 좀 더 어둡게 하여 빛이 돋보이게 하고 싶다면, 어둠 레이어의 불투명도를 높이면 됩니다.

 레이어 구성

16. 다양한 야경에도 도전해 보세요.

가우시안 흐림 효과로 원근 표현하기

카페 내부

단순한 구도로 카페 건물뿐 아니라 내부 모습도 그릴 수 있습니다. 순서대로 차곡차곡 쌓아 가는 느낌으로 그린 뒤, 나중에 흐림 효과로 원근까지 표현해 보아요. 중첩 원근법, 공기 원근법, 크기 원근법을 같이 쓰면 효과가 더 좋답니다. 이 그림에 세 가지 원근법을 모두 표현해 볼게요.

● **KEYWORD**
- 툴: 조정 > 가우시안 흐림 효과
- 소재 : 카페 내부
- 테크닉 : 크기 원근법, 중첩 원근법, 공기 원근법 활용하기

● **SETTING**
- 캔버스 크기: 3000×3000(px)
- 해상도: 300DPI
- 컬러 모드: RGB

01. 먼저 스케치를 합니다. 전체적인 모양을 생각해 구도부터 잡아 주세요. 뒤쪽에는 카페 카운터를, 앞쪽에는 테이블을 배치합니다.

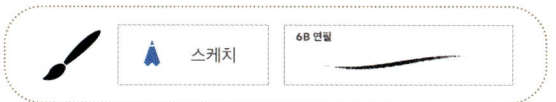

02. 이어서 사람과 다양한 소품을 더해 봅니다.

03. 뒤로 갈수록 사람과 소품을 작게 그리면 원근이 느껴지겠죠?

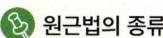 **원근법의 종류**
- **중첩 원근법**: 겹쳐 그려진 것 중 뒤에 있는 것이 멀리 있는 것입니다.
- **공기 원근법**: 흐리게 표현된 것이 멀리 있는 것입니다.
- **크기 원근법**: 작은 것이 멀리 있는 것입니다.

04. 스케치를 흐리게 깔고, 새 레이어에 앞쪽의 주인공부터 선으로 그려 줍니다.

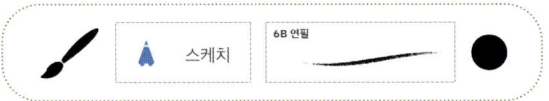

05. 아래에 또 다른 레이어를 만들어 색칠합니다.

06. 앞쪽의 잎을 그려 주어요. 외곽선 없이 채색만 합니다. 나중에 흐림 효과를 줄 거예요. 각각의 단계마다 레이어를 달리 해 주세요.

07. 뒤쪽에 보이는 테이블을 그립니다. 주인공 빼고는 모두 외곽선이 없이 그릴 거예요.

테이블 ● ● ●

08. 테이블에 앉은 사람과 테이블 위 음료를 그립니다.

인물2 ● ● ● ● ● ●
컵 ● ○

09. 사람과 테이블에 살짝 가려진 의자도 그립니다.

의자 ● ●

10. 화분과 카운터 주변의 사람도 그려 주어요.

11. 카운터를 그립니다. 먼저 회색으로 구역을 정하고 안쪽을 묘사하면 편해요. 안쪽을 그릴 때 [알파 채널 잠금]을 하면 빠져나갈 염려 없이 그릴 수 있겠죠?

12. 카운터 위에 커피 머신과 컵, 다른 디테일도 그려 줍니다. 이때는 [알파 채널 잠금]을 해제하거나 다른 레이어에 그려 주면 됩니다.

13. 맨 아래에 새 레이어를 만들어 가장 뒤쪽에 있는 기둥과 벽, 바닥을 칠해 줍니다. 전등도 그려 주세요. 클리핑 마스크 또는 알파 채널 잠금을 해서 약간의 질감도 표현해 보아요.

질감 입히기 ▶ p.115, p.179

TIP
질감의 경우 농도를 조절해 살짝 얹는 것처럼 칠합니다. 자연스러운 느낌을 알아보세요.

14. 진열대를 그린 다음 테이블과 의자 아래에 그림자를 살짝 넣어 보세요. 그림자는 회색으로 그리는 것 보다 검은색으로 그린 뒤, 불투명도를 조절해 아래쪽이 비치도록 그리는 것이 자연스럽습니다.

15. 이제 깊이를 더하는 효과를 줄 차례예요. 물론 지금 상태에서 완성해도 좋습니다. 먼저 앞쪽의 잎을 [조정( )> 가우시안 흐림 효과]로 흐리게 만듭니다. 선택 후, 펜을 대고 오른쪽, 왼쪽으로 움직이면 정도를 조정할 수 있어요. 그림 앞쪽에 있는 잎에 흐림 효과가 적용되며 주인공이 더 돋보입니다.

16. 이어서 뒤에 있는 테이블과 사람, 화분까지 한 덩어리로 생각하고 흐림 효과를 줍니다. 마지막으로 맨 뒤의 모든 것을 더 흐리게 해 주어요. 그림의 뒤쪽으로 갈수록 흐림 효과가 더해지며 깊이가 생깁니다. 효과를 주지 않은 그림과 비교하며 살펴보세요. 이렇게 뒤로 갈수록 그림을 흐리게 표현하는 원근법을 '공기 원근법'이라고 합니다.

🌱 TIP
그룹 상태에서는 효과가 적용되지 않습니다. 레이어를 보관하고 싶다면, 그룹을 통째로 복제한 후, 복제된 그룹을 병합하여 사용하세요. 원본은 보이지 않게 체크를 해제하면 됩니다. 레이어 수의 한계에 도달해 복제가 되지 않으면, 레이어가 살아 있는 그림을 두고 그림 채로 복제하여 다른 그림에서 레이어를 병합해 효과를 주는 방법도 있습니다.

17. 동적인 것을 표현하고 싶을 때는 [투시도 흐림 효과]를 선택해 봅니다. 두 가지 방향성이 제시되는데 첫 번째 방향성은 원을 중심으로 사방으로 퍼지는 것이고, 두 번째 방향성은 화살표 방향으로 모이게 만드는 것입니다.

18. 여기서 디테일을 한 가지 더해 볼까요? 주인공 레이어를 복제합니다. 형태를 선택해 [수직 뒤집기]를 한 번 하고, [왜곡]을 선택해 그림 속 아이패드에 맞게 조절합니다.

형태에 맞게 이미지 변형하기 ▶ p.384

19. 불투명도를 낮춘 다음 튀어나온 곳을 보며 지우개로 지워 정리합니다. 불투명도를 다시 높여 주세요.

🌱 레이어 구성

20. 카페의 주인공을 내 모습으로 바꿔 그려 보고, 방문했던 다른 카페의 모습도 그려 보세요.

▲ 떠기 님 캐릭터

▲ 채민 님 캐릭터

그리기 가이드로 1점 투시 그림 그리기

갤러리

그리기 가이드를 이용해 투시 원근법을 알아보며 원근법이 적용된 그림을 그려 볼 거예요. 프로크리에이트 자체에서 원근을 쉽게 표현하기 위한 가이드를 제공하고 있지만, 원근법에 대해 모르고 있다면 활용하기가 쉽지 않습니다. 원근법에 대해 하나씩 알아보고 적용하는 그림까지 그려 봅시다. 먼저 1점 투시 그림을 그려 볼게요.

- **KEYWORD**
  - 툴: 그리기 가이드 > 원근(1점 투시)
  - 소재: 갤러리
  - 테크닉: 1점 투시로 내부 그리기

- **SETTING**
  - 캔버스 크기: 4000×3000(px)
  - 해상도: 300DPI
  - 컬러 모드: RGB

info 투시 원근법은 평면인 그림에 공간감을 줄 수 있도록 고안된 방법 중 하나입니다. 투시 원근법에는 1점 투시, 2점 투시, 3점 투시 등이 있습니다. 1점 투시와 2점 투시만 알아도 다양하게 활용할 수 있어요. 먼저 1점 투시 그림을 그려 보겠습니다.

01. [동작( ) > 캔버스 > 그리기 가이드]를 활성화하고, 아래쪽 [그리기 가이드 편집]을 눌러 줍니다. 아래 옵션에서 [원근]을 선택하고, 캔버스의 중간에 점을 콕 찍어 줍니다. 선과 함께 가운데 점이 생깁니다. 진한 선이 지평선이고, 나의 눈높이가 됩니다. 점은 시선이 모이는 점, 소실점입니다. 소실점이 1개라서 1점 투시라고 부르는 것입니다. 이 점은 항상 지평선 상에만 존재합니다. 이것이 투시법의 기본 법칙이며 이것이 비틀어지면 원근법에 어긋나 그림이 어색해지지요. 이제 [완료]를 눌러 그림으로 돌아간 다음 1점 투시를 익혀 봅시다.

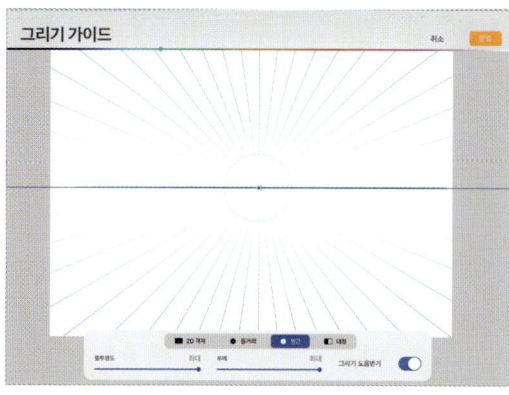

 TIP
- 지평선 = 나의 눈높이
- 소실점 = 내 시선이 모이는 점
- 소실점 1개 = 1점 투시
- 소실점을 드래그해 움직일 수 있습니다. 소실점을 터치하면 삭제할 수 있는 옵션이 뜹니다.

02. 이 모습이 1점 투시의 기본입니다. 1점 투시는 입체의 정면을 바라볼 때의 원근을 나타내도록 고안되었어요. 따라서 1점 투시에서의 입체는 항상 한쪽 면이 정면입니다. 정면으로 보이는 상자를 그려 볼게요. 바로 앞에서 눈높이에 맞춰 바라보는 상자는 옆면이 보이지 않지요. 입체는 뒤쪽으로 가려져 있습니다.

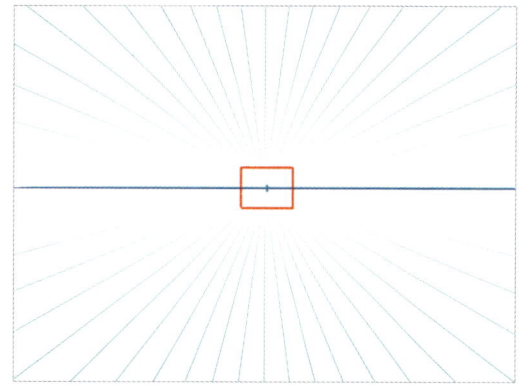

TIP
레이어의 [그리기 도우미]를 켜고 그려 보세요.

03. 그럼 눈높이를 기준으로 조금 옆에 있는 상자를 그려 볼까요? 우선 1점 투시에서 늘 보이는 정면부터 그려야겠죠. 눈동자만 왼쪽으로 돌려서 상자를 바라본다면, 상자의 오른쪽 면이 보일 것입니다.

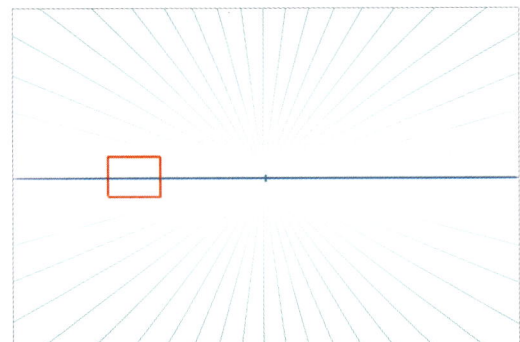

04. 정면이 아닌 면들의 각도는 소실점에서부터 나오는 선에 의해 결정됩니다.

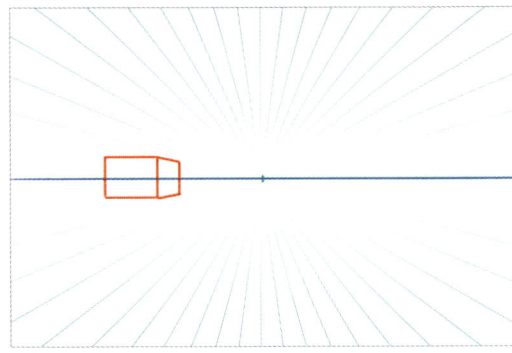

05. 이제 아래로 보이는 상자를 그려 봅시다. 먼저 정면을 그려 주세요.

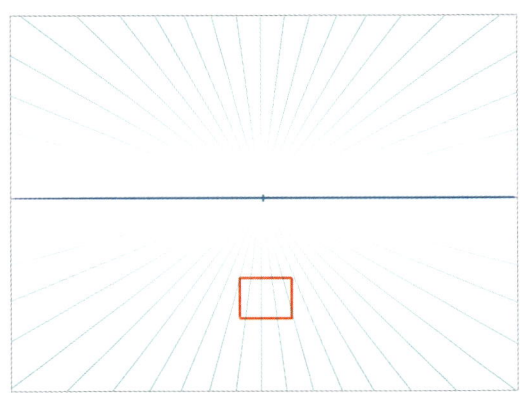

06. 소실점에서 아래로 내려다보니 상자의 윗면이 보입니다.

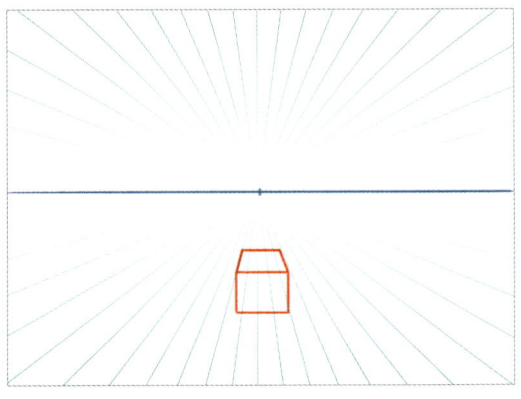

07. 소실점에서 오른쪽 아래로 위치한 상자를 그려 봅시다. 먼저 정면을 그립니다.

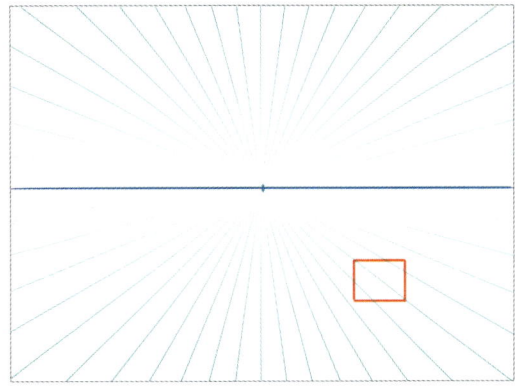

08. 아래에 위치해 있으니 윗면이 보일 것이고, 오른쪽을 바라보니 상자의 왼쪽 면이 보일 것입니다. 상자의 윗면과 왼쪽 면이 동시에 보입니다.

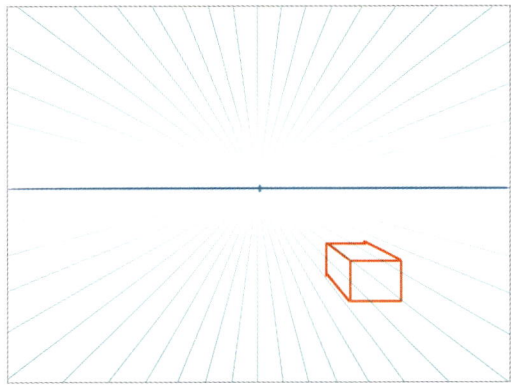

09. 그리기 가이드를 켜고 그리면 어렵지 않게 사방 면을 모두 그릴 수 있습니다. 상자를 그리며 1점 투시 원근에 대한 감도 익힐 수 있어요.

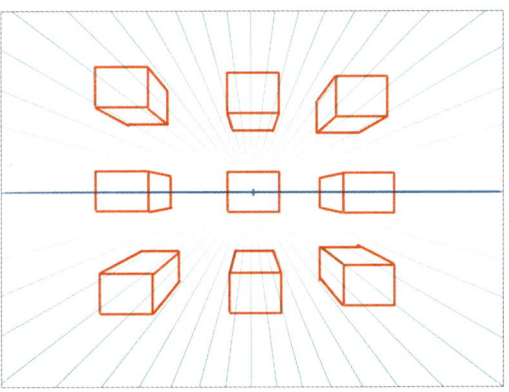

🐸 **1점 투시에서는**
- 입체의 한쪽 면은 항상 정면입니다.
- 정면으로 보이는 가로선은 지평선과 평행합니다.
- 정면으로 보이는 높이 선은 지평선과 수직입니다.
- 나머지 선은 소실점에서부터 나오는 선으로 결정됩니다.

10. 1점 투시 원근은 풍경을 그릴 때 특히 많이 사용됩니다. 큰 건물이나 물건도 커다란 상자라고 생각해 보세요. 사진을 보며 풍경 속 1점 투시를 찾아봅시다.

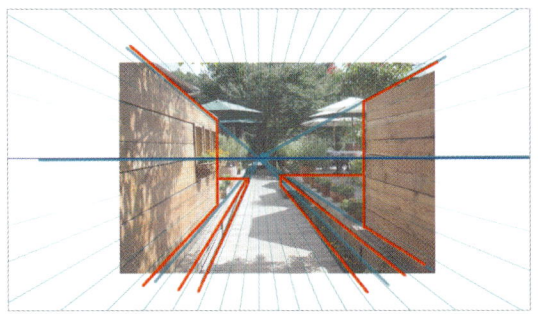

11. 그리기 가이드 원근을 선택하고, 캔버스의 오른쪽에 소실점을 찍어 주세요. 오른쪽에 소실점을 찍는다는 것은, 내가 캔버스의 오른쪽에 서 있다는 뜻입니다. 이럴 때 상자를 그린다면, 상자의 오른쪽 면이 더 많이 보이겠죠?

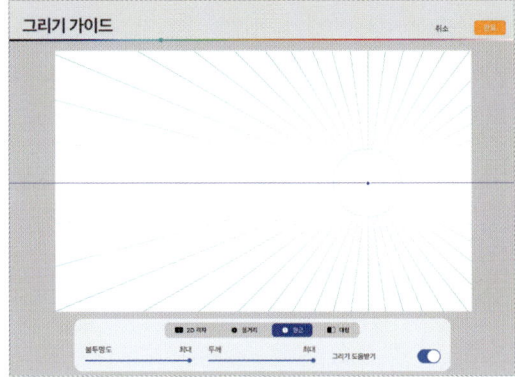

12. 먼저 내부 공간을 스케치합니다. 소실점을 중심으로 네모를 그려 주세요. 멀리 보이는 벽면 즉, 입체 공간의 정면에 해당하는 부분을 그립니다.

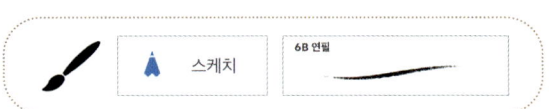

13. 그 네모의 꼭짓점에서부터 빠져나오는 선을 길게 그려 주어요. 이렇게 1점 투시의 내부 공간이 완성되었습니다.

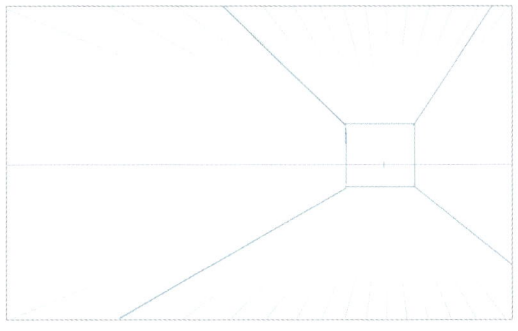

14. 갤러리 벽에 그림 액자도 걸어 봅시다. 액자의 가로선은 소실점에서 나오는 가이드 선에 따라 그어집니다. 정면으로 보이는 벽면에는 액자가 직사각형으로 그려질 거예요.

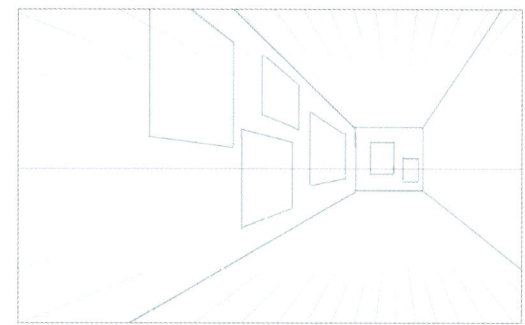

15. 다양한 크기로 여러 개의 액자를 그려 보세요.

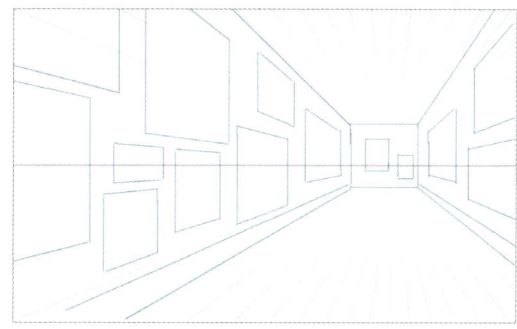

16. 스케치 레이어의 불투명도를 낮추고, 새 레이어에 펜선을 긋습니다. 스케치를 할 때처럼, 정면의 벽면과 사방으로 뻗어 나오는 선을 그리고 옆 공간을 먼저 그려 줍니다.

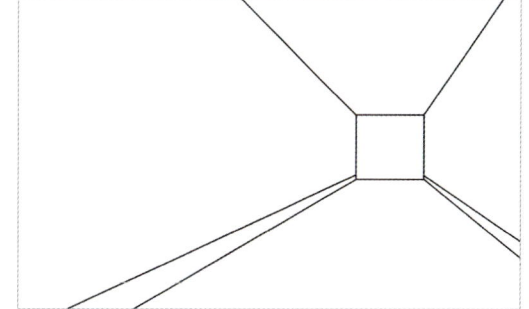

17. 액자를 그린 다음 액자의 두께를 표현합니다. 1점 투시에서는 입체일 경우 언제나 한쪽 면이 정면이라고 했지요. 이 경우에는 액자의 두께 부분이 정면인 셈입니다. 또한 지평선을 기준으로 그 위쪽에 걸린 액자는 밑면이, 아래쪽에 걸린 액자는 윗면이 보입니다. 지평선에 걸친 경우에는 두께만 보이고 액자의 밑면과 윗면은 보이지 않습니다.

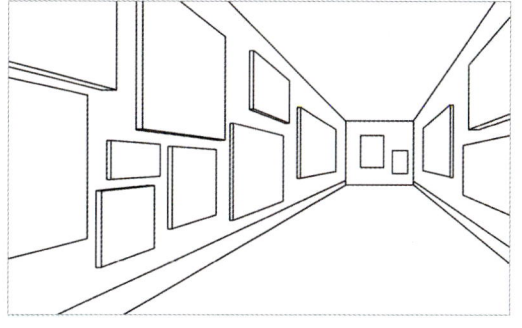

18. 위쪽에 조명을 그려 선을 완성합니다. 조명도 가이드 선을 따라 그리면 나란히 그릴 수 있어요. '퀵쉐이프' 기능으로 반듯한 느낌의 다른 선들과 느낌을 맞춰 그리면 좋겠지요.(퀵쉐이프 ▶ p.84) 1점 투시 원근법의 느낌이 제대로 나는 그림이 되었습니다.

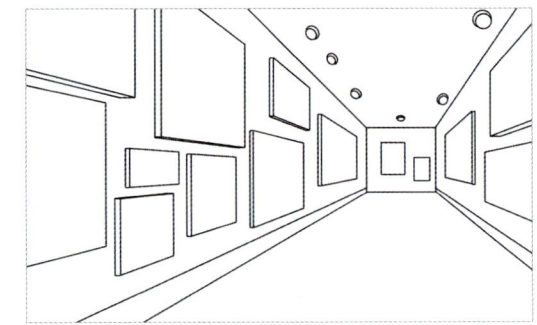

19. 이제 그림 액자 속에 앞서 그린 그림을 넣어 봅시다. 지금까지 그림을 복제해 올 때, 그림 안으로 들어가 [캔버스 복사]를 했지요. 이번에는 조금 다른 방법을 써 볼게요. 갤러리 상태에서 가져오고 싶은 그림에서 왼쪽으로 쓱 밀면 다음과 같은 옵션이 뜹니다. 그중 [공유]를 눌러 주세요. 전체로 된 하나의 그림이 필요하므로 이미지 형식은 [JPEG]를 선택합니다.

20. 이어서 나오는 옵션에서 [이미지 저장]을 선택해 아이패드 갤러리에 저장합니다. 이렇게 저장한 그림을 [동작(🔧) > 추가 > 사진 삽입하기]를 통해 그림에 가져오면 됩니다. 원하는 그림을 하나씩 가져올 때는 이 방법을 사용하면 되어요.

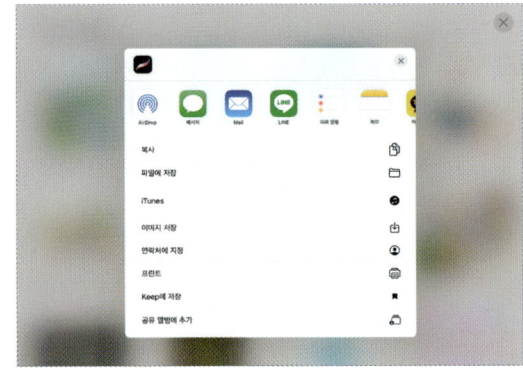

21. 하지만 지금처럼 여러 가지 그림이 필요할 때, 한 번에 저장하는 방법도 있습니다. 갤러리 모드에서 위쪽의 [선택]을 눌러 주세요.

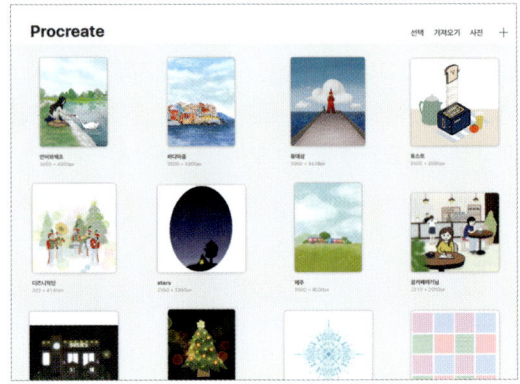

22. 그림을 선택할 수 있도록 그림의 제목 앞에 동그라미 모양의 선택 항목이 생깁니다. 그곳을 눌러 원하는 그림을 모두 선택합니다. 그 다음 위쪽 메뉴에서 [공유]를 눌러 위와 같은 방법으로 원하는 이미지를 기기에 저장하면 됩니다.

23. 이렇게 저장한 그림을 액자에 넣기 전에 해야 할 일이 있습니다. 그림 넣을 부분을 제외한 나머지에 흰색 페인트를 칠하는 것입니다. 이 작업을 해야 추가한 그림이 액자 범위를 넘어도 보이지 않습니다. 먼저 선 레이어 아래에 새 레이어를 만들고 [컬러 드롭]을 사용해 흰색을 가득 채웁니다. 다시 선 레이어를 선택하고, [선택(S) > 자동]을 선택해 액자 부분만 펜슬로 콕콕 찍어 선택합니다.

자동 선택 영역 조절 ▶ p.239

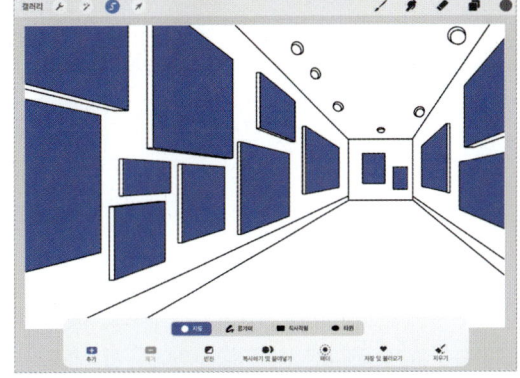

24. 그 다음 흰색 레이어의 썸네일을 눌러 옵션에서 [지우기]를 선택합니다. 전체적으로 흰색으로 칠해진 상태에서 그림이 들어가야 할 액자 부분만 남겨진 상태가 됩니다. 이제 그림들을 [사진 삽입하기]로 하나씩 가져옵니다.

여러 그림 한 번에 가져오기(멀티태스킹) ▶ p.346

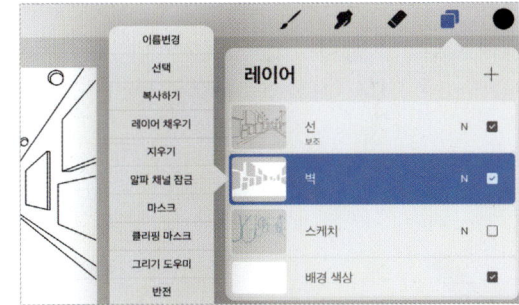

25. [형태(↗) > 균등]으로 그림을 액자 크기에 맞게 줄인 다음, [왜곡]으로 모양에 맞춥니다. 그림 또한 1점 투시에 맞게 액자 모양대로 변형하면 되겠지요.

형태에 맞게 이미지 변형하기 ▶ p.384

26. 이렇게 한 장, 두 장 지금껏 그린 그림들로 갤러리의 액자를 채워 보아요. 제법 갤러리 느낌이 납니다.

27. 그림 액자를 채웠다면, 그림을 모두 모아 하나의 그룹으로 만들어 둡니다. 이대로 완성해도 좋지만, 하나의 효과를 더 줄 거예요. 갤러리에 조명이 빠질 수 없겠죠? 스케치 레이어를 다시 켜서 조명에서부터 나오는 빛을 그립니다. 이때, 그룹으로 묶어 둔 그림은 체크 해제해서 잠시 안 보이게 하면 작업이 수월합니다.

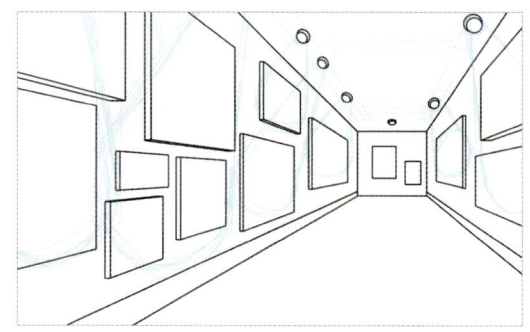

28. 맨 위에 새 레이어를 만들고, 검은색으로 채운 다음 불투명도를 30% 정도로 낮춰 주세요. 이어서 지우개를 선택해 어둠 레이어의 조명 부분을 지웁니다. 조명의 동그란 부분을 먼저 지우고, 스케치대로 빛을 지웁니다. 지우개도 브러시처럼 퀵쉐이프가 가능해요. 그 기능으로 똑바른 직선과 곡선을 그려 안쪽을 지우는 방식으로 진행하면 편합니다.

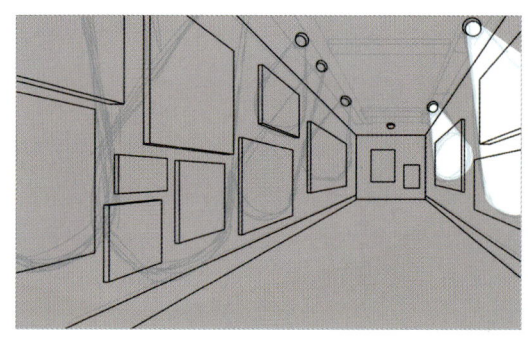

🟢 **TIP**

흰색으로 칠한 벽에서 액자 부분만 지운 것과 같이 조명을 선으로 먼저 그린 뒤, 나중에 어둠 레이어에서 삭제하는 방식을 선택해도 됩니다.

29. 이렇게 모든 빛 부분을 지워 주어요. 정면의 벽면을 비추는 조명도 추가합니다. 그림을 그리는 과정에서 잊은 게 있다면 언제든 추가할 수 있다는 것도 디지털 드로잉의 장점이지요. 어둠의 불투명도도 원하는 만큼 조절해 주세요.

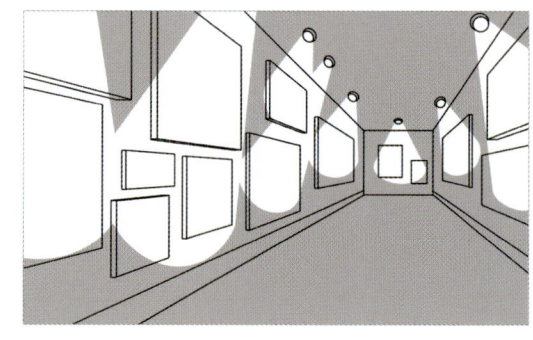

30. 그림 그룹의 레이어를 다시 켜면 갤러리가 완성됩니다.

31. 조명의 색상을 바꾸고 싶다면 어둠 레이어의 밝은 부분만 선택해 새 레이어에 다른 색을 채운 뒤, 불투명도를 조절해주세요. 이 방법으로 바닥의 색을 바꾸는 등 다양하게 활용할 수 있어요. 내 그림으로 갤러리를 채워 봅시다.

 레이어 구성

32. 1점 투시를 활용한 다른 그림도 살펴보세요.

그리기 가이드로 캔버스를 벗어나는
1점 투시 그림 그리기, 사진 합성하기

창밖 풍경

1점 투시 그림 그리기 두 번째 연습입니다. 때로는 소실점이 종이를 벗어나 존재할 수 있습니다. 그것과 함께 사진 합성, 캐릭터 그리기를 모두 응용해 보아요.

● KEYWORD
- 툴: 그리기 가이드 > 원근(1점 투시)
- 소재: 창밖 풍경
- 테크닉: 캔버스를 벗어나는 1점 투시, 사진 합성하기

● SETTING
- 캔버스 크기: 3000×2700(px)
- 해상도: 300DPI
- 컬러 모드: RGB

01. 사진을 참고해 그림을 그릴 거예요. 사진을 보면 시선이 한 곳으로 모이는 '1점 투시'라는 걸 알 수 있습니다. 다만 소실점이 그림 밖에 존재하지요. 이럴 경우에도 [그리기 가이드]를 켜서 바깥쪽에 점을 하나 찍으면 됩니다. 잘못 찍었다면 드래그해서 움직이거나 점을 터치하면 나오는 삭제 메뉴를 선택하면 됩니다.

02. 사진을 보고 그리는 방법은 크게 두 가지가 있습니다. 하나는 밑에 사진을 흐리게 대고 그리는 방법입니다.

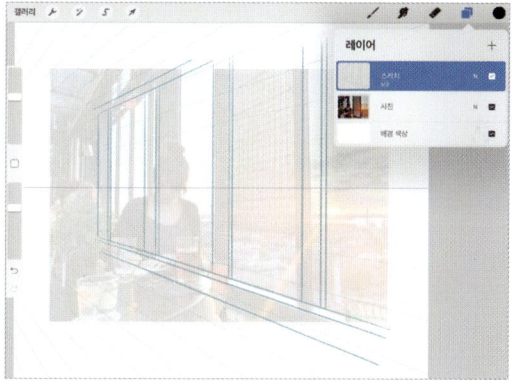

 TIP

만약 이 그림을 대고 그리고 싶다면, 책 속 사진을 찍은 다음 대고 그리면 됩니다. 필요 없는 부분을 선택해 지우거나, 필요한 부분을 선택하고 [반전]을 눌러 지우면 됩니다.

03. 다른 하나는 옆이나 위에 사진을 놓고 그리는 방법입니다. 캔버스 크기를 조절해 사진을 위한 공간을 확보해요.

캔버스 크기 조절하기 ▶ p.157

04. 사진을 참고해 스케치한 다음 스케치 레이어의 불투명도를 낮추고, 새 레이어를 만들어 선을 그려 주어요.

05. 투시에 맞춘 창문을 그릴 때는 레이어 옵션의 [그리기 도우미]를 켜고 그립니다. 테이블과 사람, 그리고 뒤쪽의 창문은 서로 다른 레이어에 그려요.

06. 펜션이 완성되었습니다.

07. 아래에 새 레이어를 만들어 채색을 합니다. 인물과 테이블을 먼저 칠해 주세요.

08. 나머지 부분을 채색합니다. 창밖의 풍경은 사진으로 합성해 줄 거예요. 사진으로 합성할 경우 참고하며 그린 사진에서 본 풍경뿐 아니라 전혀 다른 풍경의 사진도 그림에 넣을 수 있다는 장점이 있습니다.

09. 위쪽에 새 레이어를 만들고, [선택(S) > 직사각형]으로 액자가 될 부분을 선택합니다. 이어서 아래쪽 [반전]을 누르면 선택 영역이 반전됩니다. 이 상태에서 색상을 검은색으로 설정하고, 레이어 옵션에서 [레이어 채우기]를 눌러 검은색 액자를 만듭니다. 그림이 한정되며 안정감이 생깁니다.

 TIP
액자 색은 취향대로 바꿔도 됩니다.

10. 이어서 새 레이어를 만들어 테이블 위 물건의 그림자를 표현합니다. 창밖에서 빛이 들어오는 느낌이 살아납니다.

11. 마지막으로 사진을 가져와 창문 밖에 놓으면 완성! 사진의 크기나 위치는 형태 툴로 조절할 수 있습니다.

12. 창밖에 다른 사진들을 합성하면 또 다른 분위기의 작품이 완성됩니다.

▲ 에린 님의 여행 사진들

레이어 구성

13. 풍경 사진을 담은 그림을 그려 보세요.

그리기 가이드로 2점 투시 그림 그리기

서핑 보드 숍

2점 투시를 배워 봅니다. 2점 투시는 소실점이 2개인 투시법으로 건물 외부를 그릴 때 많이 사용하는 방법이에요.

● KEYWORD
- 툴: 그리기 가이드 > 원근(2점 투시)
- 소재: 서핑 보드 숍
- 테크닉: 2점 투시로 건물 그리기

● SETTING
- 캔버스 크기: 4000×3000(px)
- 해상도: 300DPI
- 컬러 모드: RGB

● NOTICE
사진 파일은 책밥 홈페이지 자료실(www.bookisbab.co.kr/down)에서 다운받을 수 있습니다.

info 소실점이 2개이므로 시선이 양쪽으로 모이는 셈이며, 대상을 모서리 부분에서 보았을 때 적용하는 투시법입니다. 양쪽으로 선이 모이기 때문에 입체의 높이 선만 지평선에 수직으로 그어지고 나머지 선들은 양쪽의 점으로 모이는 선에 의해 각도를 가지게 됩니다.

01. [동작(🔧) > 캔버스 > 그리기 가이드]를 활성화하고, 아래쪽 [그리기 가이드 편집]을 눌러 줍니다. 아래 옵션에서 [원근]을 선택하고, 캔버스의 양쪽 끝에 점을 찍어 주세요. 선과 양쪽 끝에 점이 생깁니다. 이 선이 지평선이고, 나의 눈높이가 됩니다. 나는 대상의 모서리를 바라보며 양 점 사이에 서 있습니다.

> 👆 **2점 투시에서는**
> - 입체의 한쪽 모서리가 보입니다.
> - 정면으로 보이는 높이 선(모서리)은 지평선과 수직입니다.
> - 나머지 선은 소실점에서부터 나오는 선으로 결정됩니다.
> - 지평선 = 눈높이
> - 소실점 2개 = 2점 투시

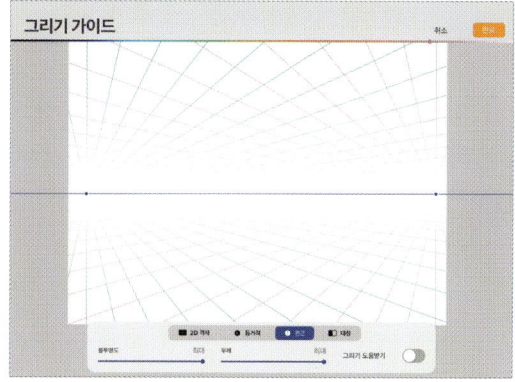

02. 중앙에 수직선을 하나 그어 봅니다. 지금 그리고자 하는 상자의 모서리입니다. 상자의 모서리를 정면으로 바라보고 있다면 양쪽 면이 모두 보이겠죠?

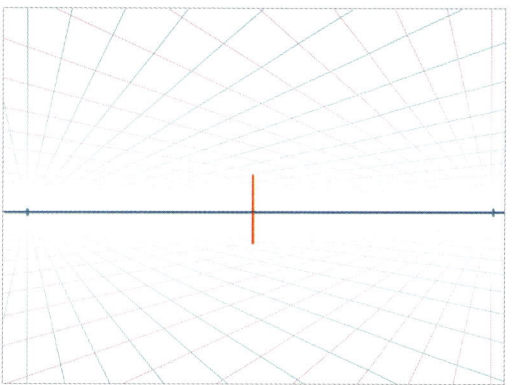

03. 먼저 오른쪽 면을 그립니다. 면의 가로선이 오른쪽 소실점으로 모입니다.

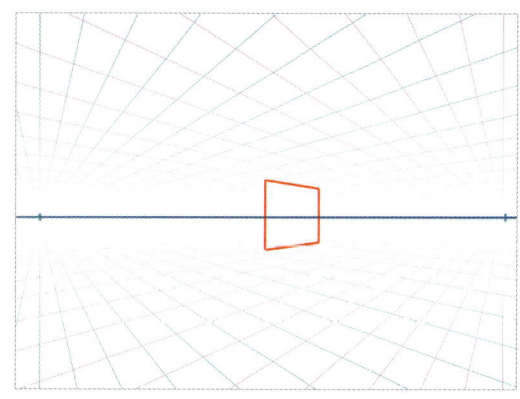

04. 왼쪽 면도 그립니다. 왼쪽면의 가로선은 왼쪽 소실점으로 모입니다. 이렇게 모서리를 정면에서 바라본 상자를 그렸습니다.

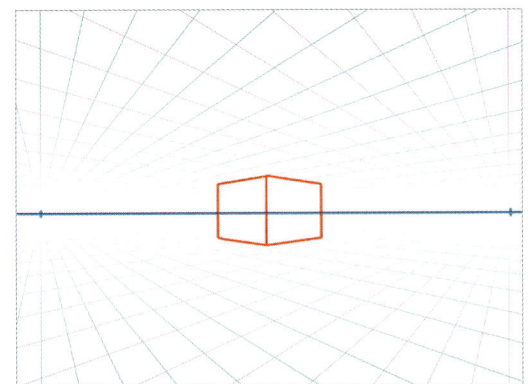

05. 눈높이보다 위에 있는 상자를 그립니다. 시선보다 위에 있으므로 상자의 밑면이 보입니다. 먼저 상자의 모서리를 그려 주세요.

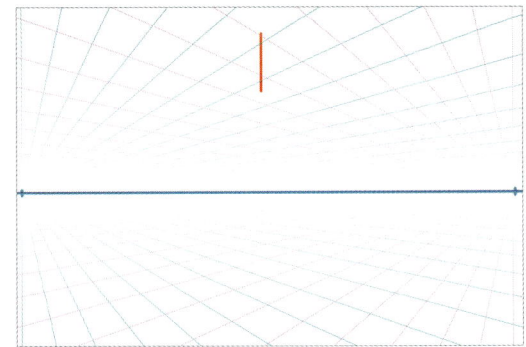

06. 2점 투시는 모서리에서 바라보는 것을 전제로 만들어진 투시법입니다. 따라서 어디에서 보든 양쪽 면은 늘 보입니다. 상자의 양쪽 면을 그려 주세요.

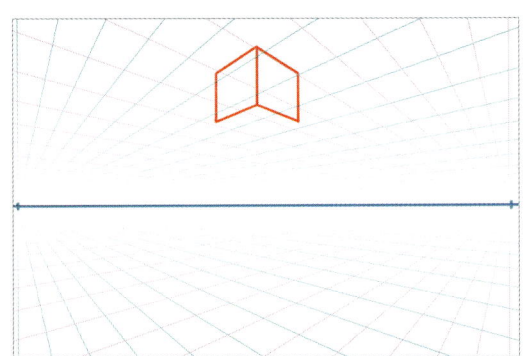

07. 상자의 밑면을 그립니다. 어떤 선이 어느 쪽 소실점으로 모이는지 잘 관찰해 보세요.

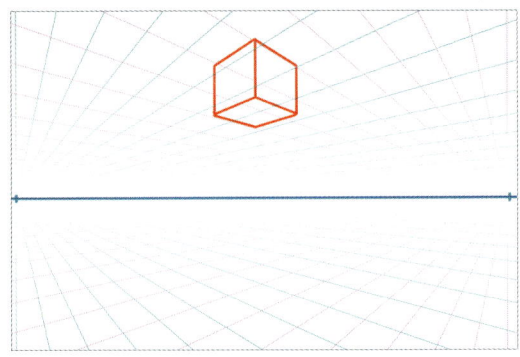

08. 1점 투시를 배울 때 그린 것과 같이 여러 방향에서 보는 상자를 그려 보세요. 길쭉한 상자, 납작한 상자로도 응용해 그려 봅니다.

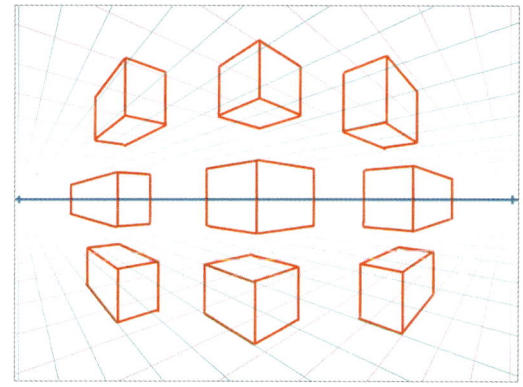

09. 건물도 큰 상자라고 생각하면 한결 그리기 쉬워집니다. 실내의 경우, 큰 상자의 내부를 들여다본다고 생각하면 되겠죠? 이제 2점 투시를 응용한 그림을 그려 봅시다.

 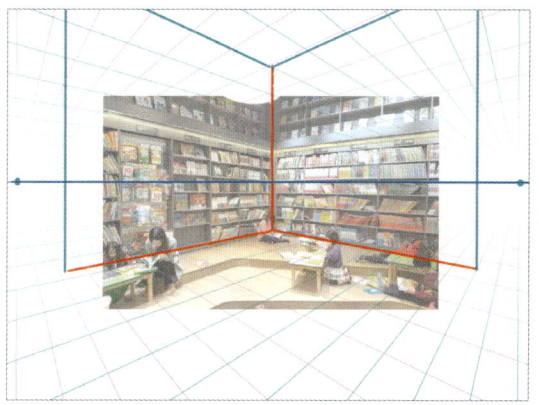

10. 2점 투시 또한 소실점이 화면 밖에 있는 경우가 있습니다. 화면 밖 양쪽에 소실점을 2개 찍어 줍니다.

11. 만약 소실점을 화면 안에 두고 싶다면, [동작(🔧) > 캔버스 > 잘라내기 및 크기 변경]을 통해 캔버스를 늘리면 됩니다.

12. 사진을 놓고 가이드 선을 참고해 그리기 가이드를 적용해 주세요. 커다란 상자 2개를 연결한 모양이라고 생각하면 됩니다. 연습을 위해 완성 그림을 사진 촬영해 대고 그려 보세요.

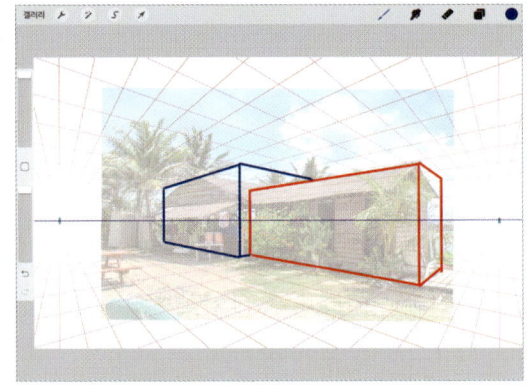

13. 스케치를 시작합니다. 사진을 대고 가이드를 그려 어느 정도 스케치한 다음, 사진을 옆에 두고 보면서 그리는 것이 가장 좋습니다. 사진을 대고 그릴 때는 앞에 있는 것부터 그립니다. 앞에 있는 나무부터 단순화해 그려 주세요.

> 💡 **TIP**
> 사진 대고 그리기는 선 연습과 표현력 연습에 도움이 됩니다. 사진 속 모든 것을 그리기보다 특징을 골라 그리는 것이 포인트예요. 자세하게 그릴 곳은 자세하게, 단순화할 곳은 과감하게 단순하게 그립니다. 이렇게 그리면서 사진을 보고 어느 부분을 골라 그리고, 어떤 느낌으로 단순화해 표현하는지 감을 얻게 됩니다.

14. 사진에 담긴 것 중 그림과 어울리지 않는 것은 과감히 삭제하고 사진에는 없는데 있었으면 하는 것은 그려 넣습니다. 바닥이나 구름도 단순화해 그립니다.

15. 모두 그렸으면 사진 레이어를 안 보이게 한 다음, 그려진 선을 보고 보완할 부분을 수정합니다.

16. 선 레이어 아래에 새 레이어를 만들어 채색을 해요. 색을 고르기 어려울 때는 스포이드로 사진에서 기본 색을 뽑아 한 레이어에 칠해 두고 그때그때 팔레트에서 색을 묻혀 쓰듯 사용합니다.

17. 나무 색도 여러 가지로 넣어 다채로운 느낌을 더합니다. 같은 색으로 칠할 부분은 외곽선만 칠한 뒤, 컬러 드롭으로 채우면 편하겠지요?

18. 좁은 면적이나 복잡한 부분을 칠할 때는 확대해 가면서 정교하게 채색합니다.

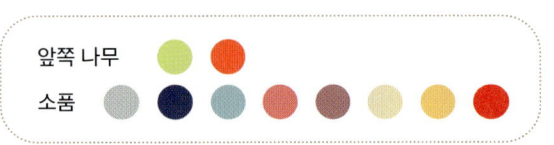

19. 맨 마지막에 구름을 칠해 줍니다. 구름은 다른 채색과 다른 레이어에 칠해 주세요.

🤚 레이어 구성

20. 이 상태로 완성해도 되지만 다른 효과를 더 넣어 보겠습니다. 먼저 채색 레이어를 정리할게요. 지금 단계에서 선 레이어를 보이지 않게 하면, 채색한 부분만 보입니다. 선 아래가 드러나기 때문에 채색 외곽이 지저분한 상태일 거예요.

21. 그럴 때는 선 레이어를 두 손가락으로 꾹 눌러 선택하거나 레이어 옵션에서 [선택]을 누른 다음, 이 상태로 채색 레이어의 옵션에서 [지우기]를 누릅니다.

22. 채색된 부분에서 선 부분이 싹 지워지기 때문에 외곽선이 깔끔하게 정리됩니다. 구름 레이어도 같은 방법으로 정리해 주세요. 선을 지우는 또 다른 방법은 선을 하얗게 만드는 것입니다. 마찬가지 방법으로 선 레이어 선택 후 채색 레이어에서 [레이어 채우기]를 누르면 됩니다. 또는 클리핑 마스크로 색을 햐얗게 채웁니다. 여기서는 선을 하얗게 만들어 줄게요.

 TIP

앞서 배운 방법은 선을 지운 다음 배경을 바꾸면 선이 배경색으로 보입니다. 선을 흰색으로 만들면 배경이 바뀌는 것에 상관없이 하얀 부분을 유지할 수 있습니다. 상황에 따라 알맞은 방법을 선택해 주세요.

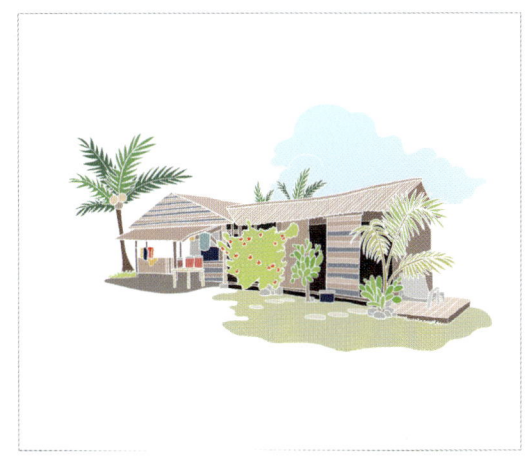

23. 채색 레이어에 클리핑 마스크를 만들어 위에 검은색으로 질감을 냅니다. 그리고 [소프트 라이트] 블렌딩 옵션을 선택해요.

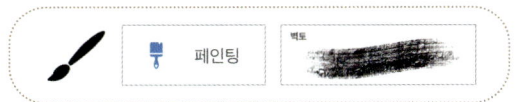

24. 질감이 살아 있으며 선 없이 부드러운 느낌의 그림이 완성되었습니다. 선이 있는 그림과 비교해 보세요.

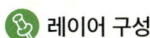 레이어 구성

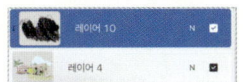

25. 구름을 하얗게 바꾸고 싶다면 구름을 흰색으로 칠하고, 하늘을 따로 둥글게 그려 완성해 보세요!

26. 바탕에 종이 질감을 넣어도 좋아요. 종이 질감 넣기 ▶ p.150

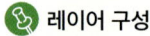 레이어 구성

27. 2점 투시로 그린 다른 그림도 참고하세요.

그리기 가이드로 등거리 공간 그리기

카페 내부

'딸기 우유'를 그리면서 배운 '등거리 가이드' 기억하나요? 이번엔 조금 더 많은 소품을 통해 등거리 투시에 익숙해져 봅시다. 등거리 투시는 늘 모서리를 바라본다는 점이 2점 투시와 비슷합니다. 두 투시법을 서로 바꿔 그릴 수도 있지요. 등거리 투시는 상대적으로 더 작은 소품을 그릴 때, 공간을 작은 느낌으로 표현할 때 많이 사용합니다.

● KEYWORD
- 툴: 그리기 가이드 > 등거리
- 소재: 카페 내부
- 테크닉: 등거리 공간 그리기

● SETTING
- 캔버스 크기: 2000×2000(px)
- 해상도: 300DPI
- 컬러 모드: RGB

01. 먼저 [동작(🔧) > 캔버스 > 그리기 가이드]를 활성화한 후, [그리기 가이드 편집]에 들어가 [등거리]를 선택해요. 가이드 선의 칸을 참고하며 등거리 공간을 그립니다. 세로선, 가로선 모두 같은 길이로 그려 주세요. 가이드 선의 격자 크기를 조절하고 싶다면 다시 [그리기 가이드 편집]으로 들어가 아래쪽 [격자 크기]를 조절합니다. 그리기 가이드 옵션 ▶ p.120

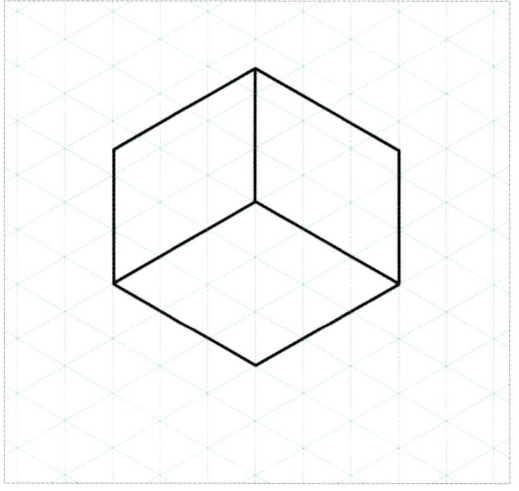

 TIP
레이어 옵션의 [그리기 도우미] 체크를 확인하세요.

02. 주변으로 선을 한 겹 더 그으면 공간의 두께가 표현되어 더 입체적으로 보입니다.

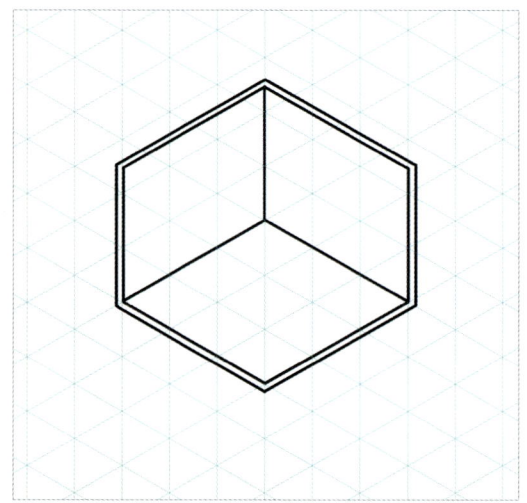

03. 새 레이어에 그리고 싶은 공간을 스케치합니다. 단순한 공간도 괜찮아요. 저는 카페의 내부 모습을 그렸습니다. 스케치할 때 그리기 가이드를 활용해도 좋습니다.

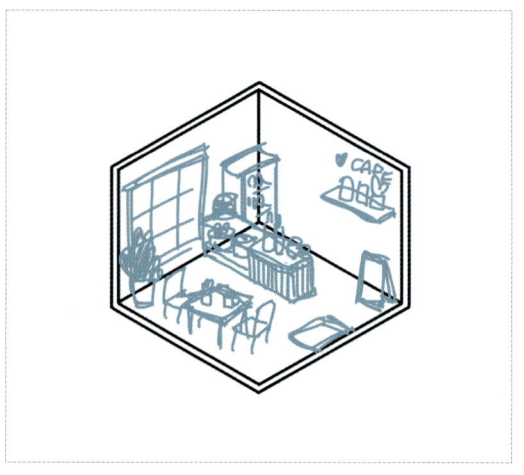

04. 스케치를 바탕으로 물건의 위치를 잡아 봅니다. 새 레이어에 소품의 바닥면을 그려 위치를 잡아 주세요.

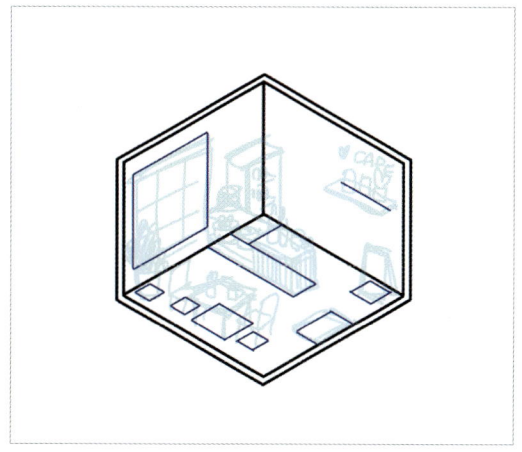

05. 스케치 레이어를 잠시 안 보이게 설정하고 공간을 채색합니다. 벽지와 바닥 색 등을 원하는 대로 꾸밀 수 있어요. 창문의 모양을 바꾸거나 창문에 커튼이나 블라인드를 달아도 좋겠지요.

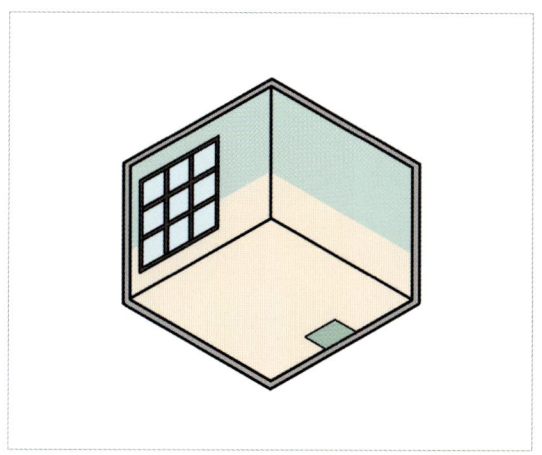 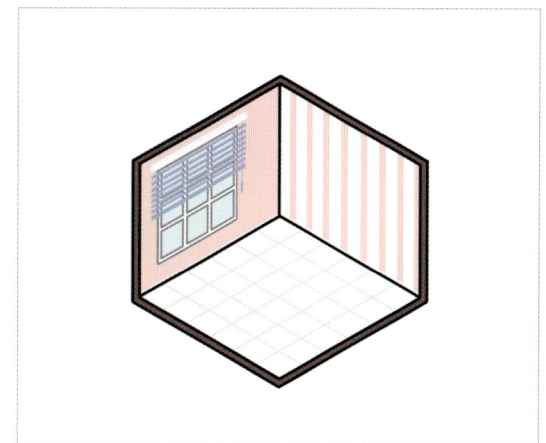

06. 이제 공간을 꾸밀 소품을 하나씩 그려 볼게요. 새 레이어에 [그리기 도우미]를 켠 상태에서 그려 줍니다. 먼저 테이블의 상판을 그려 주세요.

 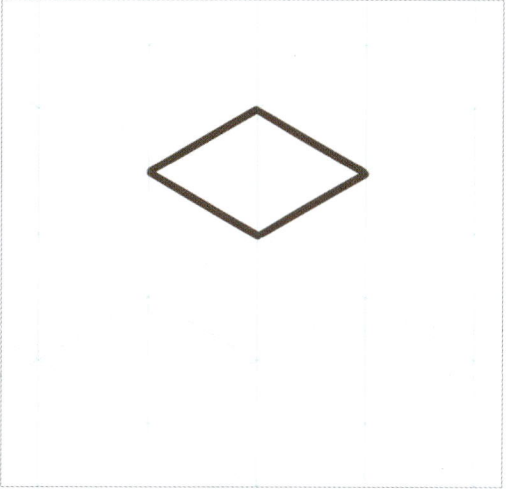

07. 이어서 상판의 두께를 표현하고, 다리를 그립니다. 가이드가 켜져 있어 쉽게 그릴 수 있어요.

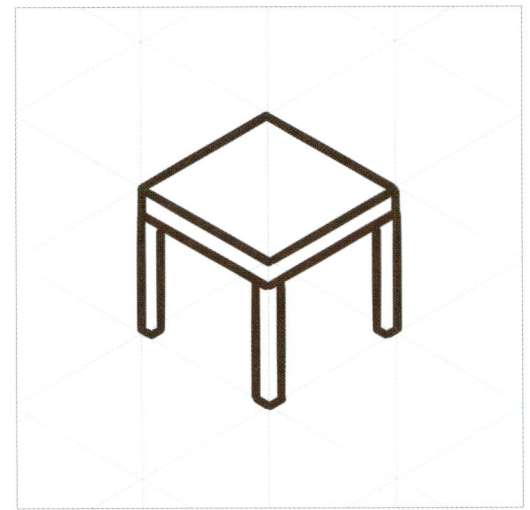

08. 양쪽에 의자도 두 개 그립니다. 외곽선은 검은색으로 통일해도 되고, 각각의 소품마다 다르게 해도 좋아요. 아이템은 각각의 레이어에 그려 줍니다.

09. 가이드가 되어 있지 않은 레이어를 만들어 작은 소품도 그립니다. 꾸며 나가는 재미가 있을 거예요.

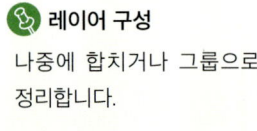 레이어 구성

나중에 합치거나 그룹으로 정리합니다.

10. 다음은 냉장고를 그립니다. 상자나 탁자를 그릴 때처럼 한 면씩 차근히 그려 주세요.

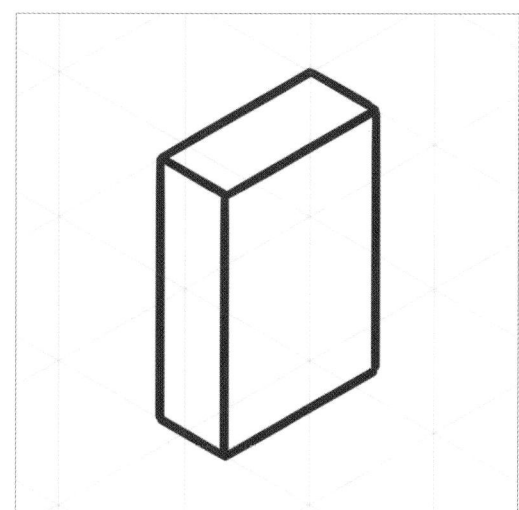

11. 앞쪽에 문을 달아 주세요.

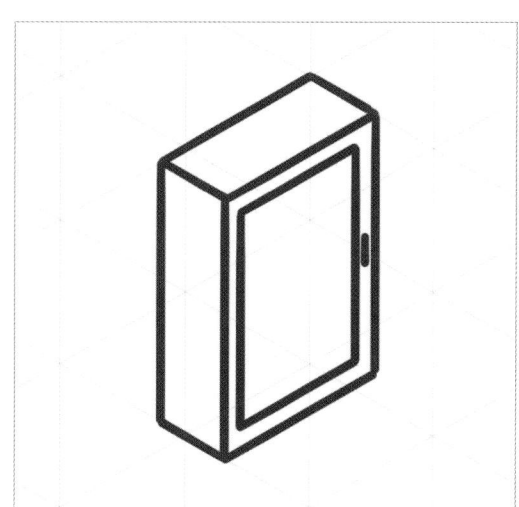

12. 안쪽에는 선반을 그립니다. 등거리 가이드를 켜고 그리면 자동으로 각도에 맞춰 선이 그려지니 어렵지 않지요.

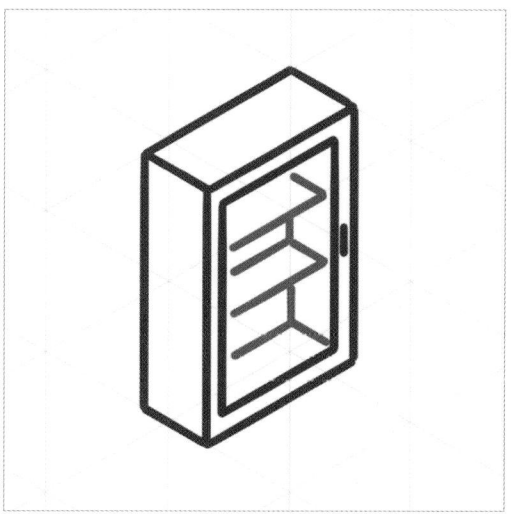

13. 아래에 채색 레이어를 만들어 냉장고를 칠합니다. 투명한 문은 위쪽 레이어에 하늘색을 칠한 뒤, 불투명도를 낮춰 안쪽이 비치도록 만듭니다. 흰색으로 빛이 반사되는 표현을 더해 주세요.

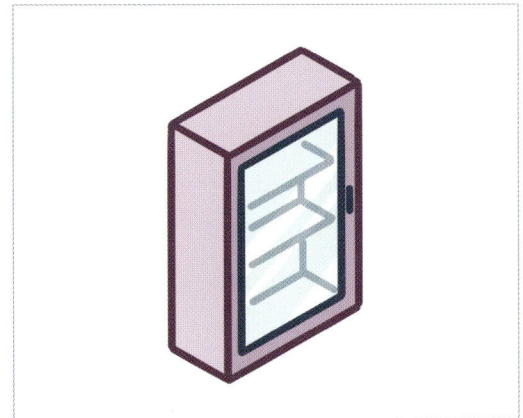

14. 냉장고를 채울 소품을 그려요. 선 없이 작고 귀엽게 그려 봅시다. 각각의 레이어에 그려도 되고, 하나의 레이어에 그린 후 선택 툴로 하나씩 '복사/붙여넣기'해 사용해도 됩니다.

15. 냉장고 선반에 소품을 나란히 넣어 주어요. 냉장고 문의 투명한 유리를 칠한 레이어보다 뒤쪽에 있어야겠죠. 이 부분은 냉장고 레이어 구성을 참고하세요.

냉장고 레이어 구성
모두 그린 후 종류별로 병합하여 정리합니다.

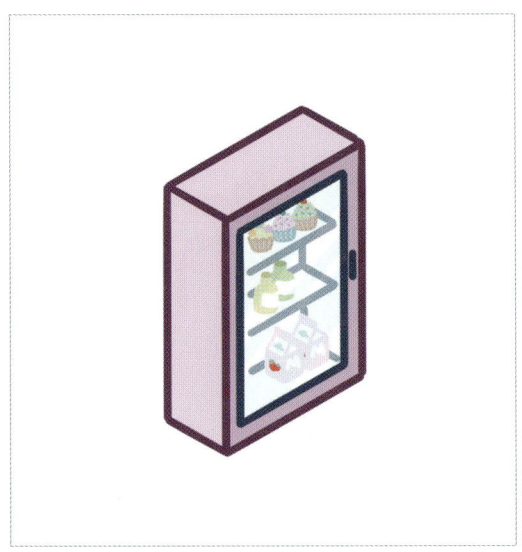

TIP
소품 그림을 선택해 냉장고에 넣을 때 선택한 그림의 안쪽을 집고 움직이지 않아도 되어요. 캔버스 아무 데나 집고 움직여도 됩니다.

16. 냉장고를 그린 순서를 떠올리며 쇼케이스도 그려 주세요.

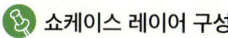 쇼케이스 레이어 구성

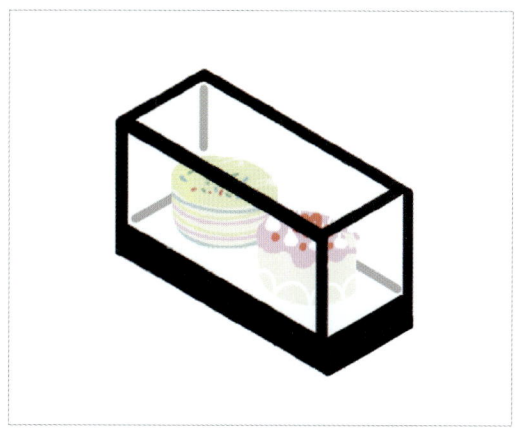

17. 공간에 배치할 소품을 하나둘 그려 봅니다. 그리고 처음에 계획한 대로 배치하면 되겠죠?

레이어 선택 제스처 ▶ p.70

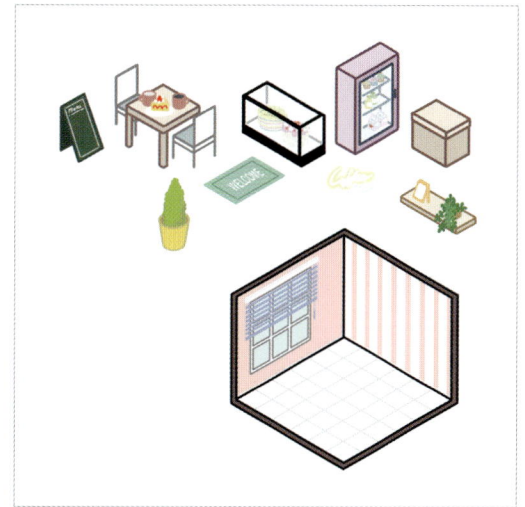

18. 모두 배치한 모습입니다. '나의 방'이나 '자주 가는 카페' 등 원하는 공간을 등거리로 그려 보세요.

 레이어 구성

19. 등거리 투시로 공간을 만든 다음, 오락기를 그려 보세요.

20. 다양한 오락기를 그려 오락실을 채웁니다.

21. 등거리로 그린 건물이 모이면 또 하나의 특별한 공간이 완성됩니다.

22. 등거리는 2점 투시와도 연결됩니다. 같은 공간을 2점 투시로도 그려 봅시다.

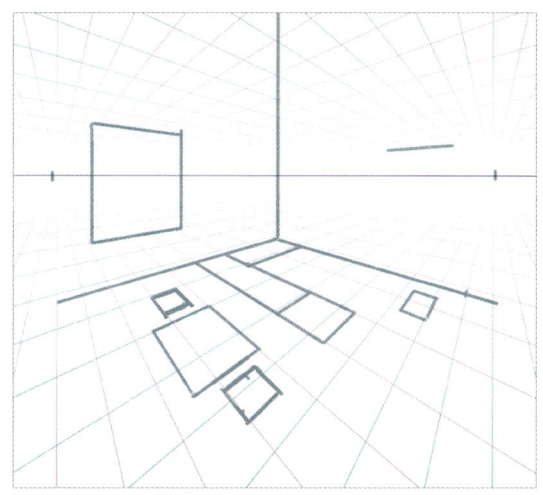 

🪑 그리기 가이드는 기울일 수도 있습니다!

'2D 격자, 등거리, 대칭'의 경우 화면에 보이는 초록색 점을 잡고 원하는 방향으로 기울이면 됩니다.
'원근'의 경우에는 그림을 똑바로 그린 다음 캔버스 자체를 기울일 수도 있지만, 처음부터 가이드를 기울여 진행할 수도 있어요! 원근 가이드의 경우 지평선을 기울이면 완전히 새로운 분위기의 그림을 그릴 수 있습니다. 2점 투시는 한쪽 점을 잡고 기울이면 되고, 1점 투시는 2점을 만들어 기울인 다음 한 점을 삭제하면 됩니다.

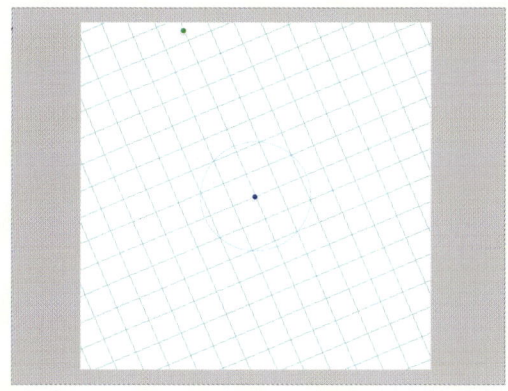 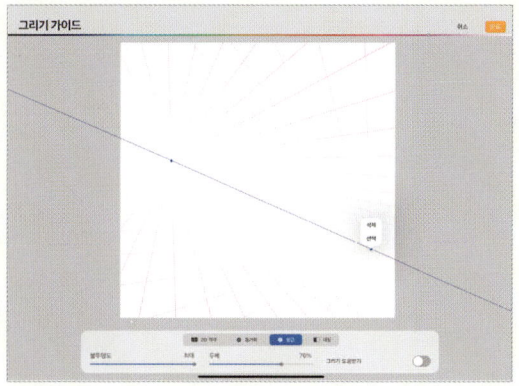

그리기 가이드로 3점 투시 그림 그리기

퀘백의 호텔

마지막으로 '3점 투시 맛보기'를 해 봅니다. 지금까지 여러 가지 원근법으로 그림을 그렸지요. 중첩, 크기, 공기 원근법부터 투시 원근법인 1점 투시, 2점 투시 그리고 등거리 투시까지요. 3점 투시는 1, 2점 투시에 비해서 많이 사용되지는 않지만 알아 두면 좋습니다.

● **KEYWORD**
- 툴: 그리기 가이드 > 원근(3점 투시)
- 소재: 퀘백의 호텔
- 테크닉: 3점 투시를 활용해 건물을 다양한 방법으로 그리기

● **SETTING**
- 캔버스 크기: 4000×3000(px)
- 해상도: 300DPI
- 컬러 모드: RGB

● **NOTICE**
사진 파일은 책밥 홈페이지 자료실(www.bookisbab.co.kr/down)에서 다운받을 수 있습니다.

info 3점 투시도 다른 투시법과 마찬가지로 나의 눈높이인 지평선이 있고, 지평선 상에 점이 2개 있습니다. 여기까지는 2점 투시와 동일합니다. 하지만 '3점 투시'이므로 점이 하나 더 있어야겠죠? 그 점은 지평선 위에 있을 수도 있고, 아래에 있을 수도 있습니다. 3번째 점을 위에 찍으면, 아래에서 위를 올려다보는 장면, 아래에 찍으면 위에서 아래를 내려다보는 장면이 연출됩니다. 아래의 그림을 그리며 감을 잡아 봅시다. 더 자세한 원근법 공부를 하고 싶다면, 《차근차근 배우는 드로잉 원근법》 책을 참조해 주세요!

01. [동작(🔧) > 캔버스 > 그리기 가이드]를 활성화하고, 아래쪽 [그리기 가이드 편집]을 눌러 줍니다. 아래 옵션에서 [원근]을 선택하고, 2점 투시처럼 캔버스의 양쪽 끝에 점을 찍어 주세요. 그리고 위쪽에 하나 더 찍어 줍니다. 이것이 3점 투시의 기본입니다.

> 🧤 **3점 투시에서는**
> - 입체의 한쪽 모서리가 보입니다.
> - 높이 선 중 3번째 점과 지평선이 수직으로 만나는 선 하나만 수직선입니다.
> - 나머지 높이 선은 3번째 소실점에서부터 나오는 선으로 결정됩니다.
> - 지평선 = 눈높이
> - 소실점 3개 = 3점 투시

02. 대상의 모서리를 바라보는 것과 물체의 양쪽 면이 보인다는 점은 2점 투시와 같지만, 2점 투시는 높이 선이 모두 지평선에 수직인 반면 3점 투시는 3번째 점과 지평선이 수직으로 만나는 선 하나만이 수직입니다. 나머지 높이 선은 3번째 점에서 나오는 선들로 각도가 결정됩니다. 3번째 점과 지평선이 수직이 되는 선을 그어 봅니다. 지평선에 살짝 걸쳐 있습니다.

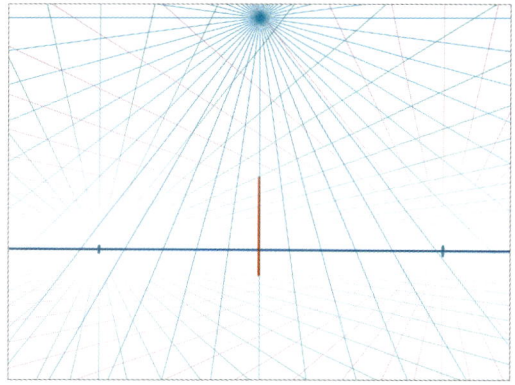

03. 양쪽 면을 그립니다. 양옆의 높이 선이 위의 소실점으로 모입니다. 앞서 배운 2점 투시로 그린 상자와 비교해 보세요.

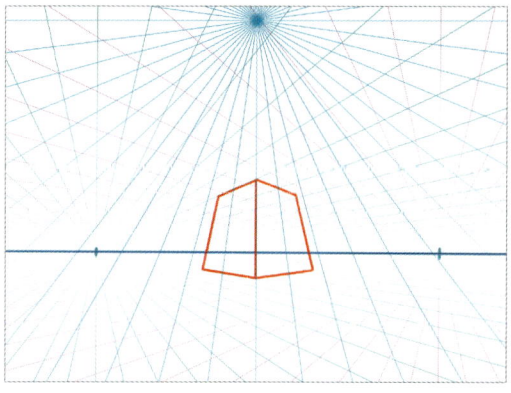

04. 눈높이 위에 있는 상자도 그립니다. 2점 투시로 그린 상자보다 위쪽으로 원근이 더 생기며 다이내믹한 느낌이 듭니다.

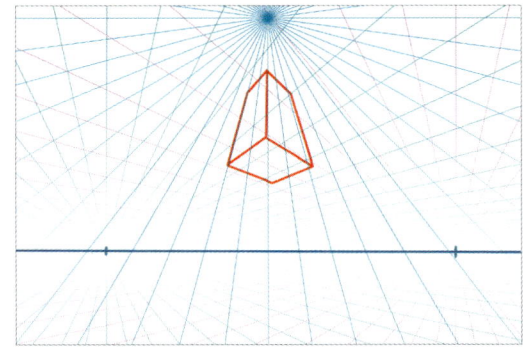

05. 오른쪽에 있는 상자도 그립니다. 이 상자를 이루는 어느 선도 지평선과 수직을 이루지도, 평행을 이루지도 않습니다.

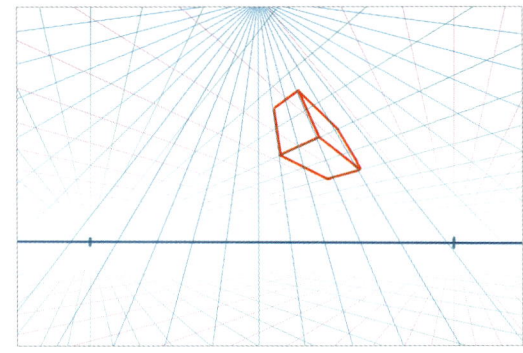

06. 같은 방식으로 여러 상자를 그려 보세요. 소실점 밖으로 벗어나게 그리면 왜곡이 심해집니다.

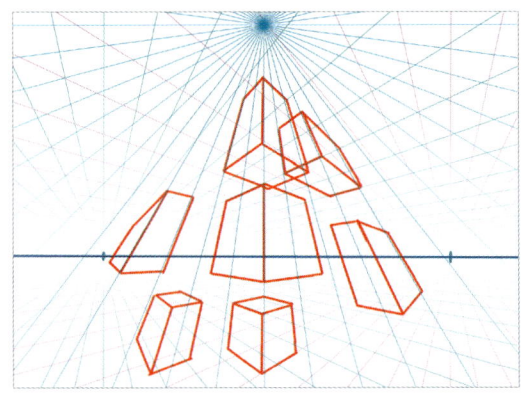

07. 위 그림을 180도로 회전하면 또 다른 느낌의 3점 투시 그림이 됩니다. 이와 같이 3점 투시는 2점 투시보다 다이내믹한 구도와 효과를 내고 싶을 때 많이 사용합니다.

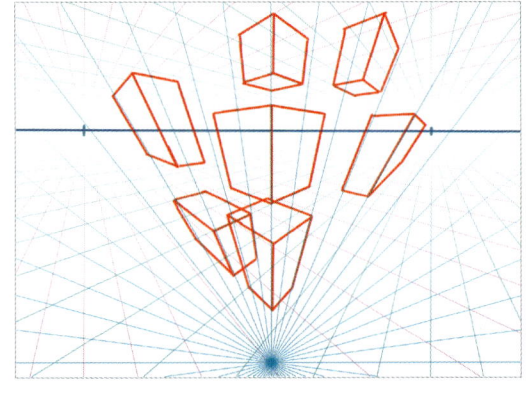

08. 이 사진을 그릴 거예요. 처음엔 어떤 투시법으로 그려야 할지 감이 오지 않을 것입니다. 하지만 한두 번 그리다 보면 어떤 사진을 보아도 어떻게 구도를 잡아야 할지 느낌이 올 거예요. 이 사진은 건물의 모서리에서 양쪽을 바라보며 찍은 사진이지요. 또한 높은 건물을 올려다보는 느낌이 들어요. 건물 양옆의 선도 하늘로 모이듯 대각선으로 된 것을 볼 수 있어요. 이런 이유로 3점 투시로 그리면 되는 것입니다.

09. 사진을 참고해 원근 가이드를 설정합니다. 가이드 선을 건물의 선과 얼추 맞아떨어지는 곳으로 조정합니다. 이 사진의 왼쪽 소실점은 그림 안쪽에 있고, 오른쪽 소실점은 그림 바깥쪽에 있습니다. 가이드 선과 사진을 맞추며 선이 어떻게 달라지는지 확인해 보세요. 두 점을 위치시켰다면 마지막으로 위쪽에도 점을 콕 찍어 봅니다. 사진을 잘 관찰하며 지평선과 수직이 되는 부분을 찾아보세요. 책에서 완성 그림의 사진을 찍어 대고 연습해 봅시다.

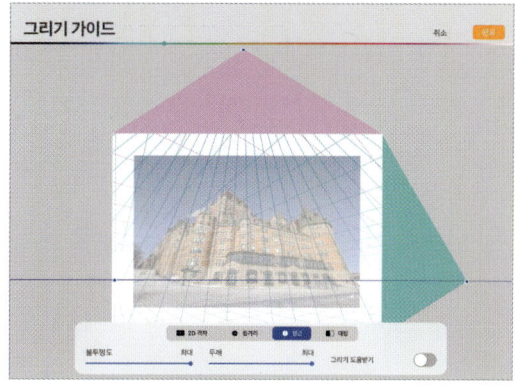

🟢 **TIP**

한 번 찍은 소실점은 드래그하며 얼마든지 위치를 옮길 수 있습니다. 사진은 렌즈 왜곡이 있어 그리기 가이드와 정확히 맞아 떨어지지 않는 경우가 많습니다. 투시법은 그림을 표현하기 위한 보조이므로 가이드에 딱 맞추려고 하지 않아도 괜찮습니다.

10. 그리기 가이드를 활성화한 후, 캔버스로 돌아와 스케치를 시작합니다. 투시 가이드 선을 만들어 스케치한 다음 선을 입히는 방법으로 그릴 수도 있지만, 이와 같이 3점 투시를 맞춰 둔 뒤에 사진을 대고 그릴 수도 있습니다. 스케치를 하면서 전체적인 형태를 파악하고, 사진에서 취할 부분과 버릴 부분을 생각하며 그립니다. 처음엔 스케치를 하면서 그리는 것이 도움이 되고, 익숙해지면 편하게 사진을 대고 그려도 좋습니다.

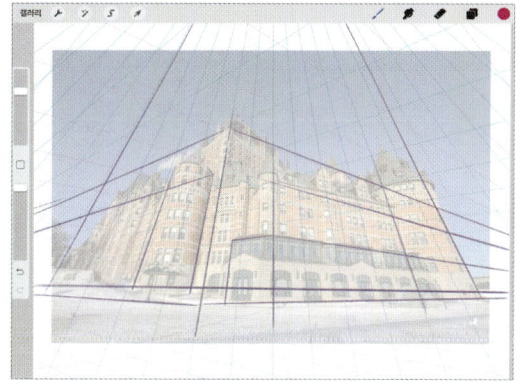

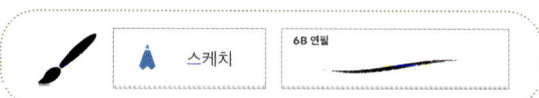

11. 사진을 대고 그릴 때도 원근법을 생각하며 그립니다. 그리기 가이드 선을 켜 둔 상태로 그리는 것도 방법입니다. 가이드 선을 켜고, 레이어 옵션에서 [그리기 도우미]를 켜지 않으면 가이드 선은 보이되 가이드대로 선이 그려지지 않으므로, 자유롭게 스케치를 할 때도 참고할 수 있어서 좋습니다.

12. 선을 완성하고 새 레이어에 옅게 채색합니다. 옆에 사진을 작게 띄워 놓고 분위기나 색감을 참고합니다. 스포이드로 사진에서 색을 뽑아 사용해도 좋아요.

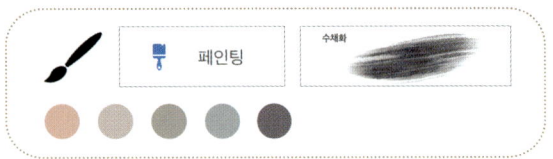 

13. 땅과 하늘도 칠해 완성합니다.

레이어 구성

14. 조금 더 심플하게 그릴 수도 있습니다. 스크래치 페이퍼를 만들어 심플하게 그려 봅시다. 배경색을 골고루 칠한 다음 검은색으로 덮어 주세요.

스크래치 페이퍼 만들기 ▶ p.153

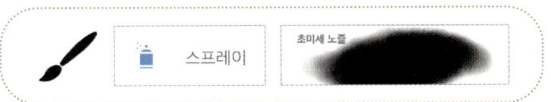

15. 스케치를 미리 한 다음 그려도 좋고, 이와 같이 사진을 원하는 위치에 놓은 뒤, 불투명도를 조절해 바로 그려도 좋습니다.

16. 사진을 참고하며 조금씩 심플하게 그려 나가요. 예쁜 건물이 스크래치 페이퍼로 표현되었습니다!

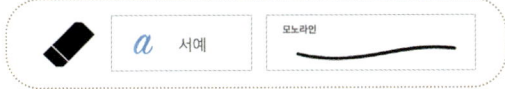

17. 앞서 디테일하게 그린 건물도 스크래치 페이퍼 효과를 줄 수 있습니다. 선 레이어를 손가락으로 꾹 눌러 선택한 다음, 검은색 레이어 옵션에서 [지우기]를 합니다. 이렇게 같은 그림도 다른 분위기로 완성할 수 있습니다. 디지털 드로잉의 아주 큰 장점이지요.

레이어 구성

처음부터 검은색 레이어를 지울 수도 있고, 반대로 그림을 그린 후 검은색 레이어를 한 번에 지워도 됩니다.

PART 3. 한 단계 더, 깊이 있게 배우기 | **289**

조정 메뉴의 색다른 필터들

예시 그림에 넣지 못한 업그레이드된 필터들을 소개합니다.

01. 조정 메뉴의 효과들은 적용 부분을 [레이어/Pencil]로 나누어 구체화할 수 있습니다. 레이어는 해당 레이어 전체에 적용되며, 펜슬은 펜슬로 그리는 부분만 적용되게 됩니다.

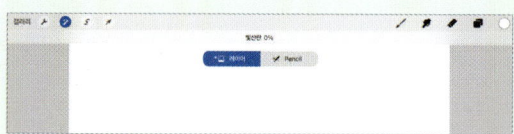

▲ 효과를 선택하면 위쪽에 효과의 이름과 %가 뜨고, 옆쪽의 ▼를 누르면 선택 메뉴가 뜹니다.

02. 필터들은 한 번 적용시켜 보고 움직여 보면 쉽게 알 수 있는 부분이므로 간단히 소개하겠습니다.

- **빛산란(Bloom)**
  빛이 들어오는 것 같은 산란 효과를 줍니다. 그림자와 빛을 표현할 때 유용합니다. 역시 미세 조정 메뉴들도 있습니다. 움직여 보면 쉽게 알 수 있답니다. 적용 후 화면에 펜슬을 대고 오른쪽, 왼쪽으로 밀어 수치를 조절할 수 있습니다. 위쪽에 파란 바와 함께 퍼센트가 뜹니다. 컬러 드롭의 퍼센트 조정과 요령이 같습니다! ▶ p.27

- **글리치(Glitch)**
  화면이 지직거리는 듯한 효과를 줍니다. 네 가지 옵션이 있으며 상세 조정도 가능해요! 마찬가지로 화면에 대고 오른쪽, 왼쪽으로 밀어 수치 조정이 가능합니다.

- 하프톤(Halftone)
해당 레이어에 물방울무늬를 입혀 줍니다. 마찬가지로 화면 위에 대고 좌우로 움직여 정도를 조절할 수 있습니다. 여러 가지 옵션도 있어요.

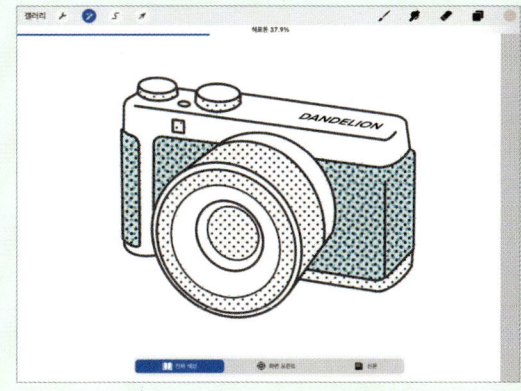

- 색수차(Chromatic Aberration)
카메라 렌즈에서 볼 수 있는 효과라고 하는데요. 미세 조절을 통해 과장하여 표현할 수 있습니다.

PART 4

Drawing with Procreate

플러스알파,
디지털 드로잉
세상 넓히기

도장 브러시 만들기

도장 브러시란, 도장처럼 찍으며 사용하는 나만의 브러시입니다. 내가 원하는 모양으로 만들어 사용할 수 있다는 큰 장점이 있지요. 스티커는 복사/붙여넣기 과정을 거쳐야 하지만, 도장의 경우 브러시로 등록하면 특별한 과정 없이 브러시 툴에서 바로 꺼내 쓸 수 있어 좋습니다.

● **SETTING**
- 캔버스 크기: 1000×1000(px)   • 해상도: 300DPI   • 컬러 모드: RGB

01. 도장 브러시를 만들기 위해 정사각형 캔버스에 무채색으로 도장이 될 그림을 그립니다. 다른 색으로 그려도 도장 브러시를 만드는 과정에서 자동으로 무채색으로 바뀔 거예요. 자주 쓰는 서명이나 도장, 자주 그리는 그림 등을 문구용 스탬프로 만든다 생각하고 그려 보아요. 캔버스 전체가 도장이 될 부분이라고 생각하면서 각각의 레이어에 그립니다. 레이어의 체크 표시를 끄고 켜며 [동작(🔧) > 공유 > JPEG]로 이미지를 각각 저장합니다.

> **TIP**
> - 도장 하나당 한 이미지로 저장합니다.
> - 사진이나 미리 그려 둔 그림도 도장 브러시로 만들 수 있습니다.
> - 정사각형 캔버스가 아니면 도장이 찌그러집니다.

02. 이제 새 브러시를 만들어 보겠습니다. 나만의 도장 카테고리를 먼저 만들어 보아요. 브러시 툴의 카테고리 쪽에 손가락을 대고 아래로 살짝 밀면 맨 위에 [+] 버튼이 나타납니다. 그 버튼을 눌러 새 카테고리를 만들어 주세요. '도장'이라고 제목을 써 넣어 봅니다.

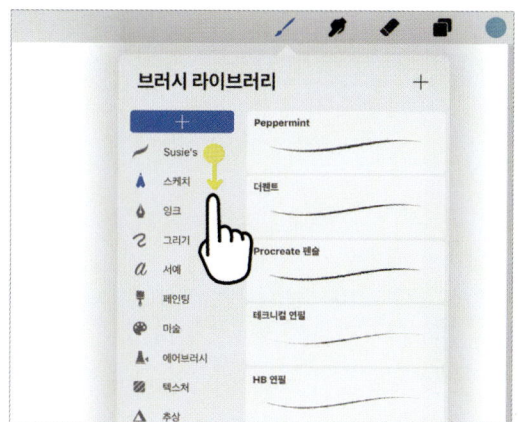

03. 제목을 바꾸고 싶다면 이름을 두 번 터치하거나 이름 앞에 있는 작은 아이콘을 눌러 옵션에서 수정합니다. 카테고리를 만든 직후에는 브러시 자리가 비어 있습니다. 오른쪽 위에 [+] 버튼을 눌러 새 브러시를 만듭니다.

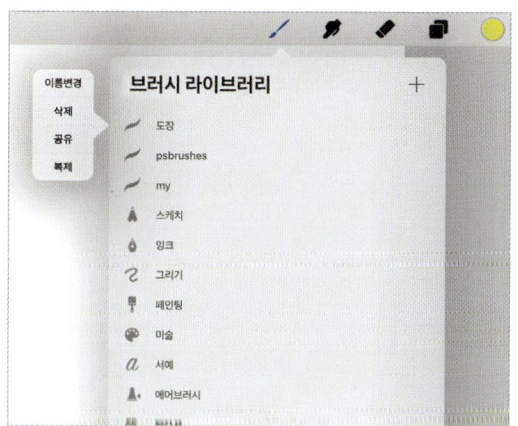

04. [모양 > 모양 소스 > 편집 > 가져오기 > 사진 가져오기]를 선택해, 만들어 둔 도장 이미지를 가져옵니다. 제 이름으로 만든 도장을 가져왔어요. 도장 브러시에는 흰색 부분에 색이 묻는다고 생각하면 됩니다. 그러므로 이 그림은 색 반전을 해야겠죠?

05. 모양 부분을 가볍게 두 손가락으로 터치하면 색이 반전됩니다. 되돌리고 싶다면 다시 한 번 터치하면 됩니다.

> 🟢 **색을 반전하는 또 다른 방법**
> 해당 그림의 레이어 옵션에서 [반전]을 누른 뒤 저장합니다. 이미지를 미리 반전시키는 셈이지요.

06. [그레인] 카테고리에서 [그레인 소스 > 편집 > 가져오기 > 소스 라이브러리]를 누릅니다. 다양한 그레인 소스를 볼 수 있어요. 아무것도 없는 [Blank]를 눌러 봅니다. 질감 없이 그린 그대로 도장 브러시를 찍을 수 있습니다.

07. 이어서 [속성] 카테고리에서 [도장 형식으로 미리 보기]를 활성화해 미리 보기 화면에 도장 모양만 보이게 설정합니다. 그 다음 [브러시 특성]에서 최대 크기를 조금 늘려줍니다.

08. 맨 아래쪽의 [이 브러시에 관하여] 카테고리에 들어갑니다. 이 카테고리에서 해당 브러시가 나의 커스텀 브러시임을 표시할 수 있습니다. 이름을 변경하고, 사인을 하고, 기본 초기화 포인트도 설정할 수 있습니다. 이를 설정하면 아래쪽에 설정된 날짜와 시간이 표시됩니다. 이 설정은 해당 브러시를 다른 곳에 배포해도 그대로 유지되어 나의 시그니처가 됩니다.

09. 도장처럼 보이도록 만들기 위해 빨간색을 선택해 찍어보았습니다. 캔버스 크기 조절 바에서 최대 크기로 찍어도 작게 느껴진다면, [속성 > 브러시 특성> 최대 크기]를 더 조절합니다.

▲ ① 최대 크기를 조절하지 않고 최대 크기로 찍은 도장 브러시
② 최대 크기를 조절하고 찍은 도장 브러시
③ 색 반전을 하지 않고 찍은 도장 브러시

10. 하나 더 만들어 볼게요. 나뭇잎 모양 브러시를 만듭니다. 이번엔 그레인 소스를 [Dirty Paper]로 설정해 질감을 더해 봤습니다.

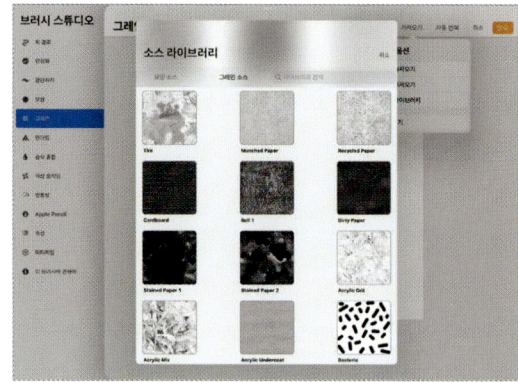

11. 질감이 추가된 나뭇잎 모양 도장이 완성되었습니다.

12. 나머지 그림도 도장으로 만들어 찍어 보세요. 다이어리에 자주 그려 넣는 모양을 도장으로 만들어 다양한 색으로 찍어 보세요.

13. 이렇게 튜브형 물감 모양을 도장으로 만든 다음,

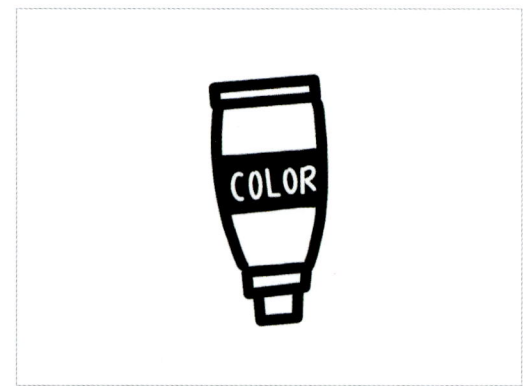

14. 흘러내린 물감을 추가로 그려 넣을 수도 있습니다. 그림에도 활용해 보세요.

15. 내 사인도 도장으로 만들어 저장하고, 완성한 그림에 찍어 보세요. 그림에 따라 다양한 색으로 넣을 수 있습니다.

16. 도장 브러시로 도장을 만들어 서명해 보았습니다.

픽셀 유동화 활용하기

'여러 가지 패턴 만들기'에서 맛본 '픽셀 유동화'를 더 재미있게 활용하는 방법을 배워 보아요.

● SETTING
- 캔버스 크기: 2000×2000(px)   • 해상도: 300DPI   • 컬러 모드: RGB

01. 퀵쉐이프와 컬러 드롭을 이용해 위에서 본 컵을 그립니다. 컵에 담긴 커피는 다른 레이어에 칠해 주세요.

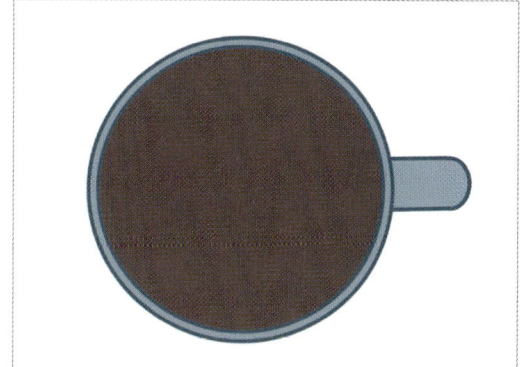

02. 커피 레이어에 클리핑 마스크를 만들어 흰색으로 우유 거품을 표현합니다.

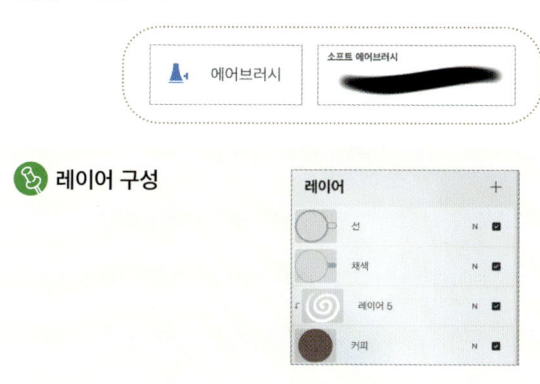

03. [조정( ) > 픽셀 유동화]를 누릅니다. '비틀기 시계방향'이나 '비틀기 반시계방향'을 선택해 우유 거품을 마구 섞어 보세요.

픽셀 유동화 옵션
- **크기**: 효과를 적용할 브러시의 크기를 조절합니다.
- **압력**: 얼마나 세게 문지를지 조절합니다.
- **왜곡**: 얼마나 왜곡할지 조절합니다.
- **탄력**: 값이 클수록 그리는 속도에 의해 영향을 많이 받습니다.
- **조정**: 현재 설정한 픽셀 유동화의 정도를 조절할 수 있습니다. 이전으로 조금씩 돌아갑니다.
- **초기화**: 모든 설정이 초기화됩니다.

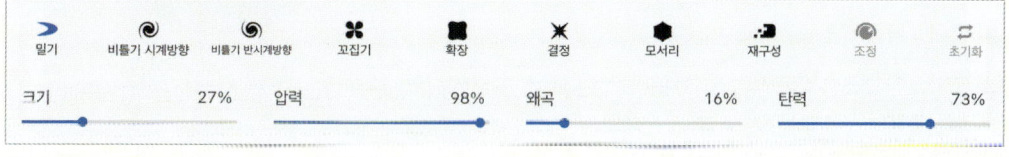

04. 우연에 의해 예쁜 마블링이 만들어집니다.

05. 앞서 만든 마블링의 레이어를 잠시 꺼두고, 이번에는 새 레이어에 우유 거품을 동그랗게 이중으로 그려 주세요.

06. [조정( )> 픽셀 유동화]를 누른 다음 [밀기]를 선택하고, 안쪽으로 밀어 보세요. 색다른 무늬가 만들어집니다.

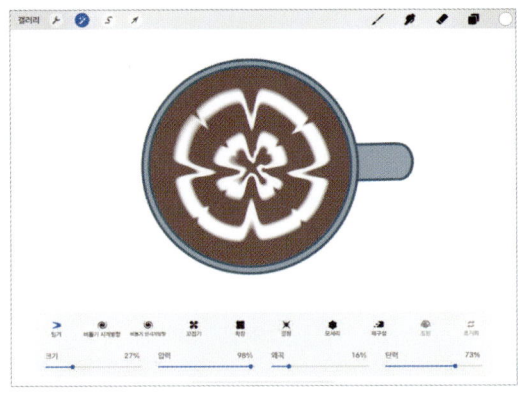

07. 우유 거품을 별 모양으로 만들고,

08. [결정]을 선택해 효과를 줍니다. 다양한 모양을 내는 데에 활용할 수 있어요.

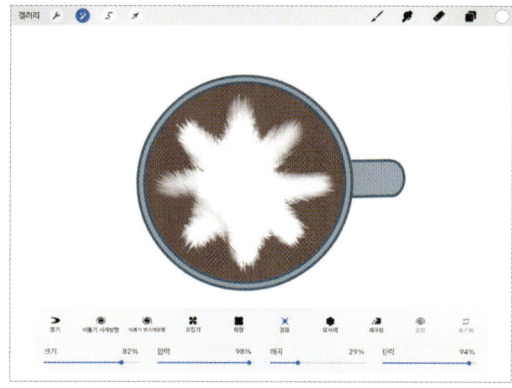

09. 풍경 그림에서도 활용해 봅니다. 나무를 둥글게 그렸습니다. 나뭇잎이 뾰족하게 삐져나온 모습을 그리고 싶을 때, 앞서 선택한 [결정]을 선택해 나무의 외곽선을 바꿀 수 있습니다.

10. 물에 비친 모습을 표현하기에도 좋습니다. 나무가 물에 비친 모습을 표현하기 위해 나무 레이어를 복제한 다음 수직으로 뒤집어 주세요. 불투명도를 조절하면 물에 비치는 모습이 완성되겠지요.

11. 물결이 있는 호수에 비친 모습은 [밀기]를 통해서 표현할 수 있습니다.

12. 지그재그로 밀어 주면 더욱 자연스럽게 표현할 수 있어요.

13. [확장]을 통해 볼록 렌즈로 보는 듯한 효과를 낼 수도 있어요. 픽셀 유동화가 아니라면 이런 느낌으로 확장하는 것은 어렵겠죠?

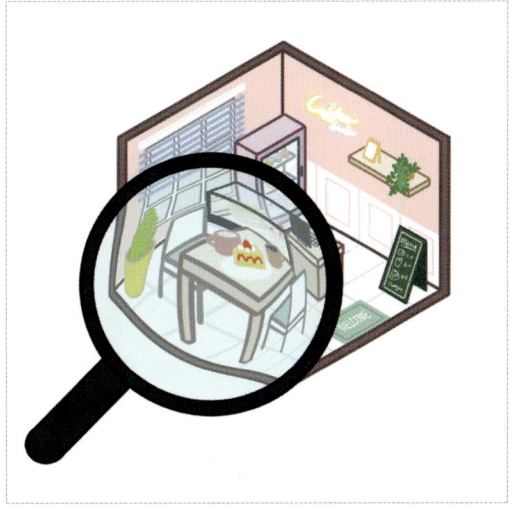

14. 다음 그림에서 어떤 옵션을 사용했는지 생각해 보세요. 이미지뿐만 아니라 사진도 재미있게 수정할 수 있겠죠? 사진, 풍경 그림, 캐릭터 그림 등 다양한 그림에 활용해 보세요.

픽셀 유동화로 패턴 만들기 ▶ p.125

네온사인 만들기

작은 레스토랑에 가면 커스터마이징 네온사인을 볼 수 있습니다. 프로크리에이트로도 나만의 네온사인을 만들 수 있다는 것, 알고 계시나요? 앞서 그린 그림을 네온사인으로 만들어 봅시다.

● SETTING
- 캔버스 크기: 3000×2000(px)　•　해상도: 300DPI　•　컬러 모드: RGB

01. 벽돌담 이미지를 찾아 다운받아요. 이미지를 그리거나 직접 촬영한 벽돌담 사진을 사용해도 좋아요. 중앙을 중심으로 주변을 점점 어둡게 해 줍니다. 브러시의 농도나 불투명도를 적절히 활용해 주세요. 클리핑 마스크를 만들어 칠해도 좋습니다. 네온사인을 걸어 둘 벽이 완성되었습니다. 잠시 체크 해제하여 보이지 않도록 설정해 주세요.

02. 벽에 걸 네온사인을 만들어요. 앞서 그린 '미니 오락기'의 선 레이어만 복사해 가져옵니다. 네온사인으로는 디테일한 표현을 반영하기 힘듭니다. 미니 오락기의 디테일을 지워 심플한 모습으로 만들어 주세요.

다른 캔버스에서 그림 가져오기 ▶ p.79

03. 색상에 흰색을 세팅하고, 레이어 옵션에서 [선택]을 눌러 이미지를 선택합니다. 페더 값을 7 정도로 설정하고,

> **레이어의 이미지를 선택하는 방법**
> • 해당 레이어를 두 손가락으로 꾹 누르기
> • 레이어 옵션에서 [선택] 누르기

04. 레이어 옵션에서 [레이어 채우기]를 합니다.

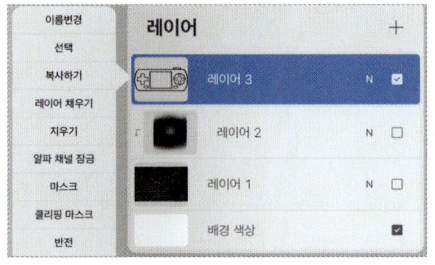

05. 미니 오락기가 살짝 빛나는 흰색이 되었습니다. 배경을 켜면 더욱 잘 보여요.

06. 여기에 색을 입힐 거예요. 색상을 밝은 하늘색으로 세팅하고, 미니 오락기 레이어를 복제합니다. 복제한 레이어를 선택한 다음, 흰색을 입힐 때와 같은 방법으로 페더 값을 주고 레이어 채우기를 합니다. 여기에서는 페더 값을 20 정도로 더 많이 주었습니다. 푸른색으로 빛나는 네온사인이 완성되었습니다. 이와 같이 완성되지 않았다면 흰색 레이어가 위쪽에 있는지 확인해 보세요. 푸른빛을 더 내기 위해 흰색 레이어의 불투명도를 낮춰도 좋습니다.

07. 아래쪽에 새 레이어를 만들어 퍼지는 브러시로 네온사인 주변을 칠해 빛이 번지는 느낌을 더합니다. 불투명도를 조절해 가며 적정한 느낌을 찾아보세요.

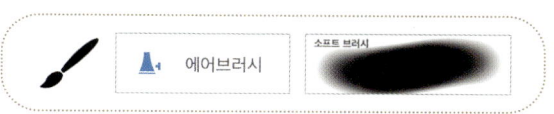

08 같은 방법으로 글자도 넣어 줍니다. 직접 쓰거나 '텍스트 추가'로 원하는 문구를 넣을 수 있습니다. 글자에 페더 값을 넣으려면 '래스터화'를 해야 한다는 것 잊지 마세요.(래스터화 ▶ p.88) 전선 박스와 전선을 그려 넣어 그럴듯하게 만듭니다.

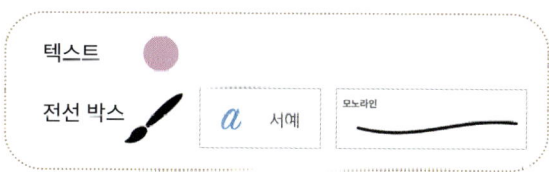

09. 배경 레이어를 다시 켜면 벽돌담에 걸린 네온사인 완성! 불빛 레이어를 따로 만든 다음 불투명도를 조절해 가며 불빛이 반짝이는 GIF 만들기에도 도전해 보세요.

🧷 레이어 구성

10. 나만의 캐릭터, 문구 등으로 네온사인을 만들어 보세요. SNS 프로필 사진으로 사용하기도 좋습니다.

▲ 지영 님의 슈퍼 땅콩 캐릭터 네온사인

움직이는 GIF 만들기

프로크리에이트에서는 움직이는 파일도 만들 수 있습니다. 내가 그린 그림으로 만드는 GIF, 같이 완성해 보아요.

● **SETTING**
- 캔버스 크기: 2300×2300(px)   • 해상도: 200DPI   • 컬러 모드: RGB

● **NOTICE**
잭오랜터의 팔레트 컬러칩은 책밥 홈페이지 자료실(www.bookisbab.co.kr/down)에서 다운로드할 수 있습니다.
팔레트 적용하기 ▶ p.371

01. 먼저 GIF로 만들 그림을 그려 볼까요? 핼러윈 호박 등, 잭오랜턴을 그려 주세요.

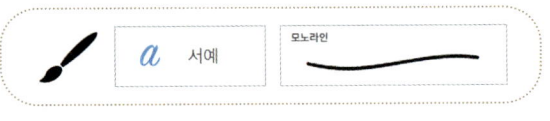

02. 눈, 코, 입을 그린 다음 안쪽을 선택해 지워 주세요.
자동 선택 심화 ▶ p.239, p.376

03. 배경을 검은색으로 채우고, 호박 아래위로 레이어를 각각 하나씩 만들어 빛나게 해 줍니다. 아래쪽에만 빛을 주면 구멍으로 빛이 새어 나오는 모습이 잘 표현되지 않습니다. 위쪽에도 빛을 덧그려 주세요.

04. 호박 레이어에 클리핑 마스크를 만들어 양쪽과 밑으로 명암을 넣고, 뒤쪽 배경에 빛을 그려 줍니다.

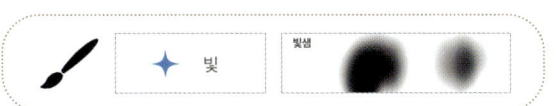

05. 배경의 불투명도를 80% 정도로 낮춘 뒤, 새 레이어에 배경 위쪽과 호박 아래쪽으로 검은색 그림자를 넣어 줍니다. 그림자 밑으로 흐리게 빛이 반사된 모습도 그려 주어요.

레이어 구성

06. 이제 호박 등의 불빛이 반짝이는 것을 GIF로 만들어 볼 게요. 우선 완성 그림의 모든 레이어를 그룹으로 만들어 주세요. 그리고 그룹을 통째로 복제합니다. 두 번째 그룹의 레이어에서 '위쪽 빛, 안쪽 빛, 바닥 빛' 이 세 가지 빛의 불투명도를 낮춰 주세요. 여기서는 50~70% 정도로 낮춰 주었습니다.

07. 이어서 그 그룹을 다시 한 번 복제합니다. 그리고 이번엔 3가지 빛 레이어의 불투명도를 한 단계 더 낮춰 주세요. 세 그룹 그림의 빛의 양이 점점 낮아지는 모습이 됩니다. 빛이 가장 많이 나오는 그룹을 1, 그 다음을 많이 나오는 그룹을 2, 빛이 가장 적게 나오는 그룹을 3이라고 한다면 그림 순서가 '1→2→3→2' 가 되도록 두 번째 그룹을 복제해 맨 위로 올려 줍니다. 2번을 한 번 더 넣는 이유는 GIF가 무한 반복 시스템이기 때문입니다. '1→2→3'으로만 하면, 3에서 1로 바로 돌아가기 어색해 보일 수 있습니다. 중간 과정을 한 번 더 넣어서 반복할 때 부드러워 보이게 하는 것이지요. 레이어의 맨 아래에서부터 위로 올라가며 순서대로 이미지가 나옵니다. 그룹은 1개의 레이어로 인식합니다. 이것은 실제 만들어 보면 금세 알 수 있을 거예요.

🌱 **호박 등 GIF 레이어 구성**

🌱 **TIP**
- GIF를 만들 때, 체크 해제가 되어 있는 레이어나 그룹은 인식하지 않습니다.
- 병합해서 변화가 없는 레이어들의 경우, 반복될 때 병합해도 됩니다.

08. 움직이는 화면을 보기 위해, [동작(🔧) > 공유 > 움직이는 GIF]를 선택합니다. 화면을 통해 움직이는 모습을 미리 볼 수 있어요. 파일을 바로 만들지 않고 중간 중간 확인하는 용도로 사용해도 좋습니다. 저장에는 두 가지 옵션이 있습니다. '최대 해상도'는 큰 용량, 좋은 화질로 저장할 수 있는 옵션입니다. '웹 레디'는 웹용으로 적은 용량, 낮은 화질로 웹에 최적화된 저장 옵션입니다. 휴대폰이나 블로그에서 사용할 용도라면 웹 레디 버전도 나쁘지 않습니다. 초당 프레임은 속도를 조절합니다. 오른쪽 위의 [내보내기]를 누르면 저장할 수 있습니다. 이렇게 저장한 파일은 카카오톡이나 라인으로 보내 사용할 수 있고, 블로그에 포스팅을 할 때 활용할 수도 있습니다. 인스타그램과 같이 GIF가 업로드되지 않는 곳에는 [동작(🔧) > 공유 > MP4]로 저장해 업로드할 수 있습니다.

🌱 **움직이는 GIF 저장 옵션**
- **초당 프레임**: 움직임의 빠르기를 조절합니다.
- **디더링**: 색과 색 사이를 부드럽게 해 줍니다. 그림의 스타일에 따라 끄는 것이 좋을 때도 있습니다.
- **프레임당 색상 팔레트**: 프레임마다 고유의 색상 팔레트로 저장합니다.
- **투명한 배경**: 배경 없이 그렸을 경우에 배경을 투명하게 만들어 줍니다. 투명한 부분이 있을 때는 '움직이는 PNG' 파일이 좋습니다.

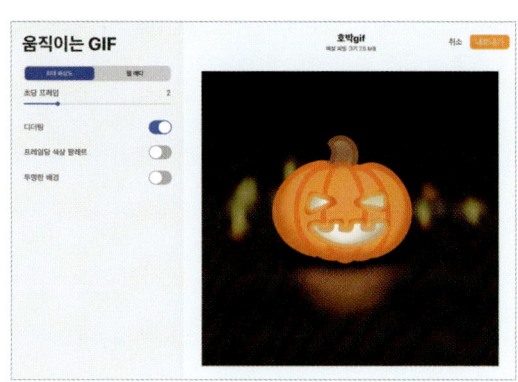

09. 또 다른 GIF를 만들어 봅시다. 화면에 그림이 그려진 아이패드 사진을 찍어 가져옵니다. 휴대폰으로 찍어 옮기면 편하겠죠?(그림 공유하기 ▶ p.406) 또는 빈 캔버스의 사진을 찍어 그려둔 그림을 합성해도 좋습니다! 이미지 합성하기 ▶ p.204

10. 그림을 복제한 다음 그림 부분을 조금씩 지울 거예요. 처음엔 복제한 그림 일부분만 지웁니다. 그림을 합성한 것이 아니라면, 스포이드로 캔버스 바탕 색상을 뽑아 그 색상으로 칠해 주면 되겠죠?

11. 일부분만 지운 레이어를 복제해 조금 더 지워 줍니다.

12. 한 번 더 복제해 이전보다 넓은 범위를 지워 주세요.

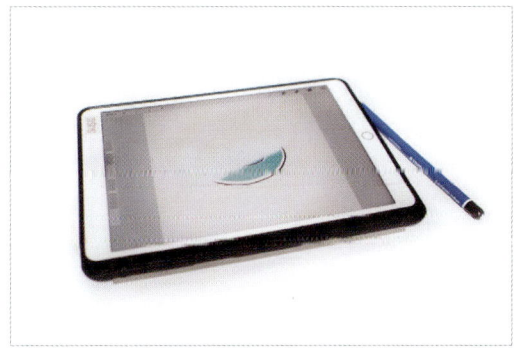

13. 캔버스 위의 그림이 모두 지워질 때까지 반복합니다. 완전한 그림과 빈 캔버스 사이에 3개의 과정을 더해 총 5개로 만들어 보았습니다. 여기서 레이어 순서가 중요한데요, 빈 캔버스를 맨 아래 두고 위로 갈수록 채워지는 레이어를 배치할 경우, 빈 캔버스가 점점 채워지는 모습이 됩니다. 반대로 배치하면 완전한 그림이 점점 사라지는 모습이 됩니다. 원하는 순서에 따라 다르게 배치할 수 있겠죠?

레이어 구성

14. 여기서 조금 더 나아갈 수도 있습니다. 이렇게 세 단계의 그림을 더 만든 다음, 추가하면 그림이 그려지며 화면을 뚫고 나오는 모습까지 연출할 수 있습니다.

15. 앞서 그린 스노우 볼 또한 복제한 다음 눈이 내리는 레이어만 각도를 줘 움직입니다. 눈이 내리는 각도가 다른 세 개의 레이어로 GIF를 만들면, 스노우 볼 안에서 눈이 내리는 모습을 감상할 수 있답니다. 별이 반짝이는 장면, 치즈가 흘러내리는 장면, 캐릭터가 움직이는 장면을 나만의 그림으로 그려 만들어 보세요.

16. 컵 안의 구름이 흘러가는 모습도 만들어 보세요!

 **NOTICE**
'움직이는 GIF 만들기'의 완성 파일은 책밥 홈페이지(www.bookisbab.co.kr/prodown)에서 확인할 수 있습니다.

애니메이션 만들기

애니메이션 기능은 GIF와 달리 조금 더 자연스럽게 움직임을 만들어 낼 수 있습니다. 배경 기능을 활용하여 더 편리하게 '움직이는 내 그림'을 만들어 보아요.

● **SETTING**
- 캔버스 크기: 2000×2000(px)   • 해상도: 200DPI   • 컬러 모드: RGB

● **NOTICE**
게임 화면의 팔레트 컬러칩은 책밥 홈페이지 자료실(www.bookisbab.co.kr/down)에서 다운로드할 수 있습니다.
팔레트 적용하기 ▶ p.371

info 애니메이션 인터페이스는 이와 같습니다. 애니메이션에 들어갈 그림을 완성한 다음 [재생]을 누르면 동영상이 완성됩니다. 재생을 멈추려면 [일시 정지]를 누르거나 캔버스나 타임라인을 터치해 주세요.

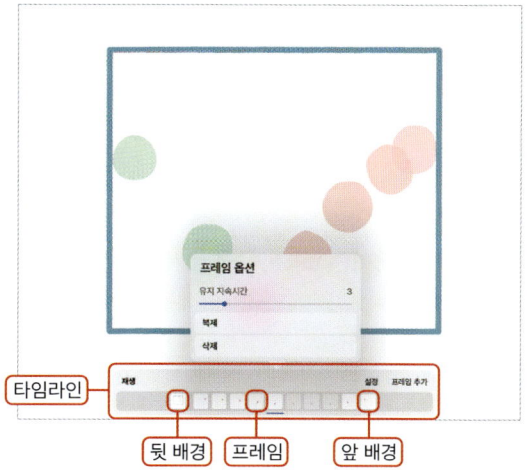

01. 애니메이션 기능을 이해하기 위해 쉬운 것부터 연습해 봅시다. 공이 튕기는 모습을 만들어 보아요. 네모난 상자를 그려 주세요. 이 안에 공을 그려 튕기도록 만들 거예요.

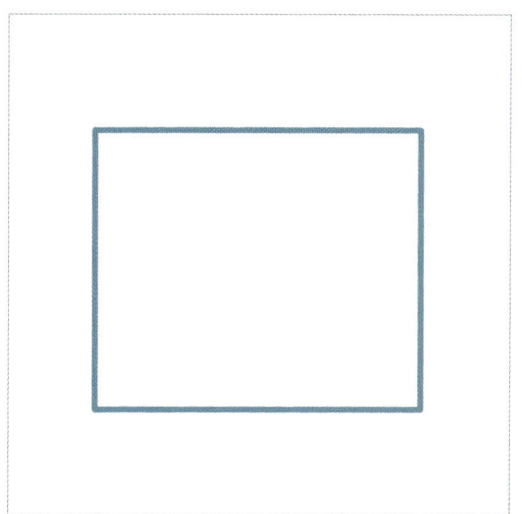

02. [동작(🔧) > 캔버스 > 애니메이션 어시스트] 버튼을 켜줍니다. 아래쪽에 애니메이션을 만들기 위한 타임라인이 생겼어요. '1프레임 = 1레이어 또는 그룹'이라는 공식을 가지고 있습니다.

 TIP
애니메이션 모드에서 프레임과 레이어는 한 몸처럼 움직입니다. [프레임 추가]를 누르면 레이어가 자동으로 생성되고 레이어를 추가하면 프레임이 자동으로 생성됩니다.

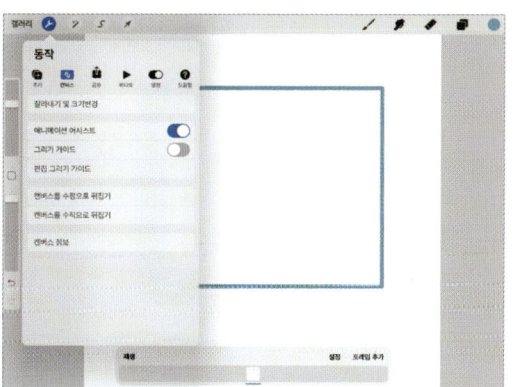

03. 상자 레이어 위 각각의 레이어에 공을 그립니다. 공이 상자의 아래쪽 면을 맞고 튀어 오르는 것을 생각하며 점점 아래로 내려가는 모습을 그립니다. 맨 아래쪽 레이어가 1번 프레임이고, 위로 갈수록 뒤쪽 프레임이 됩니다. 레이어를 하나씩 선택하며 이미지의 변화를 관찰해 보세요. 현재 선택된 레이어의 이미지 외에는 흐리게 보이는 것을 알 수 있습니다. 또한 타임라인에서도 파란색 바가 현재 선택된 프레임을 알려 줍니다.

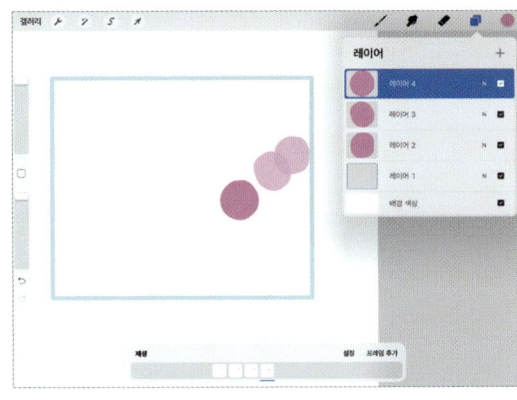

04. 여기까지 그린 상태에서 아래쪽 타임라인의 [설정]을 눌러 봅시다. 만약 03처럼 이전에 그린 공이 흐리게 보이는 기능이 나타나지 않는다면, 여기서 조절하면 됩니다. 어니언 스킨 프레임을 최대로 하고 [어니언 스킨 색상]을 눌러 색을 다른 색으로 바꿉니다. 그러면 전/후 프레임 색이 달라지며 알아보기 쉬워집니다.

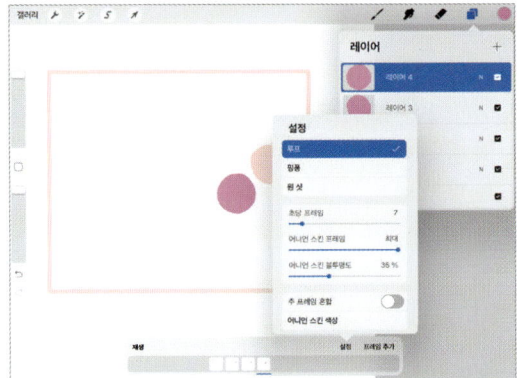

🎨 애니메이션 설정 옵션 살펴보기

- **초당 프레임**: 1초에 몇 프레임을 넣을지 정합니다. 숫자가 커질수록 움직임이 빨라집니다. 최소 1개에서 최대 60개까지 가능합니다.
- **어니언 스킨 프레임**: 전/후 프레임의 그림을 보이게 해 전체적인 움직임을 파악할 수 있도록 합니다. 최소 0개에서 최대 12개 프레임까지 설정이 가능합니다. 양파 껍질처럼 위에서부터 순서대로 하나씩 벗겨지는 것을 생각하며 이름을 붙였다고 합니다.
- **어니언 스킨 불투명도** : 어니언 스킨 프레임에서 설정한 전/후 프레임을 얼마나 진하게 보여 줄지 결정합니다.
- **주 프레임 혼합** : 지금 선택되어 있는 프레임의 색상을 어니언 스킨의 색상과 혼합합니다.
- **어니언 스킨 색상**: 어니언 스킨이 설정된 프레임의 색상을 바꿉니다. 전/후 프레임의 색상을 다르게 설정해 움직임을 조금 더 알아보기 쉽게 할 수 있습니다.

05. 레이어를 추가해 가며 튕기는 공을 순서대로 마저 그립니다. V자 모양으로 한 번 튕기는 모습을 완성했어요. 이제 타임라인에서 [재생]을 눌러 보세요. 내가 그린 공이 튕기는 동영상이 완성되었어요. 하지만 상자가 1프레임으로 인식되어 첫 번째 프레임만 나옵니다. 모든 그림에 상자를 넣어야 하나 싶지만 그럴 필요는 없어요. 상자를 배경으로 인식하도록 만들 수 있습니다.

06. 설정 옵션뿐 아니라, 각각의 프레임을 눌렀을 때 나오는 프레임 옵션이 있답니다. 여기서 맨 처음 프레임 또는 맨 마지막 프레임을 '배경'으로 설정할 수 있어요. 맨 첫 프레임은 가장 밑에 있는 뒷배경, 그리고 맨 위쪽 프레임은 가장 위에 있는 앞배경이 됩니다. 프레임을 누르면 나오는 옵션에서 [배경] 버튼을 켜면, 모든 프레임에 이 프레임의 그림이 배경으로 설정되어 나옵니다. 배경 설정 후, 다시 한 번 재생하면 확인할 수 있어요.

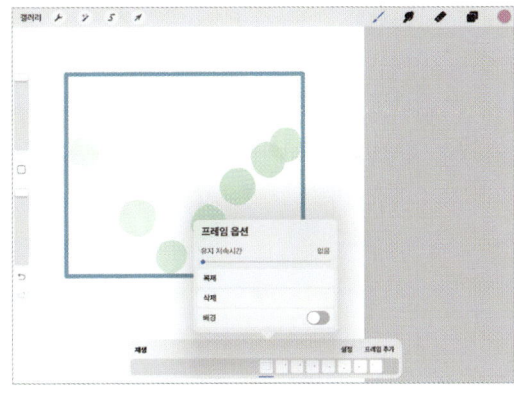

💡 TIP
배경 옵션은 맨 앞, 맨 뒤 프레임에만 나옵니다. 만약 나오지 않는다면 레이어 위치를 확인하세요. 레이어에서도 맨 아래, 맨 위에 있어야 합니다.

07. 속도 조절하기 1: 그림의 거리 조절
애니메이션을 만들다 보면, 움직이는 속도를 조절하고 싶을 때가 있습니다. 몇 가지 방법을 알아봅시다. 프레임 사이 그림의 거리가 가까울수록 느리게, 멀수록 빨리 움직이는 것처럼 보입니다. 옆의 공 그림으로 보면, 공이 천천히 내려오다가 튀면서 빠르게 속도가 바뀌는 모습이 됩니다.

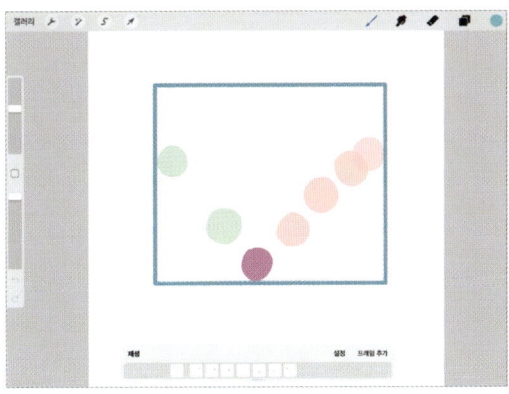

08. 속도 조절하기 2: 유지 지속 시간 조절

속도를 늘리고자 하는 프레임 옵션에 들어가 유지 지속 시간을 조절하면 그 프레임을 원하는 시간 동안 멈추게 설정할 수 있습니다. 숫자를 높일수록 타임라인의 해당 프레임 옆으로 숫자 만큼의 흐린 프레임이 생겨나는 것을 볼 수 있습니다. 전/후의 프레임 또한 맞춰 조절함으로서 해당 부분이 느리게 재생되도록 만들 수 있습니다.

 TIP

유지 지속 시간은 초당 프레임이 1일 때 최대 120 프레임까지 늘릴 수 있습니다. 유지 지속 시간은 초당 프레임과 유기적인 관계로, 초당 프레임이 10이라면 12를 늘렸을 때 유지 지속 시간은 120이 됩니다.

09. 속도 조절하기 3: [설정 > 초당 프레임] 조절

이 메뉴는 전체적인 속도를 느리거나 빠르게 조절합니다. 위에서 제시한 방법들과 함께 사용하면, 전체 속도/부분 속도를 함께 조절할 수 있습니다.

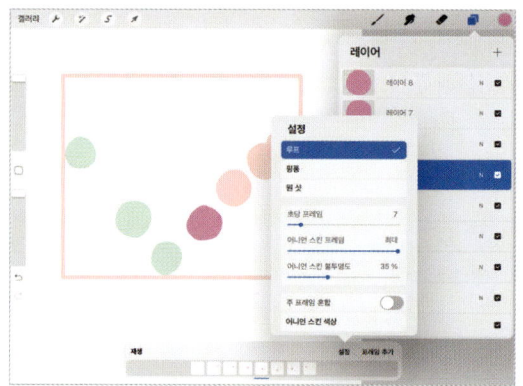

10.
맨 처음 그린 '구름'을 불러와 아래쪽에 빗방울을 그려 비가 내리는 모습의 애니메이션으로 만들어 보세요.

11. 앞서 그린 '밤하늘'의 별똥별이 떨어지는 모습도 동영상으로 만들어 보세요. 별이 떨어지는 길을 미리 스케치해 두고 복제해 조금씩 움직여 주면 편리합니다. 더하여 불빛이 반짝이고 고양이가 움직이는 모습도 함께 연출할 수 있어요. 그룹을 활용합니다.

12. 움직일 때마다 다른 모양이 되는 애니메이션도 만들어 봅시다. 먼저 배경을 만들어 주세요. 게임의 한 장면처럼 꾸며 봅니다.

● **SETTING**
• 캔버스 크기: 2000×2000(px)
• 해상도: 300DPI
• 컬러 모드: RGB

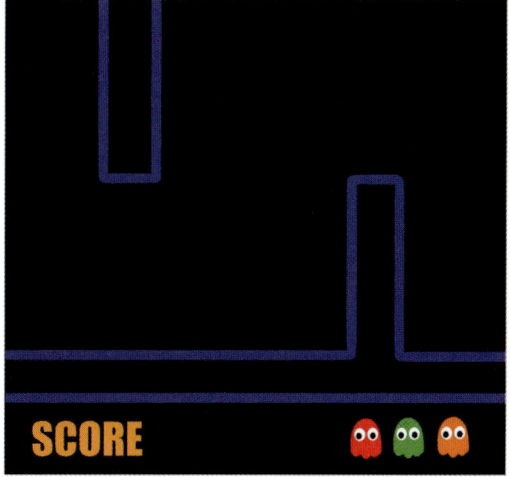

13. 퀵쉐이프로 원을 그리고, 노란색으로 채워 주세요. [선택(S) > 올가미] 툴로 입 부분을 선택해 지우고, 눈을 찍어 줍니다. 입을 살짝 벌린 원을 먼저 그린 다음 그것을 복제해 입을 더 벌린 원을 그려 줍니다.

올가미 툴 활용해 직선 선택하기 ▶ p.377

🔖 레이어 구성

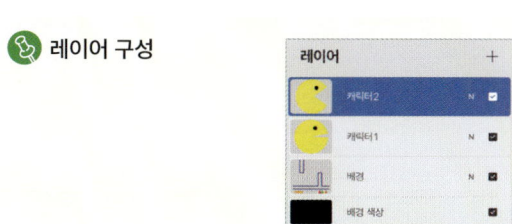

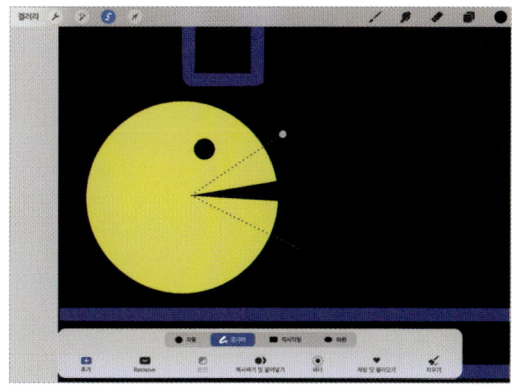

14. [동작(🔧) > 캔버스 > 애니메이션 어시스트]를 켜고 설정에서 초당 프레임을 3~4 정도로 낮춰 줍니다. 어니언 스킨 프레임은 6 이상으로 설정해 주세요.

15. 프레임 옵션에서 [배경]을 활성화해 배경 레이어를 뒷배경으로 설정합니다.

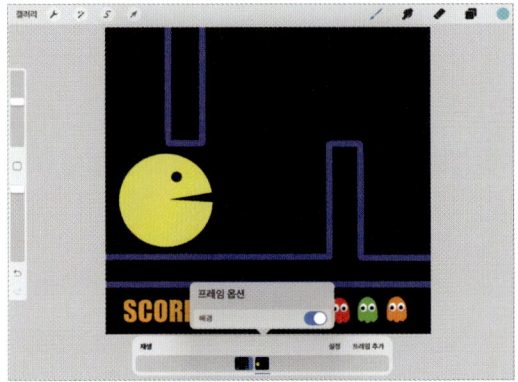

16. 입 모양이 다른 노란색 캐릭터를 교차로 복제해 가며 위치를 조금씩 다르게 잡아 줍니다. 그리고 [재생]을 눌러 움직임을 확인하세요.

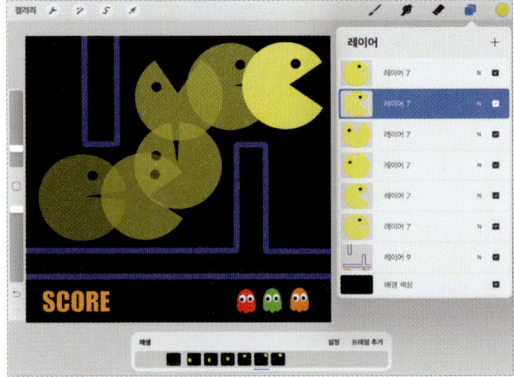

17. 두 종류 이상의 움직임을 주고 싶다면, 해당 움직임을 나타내는 레이어들을 그룹으로 묶으면 됩니다. 그룹도 하나의 프레임으로 인식합니다. 가운데에 사과를 하나 그려 넣어 노란색 캐릭터가 먹고 지나가는 모습을 완성해 보겠습니다. 두 번째 프레임까지만 사과가 필요하고, 나머지 프레임에는 필요하지 않습니다. 사과를 1번, 2번 프레임에만 넣으면 되는 것이지요. 사과와 노란색 캐릭터를 그룹으로 묶어 하나의 프레임으로 인식되도록 했습니다. 이렇게 그룹으로 추가해 사과를 먹으면 점수가 올라가는 것도 함께 표현할 수 있겠지요? 도전해 보세요!

📌 TIP

- 완성한 애니메이션은 [동작(🔧) > 공유 > 동영상 MP4 또는 움직이는 GIF]로 내보내 저장하고, 공유할 수 있습니다.
- 캔버스가 너무 크면 용량 문제로 동영상으로 저장되지 않는 경우가 있습니다. 캔버스가 커도 해상도가 낮거나 프레임이 적으면 저장이 가능합니다. 이는 레이어의 총 개수가 결정되는 것과 비슷한 맥락입니다. 그럴 때는 캔버스의 크기를 줄이면 무리 없이 저장됩니다.
- MP4로 저장할 때에는 투명한 배경이 적용되지 않습니다.

📌 NOTICE

'애니메이션 만들기'의 완성 파일은 책밥 홈페이지(www.bookisbab.co.kr/prodown)에서 확인할 수 있습니다.

📌 레이어 구성

3D 모델 페인팅하기

프로크리에이트가 업데이트되면서 3D 모델 채색 기능이 추가됐습니다. 기본적으로 제공되는 8개의 예제 파일로 연습해 볼 수 있어요. 다른 모델을 원한다면 다운로드받거나 다른 3D 제작 툴 또는 앱을 이용해 직접 만들어야 합니다. 다만 프로크리에이트는 완성된 3D 모델에 채색, 질감을 입혀 완성도를 높이는 것을 도와줍니다. 3D 입체 소품에 채색해 보는 색다른 재미를 느껴 보세요.

● NOTICE
기본 제공 3D 파일이 갤러리에 없다면 앱스토어에서 프로크리에이트를 최신 버전으로 업데이트하세요! 업데이트 후 처음 열 때 '모델 팩'을 다운로드합니다. 여기에서 놓쳤다면 [동작 > 도움말 > 3D 모델링 팩 다운로드]에서 받을 수 있어요! 완성 파일의 GIF는 책밥 홈페이지 자료실(www.bookisbab.co.kr/down)에서 다운받을 수 있습니다.

01. 캔의 3D 모델 캔버스에 들어갑니다. ▶ p.326 Notice 참고 만약 만들거나 다운받은 3D 모델을 불러오려면 갤러리의 오른쪽 위 [가져오기]로 파일을 가져오거나 멀티태스킹으로 드래그합니다. 멀티태스킹 ▶ p.346 불러올 수 있는 3D 모델의 형식은 '.USDZ'와 '.OBJ'이고 UV맵이 첨부된 상태여야 합니다.

>  **UV맵이란**
> 3D 모델을 감싸고 있는 2D 스킨이라고 생각하면 됩니다. 예를 들어 정육면체인 입체를 종이로 딱 맞게 포장한다고 생각합니다. 그러려면 정육면체를 입체로 만들기 전 전개도 모습의 종이가 필요하겠죠? 그것이 바로 3D 모델의 UV맵이 됩니다. UV맵이 있어야 하는 이유는 프로크리에이트가 UV맵에 페인팅을 하기 때문입니다.

02. 캔의 3D 모델 레이어를 먼저 살펴볼까요? 캔, 뚜껑, 따개 파트별로 나뉘어 있고 각각의 파트별로 '메쉬 레이어'가 있습니다. 기본 레이어에서 [N] 옆의 머티리얼(⚙) 아이콘을 누르면 스킨을 반영하는 '베이스 레이어', 질감 등을 담당하는 '재질 레이어'를 볼 수 있습니다.

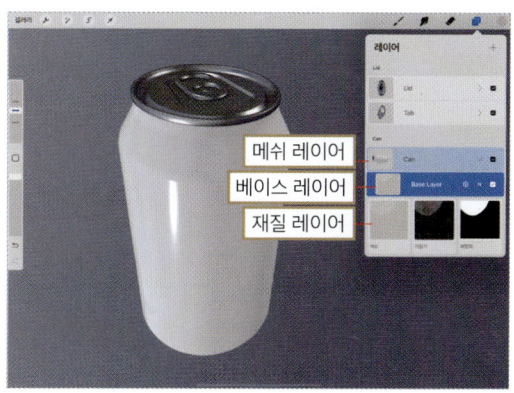

03. 이제 이 3D 모델에 그림을 그려 볼게요. 캔 레이어 그룹에 새 레이어를 만들고 컬러 드롭으로(▶ p.27) 캔의 전체에 색을 입혀요. 그리고 다시 새 레이어를 만들어 흰색으로 가운데에 줄 두 개를 그어 봅니다. 캔을 옆으로 돌려 보면 입체에 맞게 줄이 그려졌음을 볼 수 있습니다.

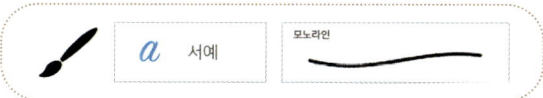

🤚 **제스처**

3D 모드에서는 이동(팬), 회전, 줌 등 2D에서 사용하는 기본 제스처들을 함께 사용할 수 있습니다. 여기에 한 가지 더해 전용 제스처가 있어요. 칠하고 싶은 부분을 한 손가락으로 한 번만 탭하면 해당 영역이 파란색으로 한 번 깜빡이며 선택되는 것입니다. 별도로 레이어를 열고 선택할 필요가 없어요. 이 제스처로 선택해 채색을 시작하기 전에 새 레이어를 만들어 두면 기본 레이어를 보존할 수 있습니다. 또한 3D 모델은 회전축 때문에 캔버스가 세로나 가로 방향으로 정해져 있어요. 만약 제스처로 회전 시 이상한 방향으로 돈다고 생각된다면 아이패드 화면 방향을 바꿔 보세요.

04. 흰 선을 두 줄 더 그어준 다음 줄 레이어를 복제합니다. 복제한 레이어를 선택한 후 [변환]을 눌러요. 3D의 변환 옵션이 조금 다른 것을 볼 수 있는데요. [고급] 탭을 누르면 3D 전용 변환 도구가 나타납니다. 고급 모드는 입체 모델에 그림을 자동으로 맞춰주는 변환 모드에요.

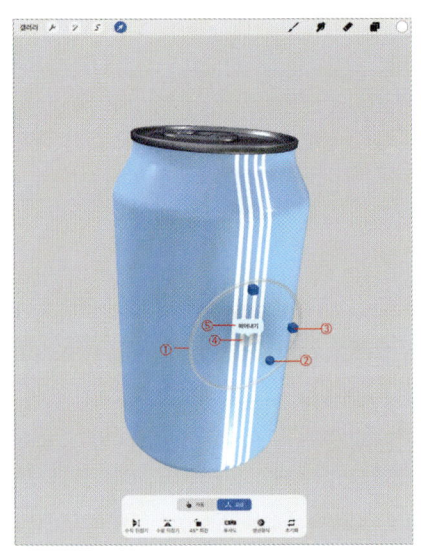

🤚 **[고급] 메뉴 살펴보기**

① **회전**: 흰색 원을 잡고 원 모양을 따라 기울여요.
② **각도 조절**: 파란 구를 잡고 움직여요.
③ **크기 조절**: 흰색 원을 잡고 늘이거나 줄이면 가로 세로 비율을 유지하며 크기가 조절됩니다. 파란 육면체를 잡고 움직이면 가로 또는 세로 방향으로만 크기 조절을 합니다.
④ **이동**: 가운데 흰색 원을 잡고 드래그합니다. 메쉬 안에서 이동합니다.
⑤ **떼어내기/붙이기**: 가운데 흰색 원을 한 번 터치하면 나오는 '떼어내기' 옵션으로 그림을 메쉬에서 분리할 수 있어요.

05. [고급] 변환 도구에서 가운데 원을 한 번 터치하면 '떼어내기' 옵션이 나옵니다. 선택하면 가운데 흰색 원이 원뿔로 바뀌고, 메쉬 밖으로 분리해 낼 수 있습니다. 그다음 캔을 돌려 옆으로 선을 옮겨요. 위치를 옮긴 뒤에는 파란 구를 이용해 캔의 둥근 면에 맞춰 회전합니다. 그다음 다시 연결하려면 원뿔을 탭하고 '붙이기'를 선택합니다.

06. 줄 레이어 두 개를 병합하고 다시 변환하여 이번에는 흰색 원을 잡고 원을 따라 움직여 선을 기울입니다. 그리고 선 레이어의 불투명도를 조금 낮춥니다.

07. 캔에 직접 그려도 되지만 그린 그림을 불러오는 것으로 해 볼게요. 캔버스를 나가서 새 캔버스를 만들어 레몬 그림을 그리고 텍스트도 써 넣어요. 그리고 이 두 레이어를 복사합니다. 텍스트의 경우 3D 모드에서 넣을 수 없으므로 이 방법을 사용합니다.

08. 새 레이어를 만들고 각각 붙여넣기합니다. [변환 > 고급] 모드를 이용해 각각의 자리에 붙입니다. 글자색은 컬러 드롭으로 바꿀 수 있어요. 그리고 여기에서의 'Water' 글자처럼 새 레이어에 원하는 글자나 그림을 더 그려 넣을 수도 있어요.

09. 이제 뚜껑의 색과 질감을 바꿔 보며 질감과 금속성을 알아 봅시다. 뚜껑 레이어를 누른 뒤 새 레이어를 만들고 ⊕를 누르면 재질 레이어가 나옵니다. 각 재질별로 따로 효과를 넣거나 변형할 수 있어요. 재질을 선택한 후 한 번 더 누르면 재질에 대한 옵션이 나옵니다.

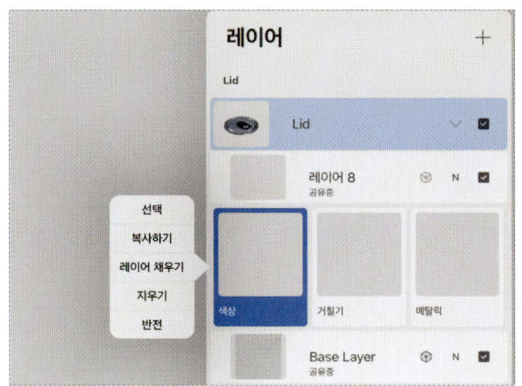

🐸 [레이어] 옵션 살펴보기
- **선택**: 해당 메쉬의 모든 내용을 선택합니다.
- **복사하기**: 해당 재질을 클립보드에 복사합니다. 다른 레이어 등에 붙여넣기합니다.
- **레이어 채우기**: 해당 파트를 현재 선택된 색상으로 채웁니다.
- **지우기**: 해당 파트 레이어의 내용을 모두 지웁니다. 불투명도도 100%로 재설정됩니다.
- **반전**: 해당 파트의 색상을 반전시킵니다. 한 번 더 선택하여 되돌립니다.

10. 거칠기(Roughness) 레이어로 표면의 재질 느낌을 바꿔볼게요. 다른 속성은 유지한 채 거칠기만 변경합니다. 거칠기는 명도 값을 사용하는데 검정색은 광택, 흰색은 무광택을 나타냅니다. 브러시(머티리얼 브러시들)에 따라 브러시 그레인에 세팅된 텍스처 정보가 영향을 미칠 수 있기 때문에 그레인이 없는 모노라인 브러시를 사용하거나 컬러 드롭으로 변화를 살펴보며 원하는 질감을 찾아 보세요. 거칠기 레이어를 선택한 후 검정, 회색, 흰색을 각각 컬러 드롭해 변화를 살펴봅니다.

▲ 검정(광택)　　　　　▲ 회색(명도 40%)　　　　　▲ 흰색(무광택)

11. 메탈릭(Metallic)도 마찬가지로 금속성 정보만을 바꿉니다. 메탈릭 또한 명도 값에 의해 변경되며 검정색은 비금속, 흰색은 금속성을 나타냅니다. 또한 브러시에 따라 브러시 소스 이미지에 세팅된 텍스처 정보가 나타날 수 있으니 모노라인 브러시나 컬러 드롭으로 해 볼게요. 메탈릭 레이어를 선택한 후 검정, 회색, 흰색을 각각 컬러 드롭해 변화를 살펴봅니다.

▲ 검정(비금속)　　　　　▲ 회색(명도 40%)　　　　　▲ 흰색(금속)

12. 색상(Color)은 선택하고 칠하면 나머지 재질은 유지된 채 색상만 변화합니다. 금속성은 높이고 밝은 노랑을 칠하면 금색 느낌도 납니다! 색상, 거칠기, 메탈릭 세 가지 재질을 변화시키며 각자 원하는 느낌을 찾아보세요. 캔 따개 부분도 마찬가지로 해 봅니다.

  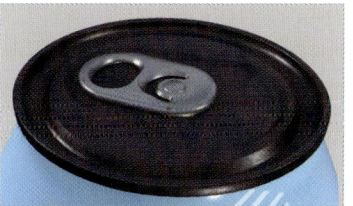

13. 3D 모델에도 [조정]의 색조 변경이나 여러 효과들을 사용할 수 있어요. 원하는 레이어를 선택한 후 [색조, 채도, 밝기]로 색조나 밝기 등을 조절할 수 있습니다. 저는 색조와 밝기를 조금 조정해 보았어요.

14. 3D 모드에서는 몇몇 메뉴들이 달라지는데요. [동작]에 [3D] 탭이 생깁니다.

🔧 **[동작] 메뉴 살펴보기**
- **2D 텍스처 보기**: 입체를 감싸고 있는 스킨을 2D로 볼 수 있습니다.
- **메쉬를 통과하여 그리기**: 채색 메쉬가 다른 메쉬로 가려져 있을 때 선택합니다.
- **조명 및 환경 편집**: 조명 스튜디오로 다양한 광원을 추가, 삭제할 수 있습니다.
- **AR에서 보기**: 3D 모델을 실제 환경에서 볼 수 있는 AR(증강현실) 화면을 제공합니다.

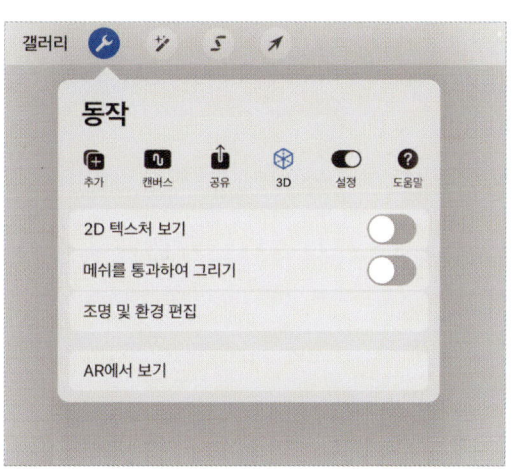

15. [조명 및 환경 편집]을 눌러 조명 스튜디오로 들어가 볼 게요. [조명 추가]로 최대 4개의 광원을 설치할 수 있어요. [주변환경]에서는 각각의 환경 이름을 선택해 설정된 광원으로 자동 세팅할 수 있습니다. 노출(빛의 양) 정도도 정할 수 있고 맨 위의 '주변 환경 보기'를 끄면 아래에서 선택한 광원이 적용되지 않은 상태가 되고 캔버스에서 배경이 없어집니다.

🔍 [조명 설정] 살펴보기

네모난 큐브는 광원(조명)입니다. 드래그해 위치를 이동할 수 있고 터치하면 [조명 설정]이 나옵니다.

- **색조**: 광원의 색상을 변경합니다. 채도가 너무 낮은 색은 변화가 없는 것처럼 보일 수 있습니다.
- **채도**: 색상의 양을 결정합니다. 0%는 빛의 색이 없거나 흰색인 상태입니다.
- **강도**: 빛의 양을 결정합니다. 0%는 빛이 없거나 검정색인 상태입니다.
- **삭제**: 큐브를 삭제합니다.
- **복제**: 선택한 큐브에 설정된 광원 값을 똑같이 가진 큐브를 하나 더 생성합니다.

16. 조명은 바닥 아래에도 설치할 수 있고 [조명 스튜디오]에 들어오기 전에 [동작 > 캔버스 > 레퍼런스]를 활성화하면 [3D] 탭에서 캔을 움직여가며 전체, 혹은 다른 각도에서의 느낌도 보며 조명을 조정할 수 있습니다.

17. 마지막으로 3D니까 캔의 뒤쪽에도 그림이 들어간다면 좋겠죠? 다시 그리거나 복사해 붙여넣기 하지 않아도 [투사도] 기능을 활용해 넣을 수 있습니다. 투사도는 3D 변환에만 있는 기능으로 변환의 영향력이 미치는 범위를 설정합니다. 줄 레이어를 선택하고 [변환 > 고급] 탭에서 [투사도]를 선택합니다. '양방향'을 활성화하고 '투사도 깊이'를 100%로 올립니다. 그리고 캔을 뒤로 돌려보면 같은 그림이 뒤에도 똑같이 생성된 것을 확인할 수 있어요. 레몬 레이어도 같은 방법으로 뒤쪽에 나오도록 합니다. 이 방법은 앞쪽 그림을 그대로 뒤에 투사하므로 좌우 반전된 모습이 됩니다. 반전을 원하지 않을 경우 04번처럼 레이어를 복제해 움직이는 방법을 사용합니다.

18. 저장은 [동작 > 공유]를 통해 목적에 따라 여러 모습으로 할 수 있습니다.

 TIP

① 3D 모델 파일로 공유하기(procreate, USD, OBJ)

다른 사용자가 프로크리에이트에서 이어서 작업하거나 열도록 하려면 procreate를, 다른 3D 소프트웨어를 사용한다면 USDZ 또는 OBJ를 선택합니다. 대부분의 iOS 프로그램에서는 USDZ가 호환됩니다.

② 이미지로 공유하기(JPEG, PNG, TIFF)

2D 파일처럼 하나의 이미지로 공유합니다. 이미지는 3D 모델의 마지막 각도와 위치로 저장되며 설정된 조명 등도 반영됩니다. 이미지의 품질은 JPEG < PNG < TIFF 순입니다. 또한 PNG로 내보낼 때 배경이 없는 파일을 원한다면 [동작 > 3D > 조명 및 환경 편집 > 주변환경]에서 '주변환경 보기'를 꺼야 합니다.

③ 움직이는 이미지로 공유하기(움직이는 GIF, PNG)

3D 모델이 회전하는 모습의 GIF를 만들 수 있습니다.
- 애니메이션 지속시간: 회전 속도를 결정합니다. 적을수록 빨라집니다.
- 확대/축소 거리: 회전하며 확대/축소가 되도록 합니다. 100%에서 가장 많이 됩니다.
- 이징: 회전을 부드럽게 하는 옵션입니다. 100%가 가장 부드럽습니다.
- 주변환경 보기: 켜면 설정된 주변환경과 함께 저장되며, 끄면 투명한 배경을 설정할 수 있는 선택지가 나타나는데, 여기서 '알파 채널 한계값'으로 투명도를 정할 수도 있습니다. 투명한 배경일 경우 다른 배경에 얹어서 작업하기 좋겠죠.

④ 동영상으로 공유하기(동영상 MP4/HEVC)

'움직이는 GIF'와 같은 옵션들을 가지며 가장 위에서 해상도를 선택할 수 있습니다. 해상도가 높을수록 화질은 좋아지지만 용량도 커지니 주의하세요.

⑤ 텍스처 공유하기(PNG)

주변환경, 색상, 메탈릭, 거칠기 등 개별 재료 텍스처로 분리된 PNG로 내보냅니다. 작업을 다른 소프트웨어 등에서 이어 받아 작업할 때 유리하겠지요.

페이지 보조

여러 페이지가 필요한 툰이나 아이디어 스케치를 할 때 유용한 기능입니다. 이 기능을 사용하면 여러 페이지를 한 캔버스에서 운영할 수 있습니다.

01. [페이지 보조] 활성화하기

[동작 > 캔버스 > 페이지 보조]를 활성화하면 아래쪽에 창이 뜹니다. 여러 페이지가 있는 PDF 파일을 불러와도 해당 기능이 활성화됩니다. PDF 파일에 마크업을 자유롭게 할 수 있고, 다시 PDF로 내보낼 수도 있습니다.

02. [페이지 보조] 화면 살펴보기

페이지 보조를 활성화하면 페이지 보조 모드로 전환됩니다. 대부분의 기능을 각 페이지에 똑같이 사용할 수 있습니다.

- **페이지 보조 타임라인**

  오른쪽의 [새로운 페이지]를 눌러 페이지를 추가할 수 있습니다. 현재 선택된 페이지는 파란색 밑줄로 표시되며 캔버스에는 선택된 해당 그림이 나타납니다. 페이지 전환은 드래그하거나 해당 페이지를 바로 눌러도 됩니다.

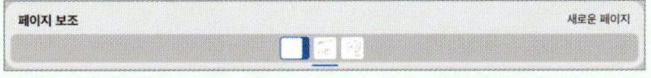

- **페이지 옵션: 복제/삭제**

  타임라인에서 원하는 페이지를 선택한 뒤 다시 탭 하면 '페이지 옵션'이 열립니다. 여기서 페이지의 복제와 삭제를 할 수 있어요. 취소 제스처로 취소가 가능합니다.

- **페이지 옵션: 배경**

  맨 왼쪽 페이지의 경우 '배경'으로 지정할 수 있습니다. 배경으로 지정한 페이지의 그림은 모든 페이지에 기본 디폴트 화면으로 제공됩니다. 예를 들어 칸을 그린다거나 종이 질감 등을 입힌다거나 할 때 편리하겠지요. 일일이 각각의 페이지에 칸이나 질감을 넣지 않아도 됩니다.

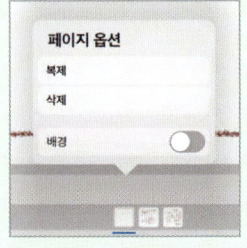

- 레이어

    [페이지 보조] 모드에서의 레이어는 타임라인과 함께 연동되어 작동합니다. 애니메이션 기능의 레이어와 같습니다. 그러므로 한 페이지에서 여러 레이어를 활용하고 싶다면, '그룹'을 이용하면 됩니다. 그룹을 만들고 그 안에서 레이어를 활용할 수 있어요.

- 순서 변경하기

    타임라인에서 순서 변경하기를 원하는 페이지를 꾹 누른 채 원하는 곳으로 드래그해 순서를 변경할 수 있습니다. 마찬가지 방법으로 레이어에서도 가능합니다.

▲ [페이지 보조]를 사용하니 '배경'으로 칸을 공유할 수도 있고, 모든 레이어를 켜 두어도 그림이 겹쳐 보이지 않습니다.

PART 5

Drawing with Procreate

내가 그린 그림으로 굿즈 만들기

디지털 굿즈 만들기

배경 화면 만들기

우리는 디지털 기기를 사용하며 수없이 많은 이미지와 마주치고 있어요. 그중 가장 많이 보는 것이 '휴대폰, 컴퓨터, 아이패드'와 같은 디지털 기기의 배경 화면이 아닐까 합니다. 그 이미지를 내가 원하는 대로 바꾸고, 꾸미고, 그려서 넣을 수 있다면 정말 좋겠지요. 각종 디지털 기기의 배경 화면 사이즈에 맞게 내 그림을 넣거나, 이미지를 꾸며 넣는 방법을 알아보아요.

❶ 배경 화면 사이즈 알아보기

먼저 만들고자 하는 기기의 배경 화면 사이즈를 알아봅니다. 인터넷 검색을 통해 알 수도 있고, 해당 기기의 홈페이지에서도 알 수 있습니다. 정보를 참고해 새 캔버스를 만들어도 좋지만, 더 간단하게 해당 기기의 화면 크기에 맞춰 캔버스를 만드는 방법도 있습니다. 우선 해당 기기 홈 화면의 스크린샷을 찍어 아이패드 갤러리에 넣어 둡니다.(사진 공유하기 ▶ p.406) 아이패드는 스크린샷을 찍기만 하면 되겠지요. 갤러리에 들어가 해당 스크린샷을 선택한 다음, [공유] 버튼을 누르고 아래쪽 [Procreate]를 누르면 됩니다. [추가] 버튼이 바로 나타나지 않을 경우 [더 보기]를 눌러 찾아보세요.

프로크리에이트에 들어가면, 자동으로 사진 사이즈와 똑같은 크기의 캔버스가 생성되고, 더해서 해당 사진이 레이어로 존재하게 됩니다. 아이콘이나 시계 등의 위치를 생각하며 배경 화면을 만들 수 있기 때문에 나의 디지털 기기에 최적화된 이미지를 만들 수 있습니다. [동작(🔧) > 캔버스 > 캔버스 정보]에 들어가면 해당 기기 화면의 가로세로 크기를 정확히 알 수 있습니다.

❷ 배경 화면 이미지 만들기

사이즈에 맞는 캔버스를 생성한 다음, 이 캔버스에 원하는 사진을 불러와서 조절해도 좋고 그림을 가져와서 앉혀도 됩니다. 애써 다운로드한 배경 화면 이미지가 시계나 아이콘 배열 등에 맞지 않아 삭제했던 경험, 다들 한 번씩은 있을 거예요. 하지만 이렇게 스크린샷을 찍어 만들면 설정해 둔 시계나 아이콘과 겹치지 않는 곳에 그림을 넣을 수 있겠죠? 커스텀 배경 화면 만들기는 이것만 알면 앞서 배운 대로 이전에 그려 둔 그림을 넣어 배치할 수도 있고, 사진을 불러와 마음대로 꾸며 넣을 수도 있습니다. 다양하게 활용이 가능하겠지요. 휴대폰뿐만 아니라 아이패드나 컴퓨터 배경 화면도 마찬가지입니다.

▲ 여행지 사진에 글을 써 넣어 잠금 화면으로 설정했습니다.

▲ 심플한 바탕 화면을 좋아한다면 패턴을 만들어 홈 화면으로 사용해 보세요.

❸ 달력 만들기

홈이나 잠금 화면에 달력을 만들어 넣을 수도 있습니다. 기념일이나 특별한 일정을 스스로 그려 등록할 수 있어 너무 좋아요. 달력의 숫자 부분을 만들기 힘들다면, 네이버 달력을 이용해 봅니다. '네이버 달력'으로 들어가 원하는 달을 캡처합니다.(스크린샷 ▶ p.401) 캡처한 이미지를 배경 화면 캔버스로 가져와 달력 부분만 잘라서 배치해 사용하면 됩니다.

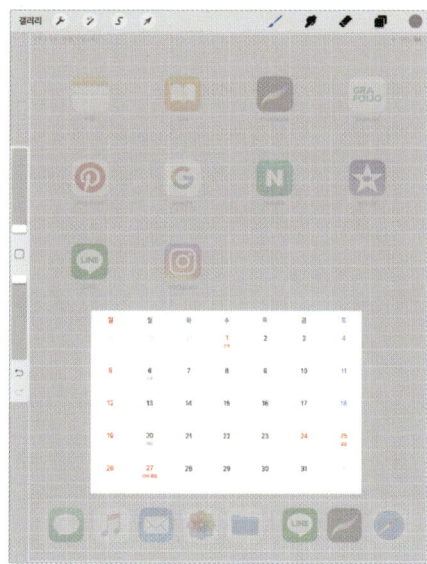

캡처한 바탕 화면 레이어를 아래에 둔 다음, 해당 레이어의 불투명도를 조정해 흐리게 보이도록 설정합니다. 달력을 캡처해 가져와 빈 공간에 배치해 주세요. 새 레이어에 글도 쓰고, 그림도 넣고, 스티커도 붙여 다이어리처럼 꾸며 줍니다. 이렇게 만든 달력은 나중에 엽서로 제작해 실물 달력으로도 활용할 수 있습니다.

▲ 나만의 일정이 담긴 화면이 완성되었습니다.

▲ 깔아 둔 바탕 화면 캡처 레이어를 빼고 저장한 다음, 홈 화면으로 설정합니다.

디지털 스티커 만들기

도장 브러시를 만들어 사용한 것처럼 스티커를 만들어 두면 언제든 꺼내 쓸 수 있어 편리합니다. 스티커를 한 캔버스에 그려 두고 쉽게 꺼내 사용할 수 있는 방법을 소개할게요.

❶ **스티커 그리기**

먼저 다이어리나 여행 저널, 달력 등에서 사용하고 싶은 스티커를 그려요. 이제까지 그린 그림을 모아 활용해도 좋고, 다이어리용으로 새로 만들어도 좋습니다. 나중에 사용하기 편하도록 그림마다 각각의 레이어에 그려 주세요.

▲ 그동안 그려 둔 그림으로 만든 스티커 캔버스

▲ 다이어리용으로 만든 스티커 캔버스, 선이 있는 버전과 없는 버전으로 만들어 보세요.

좋아하는 스타일의 캐릭터도 그려 스티커로 만들 수 있겠지요. 스티커는 이모티콘처럼 활용할 수 있어요. 시중의 이모티콘 중 원하는 것이 없다면 직접 그려 사용할 수 있는 것이지요. 물론 처음부터 창작을 하긴 힘드니 평소 좋아하는 이모티콘을 캡처해 따라 그려 보세요. 변형을 해도 좋고 표정이나 동작을 배워 내 것으로 응용해도 좋습니다. 이렇게 만든 것들은 상업적으로는 사용할 수 없지만 개인적인 용도로는 사용 가능합니다. 나를 캐릭터화해 그리는 작업도 재미있을 거예요. 앞서 배운 '움직이는 GIF 만들기'를 통해서 움직이는 이모티콘도 제작할 수 있겠죠?

▲ '프린세스 프링' 이모티콘을 모티브해 다양한 스타일로 그려 보았어요. 나의 모습이나 반려동물을 캐릭터처럼 그려 이모티콘으로 만들 수 있어요.

▲ 여행 사진가 민들레 님을 캐릭터로 그려 보았어요.

▲ 레이어를 활용해 다양한 헤어스타일과 의상을 연출할 수 있어요. 일상 옷을 그려 코디하거나 여행지에서 입었던 옷을 그려 여행 저널을 작성할 때 스티커로 활용해 보세요.

❷ 스티커 쉽게 사용하기

이렇게 만든 디지털 스티커는 아이패드의 '멀티태스킹(화면 분할)' 기능을 통해 캔버스로 가져올 수 있습니다. 먼저 스티커를 저장해야겠죠. 한 캔버스에 그린 스티커를 그대로 저장하면 하나씩 떼어 쓰기가 불편합니다. 물론 이대로 사진 불러오기를 한 다음 오려 사용해도 되지만 흰 배경이 남기도 하고, 레이어를 살려 만든 파일은 불러올 수가 없습니다. 쉬운 스티커 적용을 위한 저장 방법을 알려 드릴게요. 우선 그려 둔 스티커 캔버스를 갤러리 상태에서 통째로 복제합니다. 복제한 캔버스에 들어가 스티커 레이어를 하나씩 선택해 위로 겹치게 모두 쌓아 주세요.

01. 해당 그림을 손가락 하나로 꾹 누르면 선택 가능한 레이어가 뜹니다.

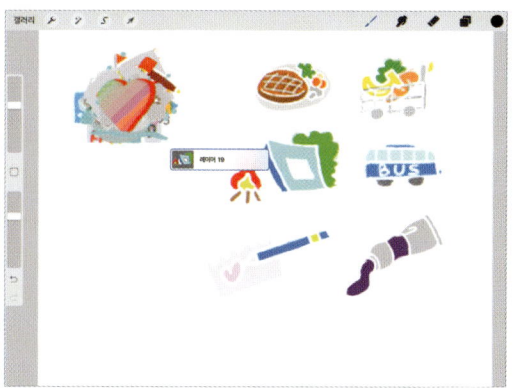

02. 화면 상단의 형태 툴을 누르고,

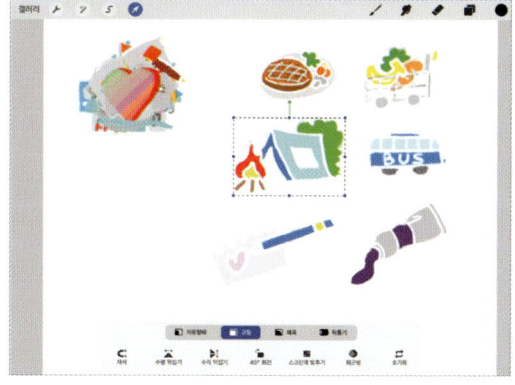

03. 생각해 둔 곳으로 옮긴 다음 아무 툴을 눌러 마무리합니다.

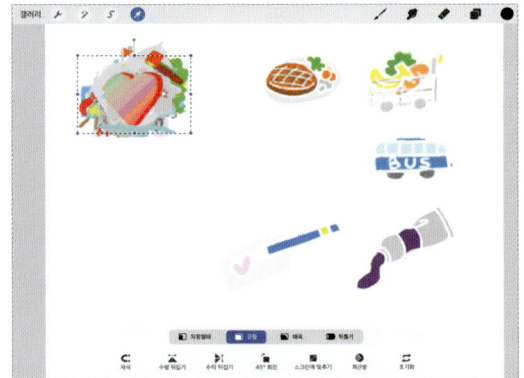

04. 이를 반복해 한 군데에 모든 스티커를 모아 둡니다. [동작(🔧) > 캔버스]에서 [잘라내기 및 크기 변경]으로 캔버스를 잘라 줍니다. 그리고 '배경 색상' 레이어의 눈을 꺼 주세요.

05. [동작(🔧) > 공유 > 레이어 공유 > PNG 파일]을 선택합니다. PNG 파일을 선택해야 배경을 투명하게 저장할 수 있습니다.

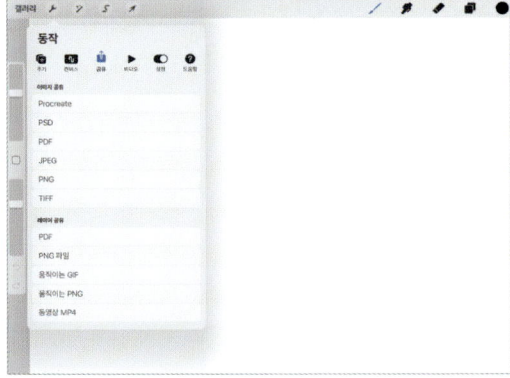

06. 갤러리에 들어가면 저장한 스티커를 확인할 수 있습니다. 레이어별로 하나씩 따로따로 저장됩니다.

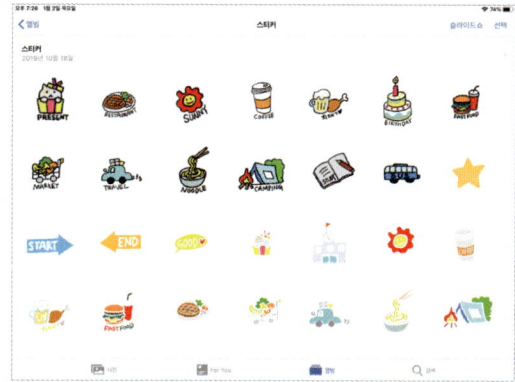

07. ⑤번 과정 대신 멀티태스킹을 이용해 레이어를 다중 선택하여 갤러리로 옮길 수 있습니다.

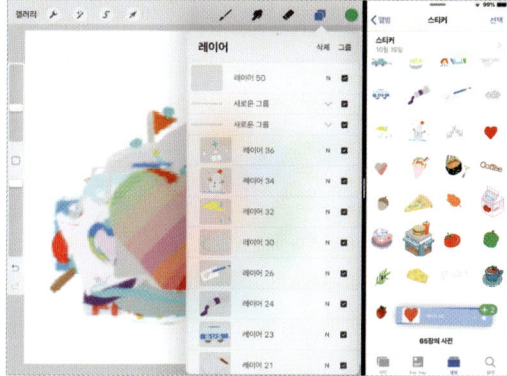

이렇게 저장한 스티커는 폴더를 따로 만들어 넣어 둡니다. 이러한 방법을 거치지 않으면 그림의 흰 배경까지 같이 저장되어 다른 곳에 사용할 때 배경을 일일이 제거해야 하는 불편함이 생깁니다. 스티커를 겹치는 과정을 생략하고 저장해도 되지만, 그렇게 하면 바탕이 많이 보여 스티커를 선택하는 데에 어려움이 생겨요. 이렇게 하면 스티커도 크게 잘 보이고, 배경 없이 그림만 저장되고, 또 여러 개의 그림을 한 번에 저장할 수 있기 때문에 편리합니다. 여러 개의 스티커를 만들어 두고 폴더에 넣어 필요할 때 꺼내 쓰면 좋아요.

그럼 이제 편하게 꺼내 쓰는 법을 알아보아요. 앞서 언급한 '멀티태스킹' 기능을 이용하는 것입니다. 물론 스티커를 만들어 두었으니 [사진 불러오기]를 통해 하나씩 불러와도 됩니다. 스티커를 한두 개만 사용할 때는 이 방법이 무리가 없어요. 하지만 연속해서 여러 개를 쓰고 싶은데, 계속 이렇게 하려면 정말 번거롭겠죠.

01. 먼저 프로크리에이트를 실행한 상태에서 아이패드의 아래쪽 가운데를 살짝 밀어 올려 주세요. 손가락을 떼지 말고 천천히 끌어 올려야 합니다. 이렇게 올리면 DOCK이 나오는데요, 설정된 애플리케이션과 최근 사용한 애플리케이션이 보이는 곳입니다. DOCK을 소환하는 다른 방법 ▶ p.401

02. 그중 갤러리 애플리케이션을 누른 상태에서 옆으로 드래그한 뒤, 놓아 줍니다.

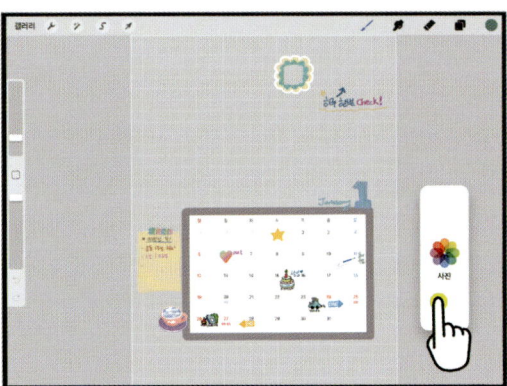

03. 그러면 이와 같이 분할된 화면이 나옵니다.

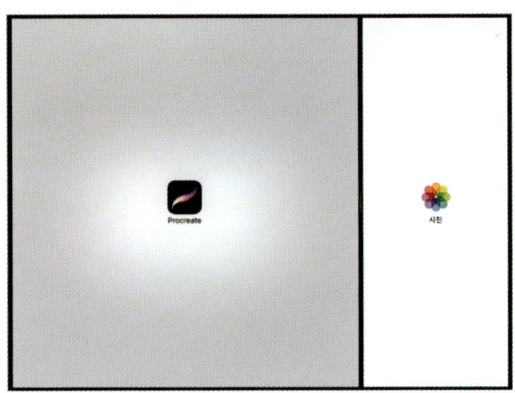

04. 갤러리의 스티커 폴더로 들어간 다음, 원하는 스티커를 드래그&드롭으로 쓱쓱 가져와 쓰면 됩니다.

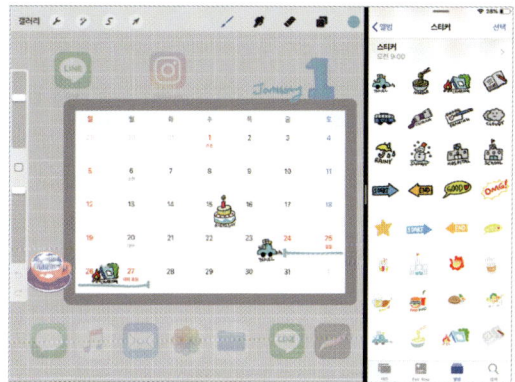

05. 다시 꽉 찬 화면으로 쓰고 싶다면, 갈라진 중간을 잡고 원하는 쪽으로 쓱 밀면 됩니다.

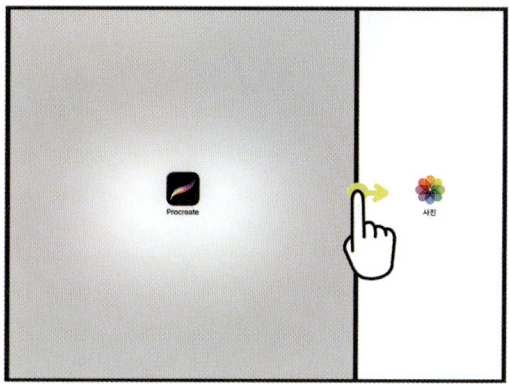

06. 화면의 위치를 바꾸고 싶다면, 위쪽의 [—] 버튼을 누르고 잠시 기다려 보세요. 해당 화면이 팝업 창으로 바뀌고, 이리저리 움직일 수 있게 됩니다. 이렇게 만들어 둔 스티커는 실물 굿즈로 제작할 수도 있답니다. 스티커 만들기 ▶ p.354

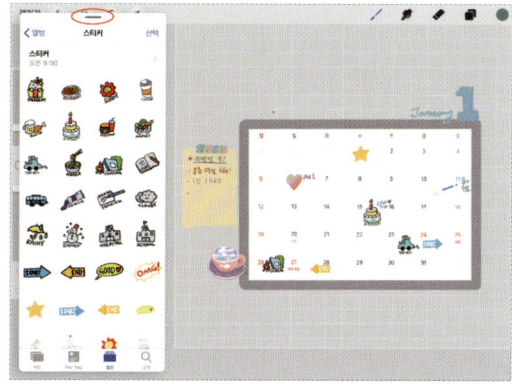

 TIP

아이패드 버전에 따라 멀티태스킹으로 가져올 경우 PNG 파일의 배경이 있는 상태로 옮겨질 수 있어요. 그럴 때는 [동작 > 사진 삽입하기]로 가져오면 배경 없는 상태로 불러올 수 있습니다.

실물 굿즈 만들기

엽서 달력 만들기

그림엽서를 보내는 일은 거의 없어졌지만, 인테리어 용도로 디자인된 그림엽서를 많이 볼 수 있어요. 직접 그린 그림을 엽서로 뽑아 자석 칠판에 붙여 두거나 바인더 클립으로 걸어 장식하면 정말 뿌듯하겠죠. 그림을 엽서로 만드는 것은 굿즈 제작의 시작이라고 할 수 있습니다. 쉽고 저렴하게 만들 수 있기 때문이지요. 내가 그린 그림으로 엽서 달력을 만들어 보는 건 어떨까요? 50장에 7,000원, 100장에 11,000원 정도면 제작할 수 있어서 대량으로 만들어 두고 새해나 크리스마스에 선물용으로 건네기도 아주 좋아요. (단가는 후니프린팅 기준입니다.)

01. 엽서 달력을 만들어 보아요. 먼저 엽서 인쇄 크기대로 캔버스를 만드는 것부터 시작합니다.

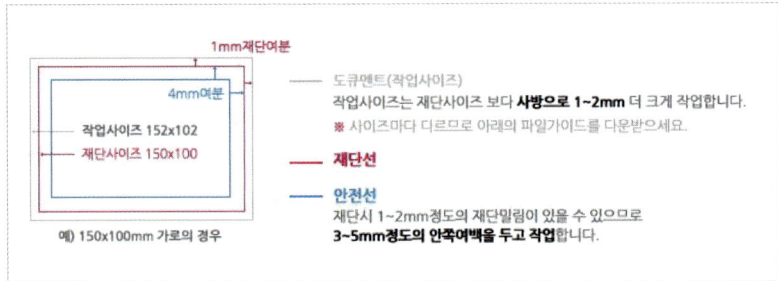

▲ 가이드 제공: 후니프린팅 huniprinting.com

02. 제작 업체마다 조금씩 다르지만, 보통 사방으로 1~2mm의 여분을 더하도록 하고 있습니다. 인쇄하거나 종이를 자를 때 조금씩 밀리는 현상이 발생하기 때문입니다. 보편적인 엽서 사이즈는 150×100(mm)이므로 사방으로 1mm의 여분을 주면 캔버스 사이즈가 152×102(mm)가 되겠지요.

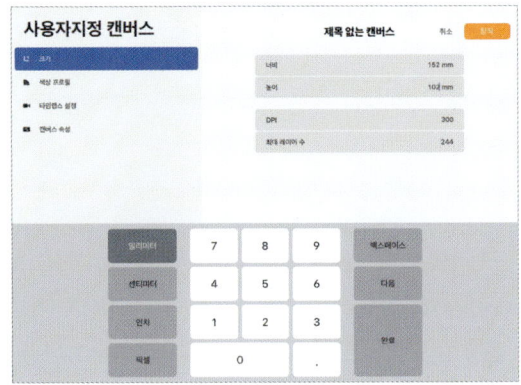

03. 새로운 캔버스를 만들며 밀리미터로 단위를 바꾸고, 가로세로에 숫자를 넣어 캔버스를 만듭니다. DPI(해상도)는 인쇄용에 적합하도록 300 이상으로 설정합니다. 또한 인쇄용 그림이므로 색상 프로필을 'CMYK'로 변경해 줍니다.

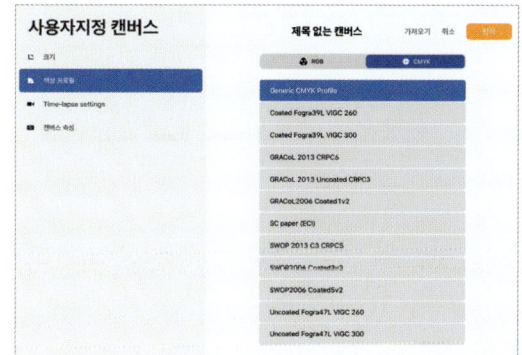

04. 만들어진 캔버스에서 여분의 1mm는 어떻게 알 수 있을까요? 그 부분에는 중요한 이미지가 들어가면 안 되는데 말입니다. [동작() > 캔버스 > 그리기 가이드]로 가이드 선을 만들면 알 수 있습니다. [편집 그리기 가이드]를 눌러 [2D 격자]를 선택합니다. 아래쪽 옵션에서 격자 크기 바 옆의 숫자 부분을 누릅니다. 이곳에서 격자 크기를 정확히 조정할 수 있습니다. 1mm로 설정해 주세요. 선이 너무 진하면, 가이드의 [불투명도] 옵션 바를 조정해 주세요. 이제 캔버스에서 1mm가 어느 정도인지 감이 옵니다. 1칸이 1mm인 셈이지요. 이어지는 작업에서 이 가이드 선이 거슬린다면, 가이드를 바탕으로

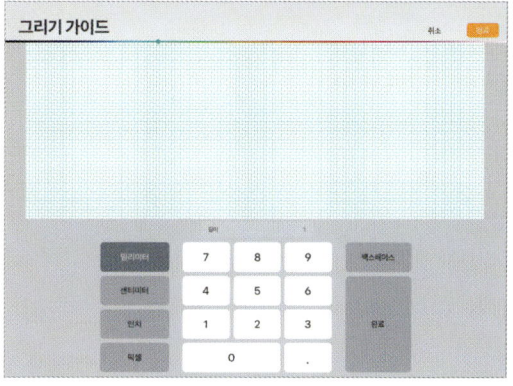

1mm의 테두리를 그린 뒤, 그리기 가이드를 끄면 됩니다. 괜찮다면 흐리게 두고 계속 작업을 하면 됩니다. [그리기 보조]를 꺼 둔 상태에서 작업을 하면 되겠지요. 이렇게 미리 캔버스를 맞추고 작업하면 나중에 PC로 옮겨 포토샵 등에서 크기를 맞출 필요가 없습니다. 이 상태 그대로 인쇄를 맡길 수 있어 편리하지요.

05. 배경 화면용 달력을 만들 때처럼 달력을 가져오고, 직접 그린 그림과 텍스트를 더해 심플하게 달력을 만들어 보았습니다. 스크린샷 달력이 해상도가 낮아 흐리게 보이는 경우, 참고해서 직접 텍스트로 만들거나 숫자를 그려 보세요. 완성 후, [동작() > 공유]를 통해 JPG로 저장해 둡니다.(PNG나 PDF로도 저장이 가능합니다.) 이렇게 한 달, 한 달 만든 후 열두 달을 모두 저장해요.

06. 책에서 그린 그림도 활용해 보았어요.

07. 자신이 원하는 디자인으로 달력을 만들어 보세요. 달력 부분을 크게 만들고, 그림을 작게 넣어 가로형으로 만들 수도 있습니다. 가로형 달력은 달력에 메모를 많이 하는 사람들에게 좋겠지요.

08. 가로형과 세로형을 함께 인쇄할 때는 어느 한쪽으로 모양을 맞춰야 합니다. 인쇄 후에는 낱장 달력을 돌려서 사용하면 되어요. 이렇게 한 장, 한 장 떨어진 엽서는 어떻게 모아 달력으로 활용하면 좋을까요? 두 가지 방법을 소개합니다. 받침대를 사용하는 방법과 바인더 클립을 이용하는 방법이에요. 나무 받침은 '원목 엽서 거치대' 등으로 검색하면 온라인에서 구매할 수 있습니다. 바인더 클립도 문구섬이나 소품 숍에서 쉽게 구할 수 있는 문구이지요. 나무 받침에 엽서 달력을 세워 두고 사용하면 인테리어 효과도 낼 수 있어요.

09. 바인더 클립은 구멍이 있다면 어디든 걸 수 있어요. 낱장으로 제작되어 세 달을 나란히 걸어 두고 볼 수도 있어요. 원하는 대로 세팅이 가능하지요.

종이 인형 만들기

엽서와 같은 방법으로 종이 인형도 제작할 수 있어요. 그려 둔 캐릭터로 추억의 종이 인형을 만들어 보아요. 친구나 자녀의 모습을 담아 선물해도 좋을 거예요. A5 용지 크기(148×210mm) 포스터를 만들 경우 도톰한 특수지로 제작해도 한 장에 천 원대로 만들 수 있어요. 1장부터 제작이 가능하답니다.

01. 엽서를 만들 때처럼 사방에 여분을 두어야 합니다. 크기나 인쇄의 종류가 달라지면 여분의 길이도 달라질 수 있으므로 인쇄하고자 하는 사이트에서 미리 확인합니다. 사방으로 3mm의 여분을 두어야 하므로 가로세로 총 6mm를 더해 캔버스를 만듭니다. 가이드 선 또한 3mm로 설정해서 만들면 되겠지요? 1mm로 설정해 3칸을 생각해도 되고요. 미리 그려 둔 그림을 한 번에 이 캔버스로 가져오려면 어떻게 해야 할까요? 디지털 스티커를 만들 때 썼던 방법 기억하나요? [레이어 공유 > PNG 파일]로 저장하고, 멀티태스킹으로 편하게 하나씩 가져와 배치하면 됩니다.(스티커 편하게 가져오기 ▶ p.346) 이번에는 이미지가 크므로 스티커를 저장할 때처럼 한곳에 몰아 두는 방법은 쓰지 않아도 괜찮겠지요. 이 부분은 각자의 선택입니다.

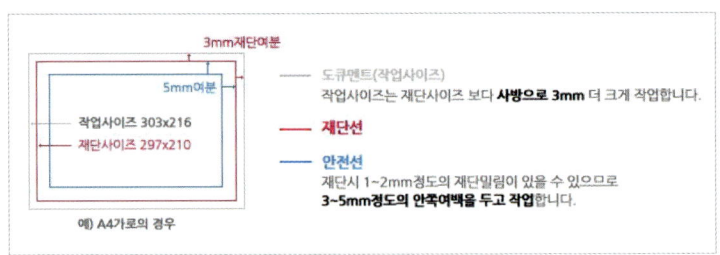

▲ 가이드 제공: 후니프린팅 huniprinting.com

02. 가져온 이미지를 하나씩 배치해 봅니다. 그리고 옷 외곽에 걸이 부분을 그려 넣습니다. 나만의 브랜드 이름을 만들어 적어도 좋아요. 저는 'I AM ME PAPER DOLL'이라고 이름을 붙여 보았습니다.

03. 종이 인형은 종이가 도톰해야 하므로, 250g 이상의 종이를 선택합니다. 종이의 그램 수는 곧 종이의 두께를 뜻합니다. A4 용지가 70~90g 정도입니다.

04. 제작한 종이 인형을 오리며 어린 시절 추억도 느껴 보고, 받침대를 만들어 세워 장식해 보세요.

스티커 만들기

디지털 스티커를 실물 스티커로 제작할 수 있어요. 실물 스티커는 제작 방법에 따라 종류가 나누어집니다. 칼선 없이 한 장으로 만들어 직접 오려서 사용하는 재단 스티커, 배경 모양을 지정해서 하나씩 떼어 쓸 수 있는 도무송 스티커, 투명한 배경을 가진 스티커 등이 있어요. 제작 방법에 따라 준비해야 하는 파일이 조금씩 달라요. 칼선 없이 한 장으로 만들 경우엔 엽서 달력을 만들 때처럼 한 장으로 캔버스에 맞춰 배치하면 됩니다. 배경 모양을 지정해서 만들 경우에는 제작 업체에서 제공하는 편집 프로그램을 사용하면 됩니다. 편집 프로그램을 사용해 여러 개의 그림을 한 장에 넣을 수 있어요. 이럴 땐 그림이 하나하나 따로 저장되어 있어야 합니다. 편집 프로그램으로 그림을 불러와 하나씩 얹으면 완성되는 시스템입니다. 배경 모양은 동그라미, 네모, 하트, 구름, 말풍선 등 정말 다양하고 이는 사이트마다 조금씩 다릅니다. 배경이 투명한 스티커를 제작할 때도 이와 같은 설정이 가능합니다. 원하는 대로 나만의 스티커를 그려 디지털 스티커로도 활용하고 실물 스티커로도 만들어 사용할 수 있으니 좋아요.

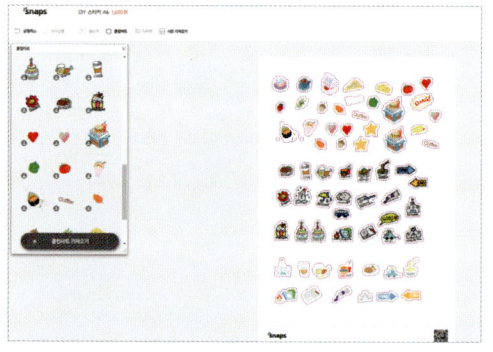

▲ 스냅스(snaps.com)의 자동 칼선 스티커 편집기 서비스입니다. 칼선을 자동으로 넣어 주기 때문에 그림만 배치하면 편리하게 스티커를 제작할 수 있어요.

▲ 나의 그림을 활용해 제작한 스티커를 달력이나 다이어리에 붙여 꾸며 보세요.

메모지와 핀버튼 만들기

또 다른 그림 활용법은 없을까요? '사진 활용하기'에서 그린 다이어리 템플릿 기억하나요? 다이어리 템플릿과 비슷한 방법으로 메모 패드를 만든 다음, 이를 실물 굿즈로 제작할 수 있답니다. 메모 패드는 원하는 대로 그리고 구성할 수 있기 때문에 '나'에게 가장 최적화된 굿즈입니다. 완성한 다음 주변에 나누어 주기도 좋고요. 정사각형이나 직사각형으로 만들 수 있고, 여분 크기만 주의하면 되므로 만들기도 수월합니다. 엽서 달력과 동일한 작업이어서 익숙하게 만들 수 있을 거예요. 그리고 에코백이나 백팩에 부착할 수 있는 핀버튼도 내 그림으로 만들 수 있어요.

▲ 다이어리 템플릿 만드는 방법을 활용해 매일 해야 할 일을 적는 메모지를 만들었습니다.

▲ 연필로 선을 그린 듯한 느낌의 메모지도 좋아요.

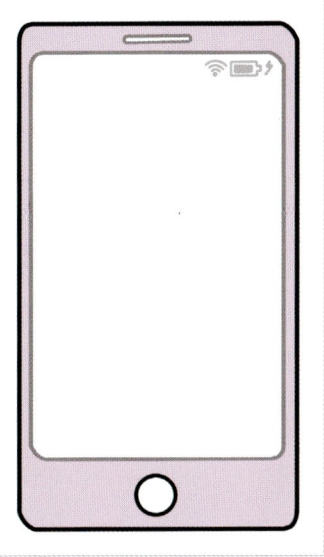
▲ 퀵쉐이프를 이용해서 반듯한 스마트폰 이미지를 그려 메모지로 활용해 보세요.

▲ 이외에도 직접 그린 그림을 넣은 메모지를 만들 수 있습니다.

▲ 실물로 제작해 두면 요긴하게 사용할 수 있어요.

핀버튼은 원형이어서 제작이 어렵다고 생각할 수 있습니다. 하지만 사이트에서 제공하는 PNG파일을 이용하면 절대 어렵지 않아요. 확장자가 PNG라는 것은 해당 이미지에서 투명하거나 뚫려 있는 부분이 살아 있는 상태로 저장되었다는 뜻이에요. JPG일 경우엔 그런 부분이 있을 수가 없어요. 파일 포맷 ▶ p.406

01. PNG 파일을 제공하는 사이트가 있으니 내려받아 사용하면 됩니다. 아이패드에서 다운이 안 될 경우, PC에서 받아 클라우드나 메신저를 통해 아이패드로 보내 주세요. 이 파일은 제작 가이드 선이 나와 있고, 안쪽은 비워져 있어요. 가이드 선 레이어 뒤에 그림을 배치한 다음, 원형에 맞춰 그림이 잘 보이도록 조정하면 제작이 완료됩니다. 제작 가이드 선이 보여야 하는 것이고, 안쪽으로 이미지가 들어오도록 배치해야 잘리지 않습니다. 이 PNG 파일을 프로크리에이트로 불러와 이대로 작업하면 됩니다.

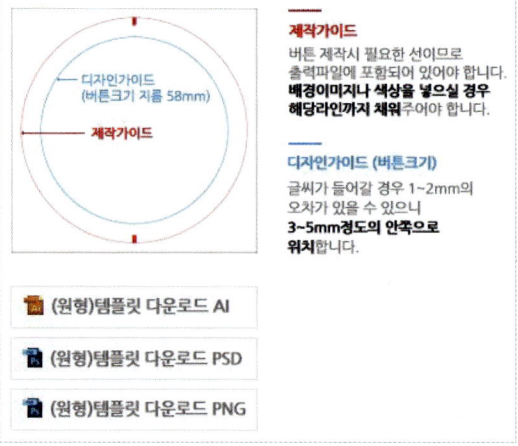

▲ 가이드 제공: 후니프린팅 huniprinting.com

02. 패턴, 텍스트, 캐릭터등 다양한 그림을 핀버튼으로 제작해 보세요. 사진을 넣어 만들 수도 있습니다. 앞서 배운 대로 사진을 꾸며 핀버튼을 만드는 것도 가능하겠죠?

03. 나만의 핀버튼으로 가방, 소품 등을 꾸미는 재미가 쏠쏠합니다.

여권 케이스와 키링 그리고 여행 저널 만들기

여행은 언제든 쉽게 갈 수 있는 것이 아니라 더욱 소중한 시간으로 기억되는 것 같아요. 여행을 더 즐겁게 만들어 줄 간단한 굿즈와 여행을 마친 뒤 기억을 더 오래 지속시켜 줄 여행 저널 만들기를 알아볼게요.

01. 여권 케이스는 가이드 파일을 제공하고 있기 때문에 지금까지와 마찬가지로 다운 받아 불러옵니다. 여러 형식으로 제공하고 있지만, 프로크리에이트에는 PSD 파일이 가장 적당합니다. 가이드 선들이 레이어로 제공되고 있기 때문에 맞춰서 작업하면 편리합니다. 재단선은 잘리는 선이니 유의해서 배경을 넣는다면 안쪽과 바깥쪽으로 넉넉히 넣어 줍니다. 그리고 중요한 이미지는 안전선 안쪽으로 모두 넣어 주는 것이 좋겠지요!

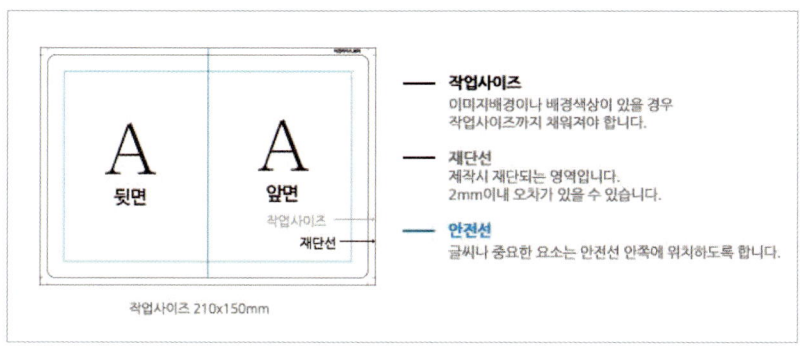

▲ 가이드 제공 : 후니프린팅 huniprinting.com

02. 가이드에 맞춰 이미지를 넣어 본 모습입니다. 가이드 선은 아래쪽에 흐리게 깔아두고 작업하면 됩니다. 앞면과 뒷면의 안내와 중앙선도 알려주고 있어 좋습니다. 마지막으로 저장할 때는 가이드 레이어들의 눈을 끈 상태에서 저장하면 됩니다.

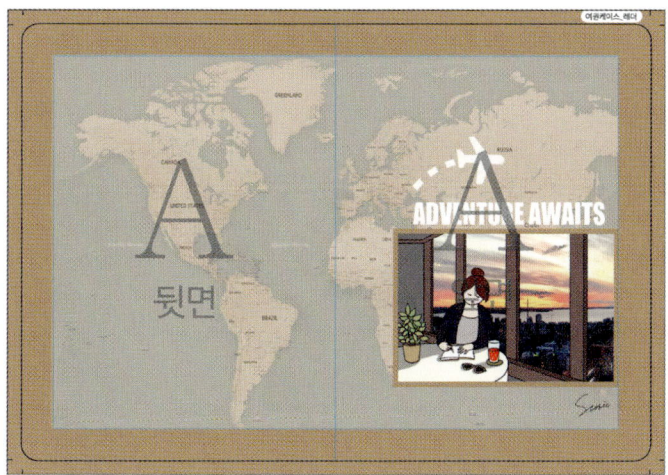

03. 여행하면서 가방이나 파우치에 달고 다니다 분실했을 때 연락받을 수 있도록 내 전화번호를 적은 키링을 만들면 어떨까요?

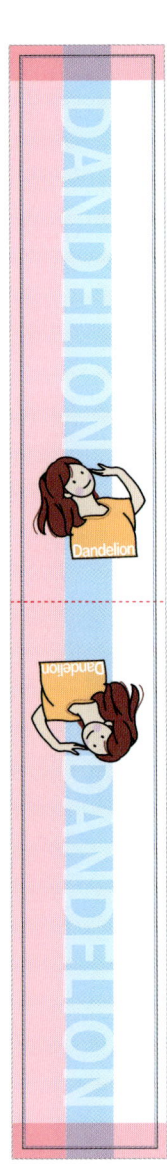

키링은 반으로 접는 형태로 제작되기 때문에 한쪽 이미지를 작업한 다음 중간에서 180도 뒤집어 넣어 주어야 합니다. 가이드를 다운 받으면 중앙선 표시와 재단선, 그리고 핑크색으로 된 키링이 달리는 부분까지 모두 표시되어 있으니 맞춰서 작업하면 돼요! 저장할 때는 물론 가이드 레이어 눈을 끄고 저장해야 합니다.

여행 저널 제작에는 두 가지 옵션이 있습니다. 먼저 표지만 제작하고 속지는 그대로 두어 아날로그 방식으로 속지를 꾸미는 방법, 표지와 속지를 모두 제작해 인쇄하는 방법입니다. 표지만 만들 때에는 엽서 달력을 만드는 것과 같이 해당 사이즈에 맞춰 작업하면 됩니다. 속지까지 만들 때에는 리플렛이나 소량 책자, 또는 포토북 중 하나를 선택해 제작하면 됩니다. 요즘에는 1권부터 만들 수 있는 곳이 많아요.

표지만 제작하고 속지를 아날로그 방식으로 꾸밀 경우, 수첩 형태로 제작할 수 있습니다. 함께 여행한 사람들의 숫자만큼 만들어 선물해도 좋겠지요. 속지에는 각종 티켓과 사진 등을 직접 붙여 꾸미고, 원하는 그림을 그려 넣거나 또는 프린트해 오려 붙일 수 있습니다.

속지 내용을 모두 작성해서 인쇄할 경우에는 소량 책자로 제작하게 됩니다. 표지부터 속지까지 모두 완성한 상태에서 인쇄해야 하는 업체도 있고, 자체적으로 제공하는 편집 프로그램으로 그림이나 사진 등을 자유롭게 배치해 인쇄할 수 있는 업체도 있습니다. 먼저 인쇄하고자 하는 업체를 알아본 다음 작업을 하는 편이 좋습니다. 속지 디자인부터 배치, 사진이나 그림 꾸미기 등 모든 것을 프로크리에이트로 자유롭게 작업할 수 있습니다. '사진 활용하기'의 다이어리 템플릿 만들기를 참고하세요.

온라인 숍 오픈하기

다양한 굿즈를 만들 줄 알면 나만의 온라온 숍을 오픈하고 싶어집니다. 그렇다고 바로 온라인 숍을 오픈하기는 부담스럽지요. 처음엔 지인을 상대로 주문을 받아 굿즈를 조금씩 만들어 보고, 모임에서 굿즈 만드는 일을 맡아 진행하면서 굿즈 제작을 시작해 보세요. 그동안 만들어 온 작업물을 모아 둔 사이트를 개설해 명함과 함께 홍보하면 더욱 좋겠지요? 이럴 때 진입하기 가장 쉬운 곳이 '네이버(naver.com)'입니다. 포트폴리오 사이트를 만들고 싶다면 '인스타그램'이나 네이버의 '그라폴리오'를 추천해요. 인스타그램을 이미 운영하고 있다면 그림만 업로드하는 새로운 계정을 만드는 것도 좋습니다. 인스타그램을 운영하고 있지 않다면 그림을 알리는 포트폴리오 사이트 개념으로 인스타그램 계정을 만들어 보세요.

처음엔 관심사와 함께 그림을 올려도 좋아요. 그림만 올리는 계정이 필요하다고 느껴질 때 새로운 계정을 만들어도 괜찮습니다. '#드로잉, #Drawing' 등의 그림과 관련된 해시태그를 검색하면 전 세계의 드로잉 작품을 감상할 수 있습니다. 배우는 것도 많고 동기 부여도 될 거예요.

또는 네이버 그라폴리오를 이용해 보세요. 직접 그린 그림을 올려 두고 포트폴리오 사이트처럼 사용할 수 있고, 다른 분들의 그림도 구경할 수 있어요. 작가가 아니어도 누구나 포트폴리오 사이트를 만들 수 있습니다. 이와 같이 외부에 나의 작품을 공개할 수 있는 계정이 있을 경우, 홍보가 수월해집니다.

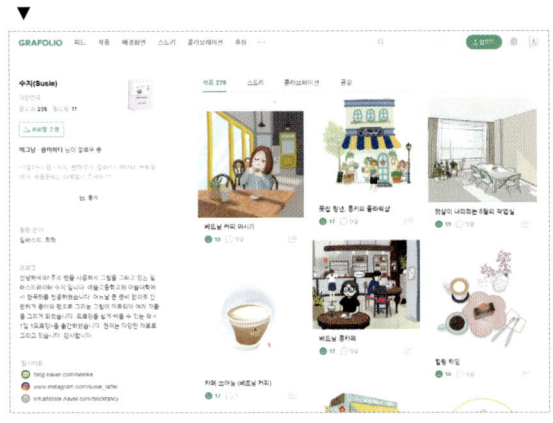

나만의 굿즈 온라인 숍을 만들고 싶은 분들에게는 네이버에서 제공하는 '스마트 스토어'를 추천합니다. 온라인 숍 오픈을 생각하면 사업자 등록을 해야 하고 발급 번호를 받아 홈페이지를 개설하는 등의 복잡한 과정이 먼저 떠올라 지레 포기하는 경우가 많습니다. 하지만 개인 신분으로 따로 돈을 들이지 않고 나만의 작은 온라인 숍을 오픈할 수 있습니다. 네이버에서 '스마트 스토어'라고 검색하면 자세한 안내를 살펴볼 수 있습니다. 개인, 성인일 경우 필요한 서류가 전혀 없고 미성년자는 법정 대리인의 동의를 받아 개인 숍을 오픈할 수 있

▲ 스마트 스토어 개설 안내

습니다. 개인으로 운영하다가 필요한 경우 사업자로 전환할 수도 있으므로 편리합니다. 온라인 숍 이름과 URL로 사용할 주소를 미리 결정해 두면 좋겠지요? '스마트 스토어'에 관련된 자세한 내용은 꾸준히 업로드되고 있으므로 스마트 스토어 가입 시 제공되는 '매뉴얼'을 읽으면 도움이 된답니다. 특별한 서류 없이, 까다로운 심사 없이, 비용 없이 누구나 오픈이 가

능하므로 굿즈 한 종류를 판매한다고 해도 부담 없이 만들 수 있습니다. 입점, 등록, 판매 수수료는 없지만 매출이 발생하면 연동 수수료가 생기며, 구입자가 네이버 페이로 결제하면 결제 수수료가 발생합니다. 수수료는 경우에 따라 약 1~3% 사이입니다. 그러므로 상품 가격을 결정할 때 수수료를 고려해야 합니다. 스마트 스토어를 만들어 두면, 그라폴리오와도 연동할 수 있습니다. 그라폴리오에서 누군가 나의 그림을 보고 스마트 스토어로 들어와 굿즈를 구입할 수 있는 것이지요.

▲ 그라폴리오-스마트 스토어 연동 화면

온라인 숍 오픈 시 주의할 점이 있습니다. 제작 인쇄 사이트에서 바로 구입자에게 굿즈를 발송해서는 안 된다는 것이지요. 상품 제작 후 반드시 직접 결과물을 확인하고 검수한 다음 구입자에게 보내야 합니다. 또한 재고가 남을 수 있으므로 굿즈를 대량 제작해 두고 판매하기보다 소량으로 제작한 다음 판매하거나 '선주문 후제작' 방식을 선택하는 것이 좋습니다. 이 경우 온라인 숍에 '후제작'이라는 방식을 명시하고 제작에 시간이 걸린다는 것을 꼭 알려야 합니다.

오픈 초기에는 많이 판매하는 것에 목표를 두지 않는 것이 좋습니다. 즐거운 마음으로 그림을 그리고, 굿즈를 만들고, 제작을 기다리며, 또한 자신감 있게 홍보도 할 수 있는 '소소한 행복'을 느껴 보세요. 포트폴리오 사이트와 스토어를 만들어 두면 작은 욕심이 생기기도 합니다. 그럴 때는 명함을 만들어 봅니다. 취미로 시작했지만, 그래도 조금씩 나를 어필하고 싶은 마음이 든다면 그림 작가로서의 발을 내딛어 보는 것입니다. 작가라는 타이틀은 누군가 주는 것이 아니라고 생각합니다. 본인의 마음가짐입니다. 명함 또한 프로크리에이트로 만들 수 있답니다. 크기만 다를 뿐, 엽서 달력을 만드는 과정과 같지요. 언젠가 도전해 보세요.

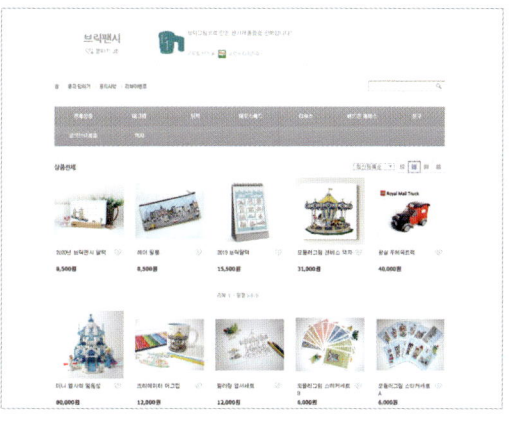

▲ 브릭팬시(smartstore.naver.com/brickfancy) 스마트 스토어

PART 6

Drawing with Procreate

발전된 스킬을 위해, 프로크리에이트 파헤치기

갤러리

프로크리에이트를 처음 실행하면 나오는 화면이 바로 '갤러리'입니다. 지금까지 작업한 그림들을 한눈에 볼 수 있는 곳인데요, 여기에도 유용한 기능들이 숨어 있습니다.

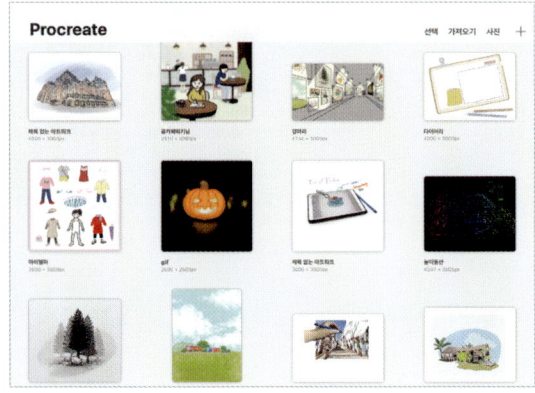

❶ 미리 보기

그림 파일을 하나하나 열지 않고 갤러리 화면에서 크게 볼 수 있어요. 두 손가락으로 썸네일을 집어서 벌리면 그림이 확대됩니다. 확대한 상태에서 오른쪽이나 왼쪽으로 쓱 밀면 이전 그림, 다음 그림이 나타납니다.

또는 확대한 상태에서 화면 아무 데나 손가락으로 터치하면 화면 양 끝에 화살표가 나타납니다. 누르면 다음 그림, 이전 그림으로 넘어갑니다. 다시 화면 아무 데나 손가락으로 짚어 오므리는 제스처로 갤러리 화면으로 돌아갈 수 있습니다. 해당 캔버스 그림 안으로 들어가고 싶다면 미리 보기 상태에서 그림을 손가락으로 빠르게 두 번 터치해 주세요.

그림 두세 개를 비교하고 싶을 때, 해당 그림들을 선택해 미리 보기를 할 수 있어요. 갤러리의 오른쪽 위를 보면 다양한 메뉴가 있습니다. 이중 [선택]을 누르면 그 자리의 메뉴들이 새로운 메뉴로 바뀌어요. 선택 모드로 들어가게 되는 것이지요. 많은 그림을 한 번에 선택하고 싶을 때는 선택 모드에서 펜이나 손으로 그림 위를 쓸 듯이 지나가면 일일이 터치하지 않고 한 줄의 그림을 한 번에 선택할 수 있습니다. 비교하고 싶은 그림들을 선택하고 우측 상단의 [미

리 보기]를 누르면 선택한 그림들만 미리 볼 수 있습니다. 비교하고 싶은 그림이 연달아 있지 않을 때 이와 같은 방법으로 미리 보기를 실행하면 좋습니다. 물론, 갤러리 화면에서 그림을 드래그해 서로 나란히 두는 방법도 있지요. 또는 미리 보고 싶은 그림들끼리 '스택'을 지어 주면 해당 스택에 포함된 그림만 미리 보기를 실행할 수 있습니다. 그럼 스택은 무엇일까요?

❷ 스택

레이어를 그룹 짓는 것처럼 그림도 그룹 지을 수 있습니다. 프로크리에이트에서는 그것을 '스택'이라고 불러요. 그룹이나 폴더 같은 의미로 이해하면 좋을 것 같습니다. 하나의 폴더로 만들고자 하는 사진을 선택하고, 선택 모드에서 갤러리 우측 상단의 [스택]을 누르면 스택이 생성됩니다.

또는, 드래그하며 스택을 만들 수도 있습니다. 그림을 하나 집어 다른 그림 위에 드래그하고 잠시 기다리면 파란색으로 변하는데 그때 손을 놓으면 두 그림이 스택으로 묶입니다.

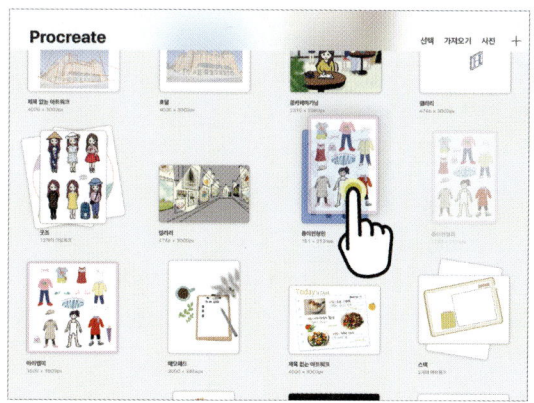

스택이 되면 그림이 여러 장 겹친 이미지로 나타나며 몇 개의 그림이 들어가 있는지 표시됩니다. 스택에서는 맨 앞의 그림이 썸네일로 보여집니다. 스택 이름도 다른 그림처럼 이름 부분을 터치하면 바꿀 수 있습니다.

스택에서 그림을 밖으로 빼내는 것도 드래그로 할 수 있습니다. 그림을 한 손가락으로 누른 상태에서 스택 이름 위로 가져갑니다. 잠시 기다리면 이름이 파란색으로 바뀌며 밖으로 나갈 수 있게 되는데요, 이때 원하는 위치에 놓아 주면 됩니다.

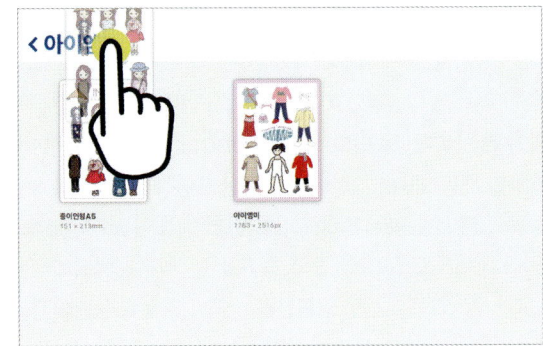

또는 한 손으로 그림을 잡고 있는 상태에서 다른 손으로 스택의 이름을 터치하는 것입니다. 그러면 단번에 그림을 밖으로 빼낼 수 있어요. 그림이 많아지면 이렇게 스택을 만들어 보세요. 갤러리를 깔끔하게 정리할 수 있습니다.

❸ 회전 / 위치 바꾸기

갤러리에서도 그림을 돌릴 수 있습니다. 갤러리 모드에서 캔버스가 다른 방향으로 누워 있다면, 간단히 두 손가락으로 집어 돌리듯 제스처를 취해 보세요. 그림이 회전됩니다. 그림 안으로 들어가도 회전된 모양이 유지되어요. 캔버스의 방향만 바꾸는 것이므로 그림에는 특별한 영향을 주지 않습니다.

또한 갤러리 모드에서 그림 위치도 마음대로 바꿀 수 있습니다. 레이어를 옮길 때와 같이 드래그하면 되어요. 여러 그림을 한 번에 옮기고자 할 때는 하나의 그림을 집은 후 다른 손으로 다른 그림들을 터치하면 손쉽게 멀티 선택을 할 수 있습니다.

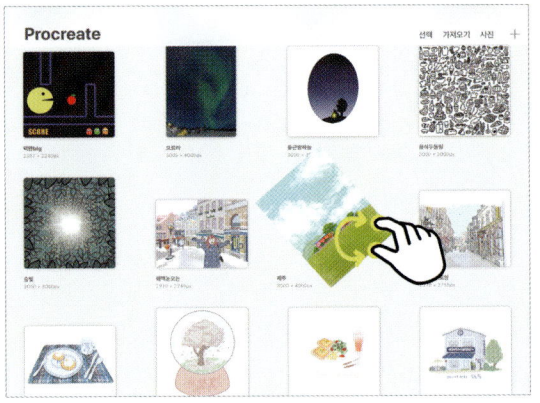

❹ **가져오기 / 내보내기**

갤러리의 오른쪽 위 메뉴에서 [가져오기]를 선택해 사진이나 그림을 가져올 수 있지만 '멀티태스킹'으로 드래그해 쉽게 가져올 수도 있습니다. 아이패드 DOCK을 올려 사진 또는 파일 애플리케이션을 옆에 나란히 둡니다.(멀티태스킹 ▶ p.346) 그 다음 필요한 사진이나 파일을 드래그해 놓으면 해당 사진이 담긴 캔버스가 자동으로 생성됩니다. 같은 방법으로 그림을 내보낼 수도 있습니다. 물론 그림 안에 들어가 '가져오기/내보내기'를 선택할 수도 있습니다. 하지만 여러 개의 그림을 한 번에 가져오거나 내보낼 때는 이 방법이 유용하겠지요. 다른 애플리케이션으로 이동 시 파일 포맷이 해당 애플리케이션에 맞도록 자동으로 설정되기도 합니다. 또는 '선호하는 파일 포맷'으로 설정됩니다.

선호하는 파일 포맷 ▶ p.411

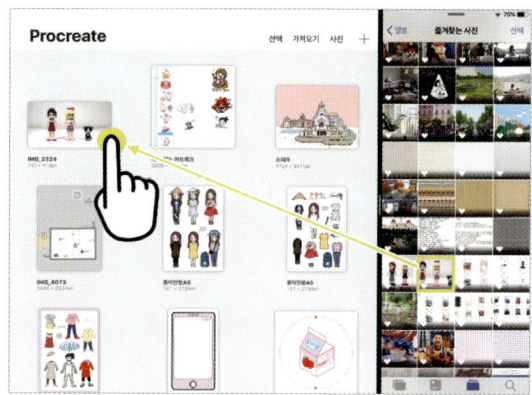

색상

색상 툴의 숨겨진 기능들을 알아보아요. 색상 툴에 대해 조금 더 자세히 알아봄으로써 궁금증을 해소하고 활용할 수 있습니다.

❶ 이전 색 선택하기

색상 툴을 꾹 누르면, 바로 이전에 사용했던 색으로 돌아갑니다. 또 한 번 꾹 누르면 다시 현재 사용하는 색으로 돌아옵니다. 이렇게 바로 이전 색과 현재 색, 두 가지 색에 한해서 번갈아 가며 선택해 사용할 수 있습니다. 색상 툴의 '사용기록'에 10개까지 사용한 색이 차례로 저장되지만, 색상 툴을 열고 누르지 않아도 편하게 이전 색으로 돌아갈 수 있는 것이지요.

❷ 디스크

색상 툴의 '디스크'를 자세히 살펴봅니다.

- **우측 상단 네모 칸**: 나란히 있는 두 개의 네모 중 왼쪽은 현재 색, 오른쪽은 보조 색상을 보여 줍니다. 보조 색상 심화 ▶ p.396
- **색상 디스크**: 바깥쪽의 링에서는 색상을 선택할 수 있고, 안쪽 원에서는 명도와 채도를 선택할 수 있습니다.
- **사용기록**: 지금까지 사용한 색상 10개까지 선입선출 방식으로 저장됩니다. [지우기]로 초기화할 수 있습니다.
- **내 팔레트**: 커스텀 팔레트로, 자주 사용하는 색이나 원하는 색을 모아 둘 수 있습니다. 팔레트 설정 ▶ p.371

디스크에서 9개의 해당 포인트를 더블 탭하면(빠르게 두 번 누르기), 그 부근의 색 중 가장 이상적인 색을 선택해 줍니다. 보통 순수한 흰색이나 검은색을 뽑아 낼 때 많이 사용하는데요, 저는 자주 쓰는 팔레트에 흰색과 검은색을 등록해서 사용하고 있습니다.

디스크를 조금 더 크게 보고 싶다면, 두 손가락으로 안쪽 디스크를 잡고 벌리는 제스처를 해주세요. 안쪽 디스크가 커집니다. 디스크 사이즈를 키우면 조금 더 세밀하게 색을 선택할 수 있어요. 다시 안쪽으로 오므리면 되돌아옵니다.

❸ **클래식**
맨 아래 옵션에서 '클래식'을 선택하면 또 다른 색상 선택 옵션을 만날 수 있습니다. 네모난 색상 선택 칸이 나오고, 아래에 3개의 바가 나타납니다. 위에서부터 각각 '색상 / 채도 / 명도'를 조절하는 바입니다. 맨 위의 색상 바를 움직여 색상을 선택한 다음, 아래쪽 채도와 명도(밝기)를 움직여 원하는 색상으로 조절해 선택할 수 있어요.

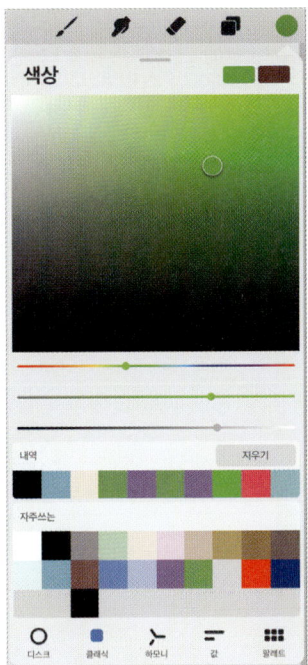

❹ **하모니**

'하모니'는 색상 선택을 돕는 옵션입니다. 디스크 안에 옵션에 따라 2~4개의 원이 보이는데요, 그중 큰 원에 있는 색의 보색, 유사색 등을 작은 원에 보여 줍니다. 아래쪽 무채색 바에서는 전체 디스크의 명도를 조절할 수 있습니다. 하모니에는 여러 가지 모드가 존재하는데요, '색상'이라고 쓰인 글자 아래에 작은 글자를 터치해 봅니다. 다섯 개의 메뉴가 나옵니다.

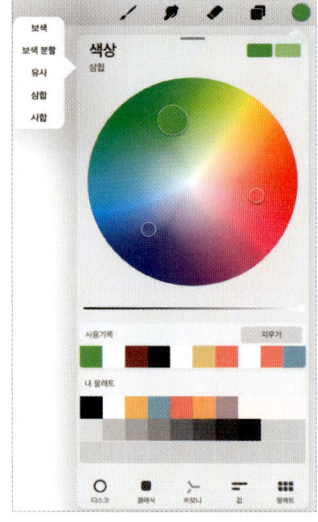

- 보색: 큰 원으로 선택한 색의 보색(반대되는 색감)을 쉽게 선택할 수 있습니다.
- 보색 분할: 큰 원으로 선택한 색의 보색을 두 색으로 나누어 선택할 수 있습니다.
- 유사: 큰 원으로 선택한 색과 같은 채도의 유사한 색을 쉽게 선택할 수 있습니다.
- 삼합: 같은 채도의 균형 잡힌 세 가지 색을 쉽게 선택할 수 있습니다.
- 사합: 같은 채도의 균형 잡힌 네 가지 색을 쉽게 선택할 수 있습니다.

같은 색에서 채도만 조절된 색을 뽑아내거나, 채도가 같은 보색, 유사색 등을 편리하게 선택할 수 있도록 함으로써 색상 조합의 밸런스를 최대로 유지할 수 있도록 합니다. 큰 원을 움직여 작은 원이 달라지는 것을 관찰해 보세요. 그리고 선택된 색상을 캔버스에 사용해 보며 색감을 익혀 보세요!

❺ **값**

'값'은 이름처럼 색상 값을 입력해서 정확한 색상을 찾는 옵션입니다. 윗부분의 바는 HSB로, 클래식에서 사용했던 조절 바와 같은 것으로 보면 됩니다. 각각 Hue(색상), Saturation(채도), Brightness(명도)를 나타냅니다. 클래식과 다른 점은 정확한 숫자로 입력할 수 있다는 것이지요. 색상표나 컬러칩을 만들 때, 인쇄용 작업 등을 공유할 때 색을 정확히 맞추기 위해 이 옵션을 사용합니다. 아래쪽 바는 RGB입니다. 각각 Red, Green, Blue로 3가지의 색을 조합해 색상을 도출하는 색상 모드입니다. 보통 빛으로 색을 내는 디지털에 많이 사용되는 색상 모드이지요.

RGB 모드의 맨 아래에 있는 '16진 값'은 무엇일까요? 영어로는 HEX라고 하는데요, 색상을 16진법으로 나타내는 것입니다. RGB와 HEX는 서로 유기적으로 연결되어 있어요. 서로의 값을 변환하여 같은 색을 도출할 수 있습니다. RGB 값을 표시하는 또 다른 방법이라고만 알아 두어도 좋을 것 같습니다.

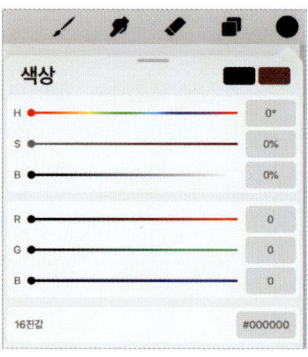

▲ 색상 모드가 RGB일 때

인쇄용은 CMYK로, 각각 Cyan, Magenta, Yellow, Black을 의미합니다. 인쇄로 구현할 수 있는 색상은 모니터로 표현하는 색상보다 제한적일 수밖에 없습니다. 그래서 인쇄용 작업을 할 때는 반드시 CMYK 모드로 설정하는 것이 좋습니다. 인쇄했을 때 모니터로 보던 색과 다르면 속상하니까요. 게다가 색이 너무 밝게 변하는 경우도 있기 때문에 인쇄용은 반드시 인쇄용 컬러 모드로 작업하는 것이 좋습니다. 물론 RGB로 작업했다고 해서 인쇄를 할 수 없는 것은 아닙니다. CMYK로 인쇄용 템플릿을 만들고 RGB로 된 이미지를 가져와 얹으면 해당 이미지는 자동으로 CMYK로 변환됩니다. 색감도 여기에서 조정하면 됩니다. 캔버스를 만들 때 색상 프로필을 CMYK로 했다면 색상 값에도 CMYK 모드가 추가됩니다.

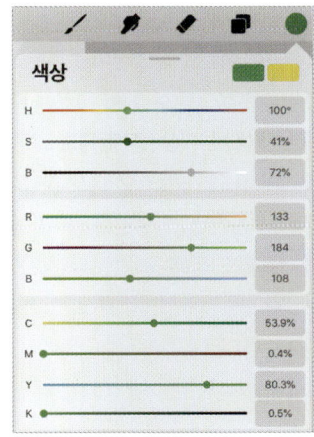

▲ 색상 모드가 CMYK일 때

❻ 팔레트

색상 툴의 마지막 옵션인 '팔레트'에 대해서 알아보겠습니다. 팔레트는 여러 가지 색상을 한 번에 콕콕 찍어 활용할 수 있도록 모아 둔 곳입니다. 프로크리에이트를 처음 사용하면 디스크 아래쪽에 비어 있는 공간을 볼 수 있는데요. 그곳에 자주 사용하는 색상을 저장해 둘 수 있어요. 원하는 색상을 다른 색상 툴에서 선택한 다음, 팔레트의 빈 자리에 콕 찍어 주면 됩니다. 저는 흰색과 검정색 등 무채색 계열과 캐릭터를 그릴 때 자주 쓰는 피부색과 스케치용 하늘색 등을 저장해 사용하고 있습니다.

오른쪽 위의 [+] 버튼을 누르면 새로운 팔레트를 생성할 수 있는 여러 옵션이 나옵니다.

- **새로운 팔레트 생성**: 빈 팔레트를 만듭니다.
- **카메라로 새로운 작업**: 카메라를 발동시키고, 바로 사진을 찍어 사진의 색상을 팔레트로 만들어 줍니다. 카메라가 나오지 않을 때 ▶p.187
- **파일로 새로운 작업**: 파일을 불러와 파일 안의 색상을 팔레트로 만들어 줍니다. 다운로드한 팔레트도 불러와 사용할 수 있습니다.
- **사진 앱으로 새로운 작업**: 사진 앱의 사진이나 이미지를 불러와 그 안의 색상을 팔레트로 만들어 줍니다.

새 팔레트를 만들면 기본 팔레트로 설정해야 다른 색상 옵션 아래에 항상 고정된 상태로 사용할 수 있는데요. 팔레트의 오른쪽 점 3개 아이콘을 눌러 나오는 옵션에서 [기본값으로 설정]을 체크해 주면 팔레트 이름 앞에 파란색 체크 표시가 생기며 기본 팔레트로 설정되었음을 알 수 있습니다. 하나의 팔레트만 기본으로 설정할 수 있고, 하나를 설정하면 다른 하나는 자동으로 해제됩니다.

[공유] 옵션은 내가 만든 팔레트를 파일로 만들어 다른 사용자들과 공유하고 백업할 수 있도록 해 줍니다. 다운로드 한 팔레트는 아이패드의 '파일' 애플리케이션에서 확인할 수 있으며, 팔레트 파일을 터치하면 자동으로 프로크리에이트에 적용됩니다. 멀티태스킹(▶p.346)으로도 가능합니다.

[복제], [삭제]는 이름 그대로의 작업을 수행합니다.

이외에도 새 팔레트를 만들면 '제목 없음'으로 이름이 만들어지는데요. 그 부분을 터치하면 이름을 바꿀 수 있습니다. 또 이름 부분을 잡고 드래그해서 팔레트의 순서도 바꿀 수 있어요. 이는 레이어의 순서를 바꾸는 것과 방법이 같습니다. 또한 '카드' 탭으로 보면 해당 팔레트를 크게 볼 수도 있습니다.

물론 팔레트에서 색상 하나만 골라 삭제할 수도 있지요. 색상을 꾹 누르고 있으면 옵션이 뜨는데요, 여기서 삭제가 가능합니다. 삭제하면 그 자리만 비워집니다. 비어 있는 자리가 신경 쓰인다면 드래그&드롭으로 색의 위치를 바꿔 주세요.

> **TIP**
> 책밥 홈페이지 자료실(www.bookisbab.co.kr/down)에서 팔레트를 다운받아 적용하는 연습을 해 보아요.

❼ 곡선

색상 툴 이외에도 색상에 영향을 주는 메뉴가 있어요. 바로 조정 툴의 네 가지 옵션입니다. '색조, 채도, 밝기', '색상 균형'은 앞서 설명한 옵션이므로(여러 가지 타르트 ▶ p.47) 여기서는 '곡선'과 '변화도 맵' 옵션에 대한 궁금증을 풀어 볼게요. 옵션 선택 후 위쪽 중앙에 해당 옵션의 이름이 나오는데요. 이름 옆에 있는 작은 세모를 누르면 상세 옵션이 나옵니다. 상세 옵션 중 '레이어'는 해당 레이어 전체, '펜슬'은 그리는 부분에만 적용됩니다.

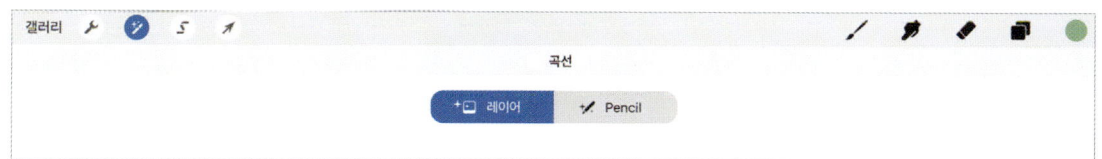

'곡선'은 조금 더 디테일하게 색상을 조정할 수 있는 옵션입니다. 실행하면 이와 같은 메뉴가 등장하고, 그래프의 선을 움직여 색을 조정하면 됩니다. 왼쪽에서부터 그래프를 따라 다섯 개의 점이 있다고 가정할 때, 해당 포인트는 각각 검은색, 어두운 톤, 중간 톤, 밝은 톤, 흰색을 담당합니다.

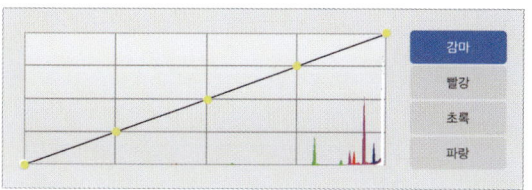

오른쪽에서 [감마]를 선택하면 그림 전체의 색을 조정할 수 있고, '빨강, 초록, 파랑'은 각각 RGB를 의미합니다. 각각의 계열도 미세하게 조정할 수 있습니다.

선을 집어 움직이면 색상을 조정할 수 있어요. 맨 오른쪽 흰색을 아래로 내리니 색이 전체적으로 어두워 졌습니다.

반대로 맨 왼쪽의 검은색을 위로 올리니 전체적으로 밝아졌습니다.

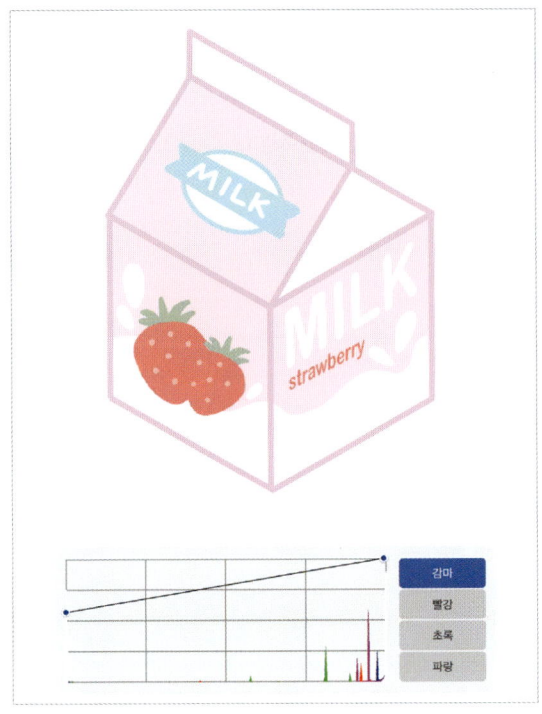

선의 중간 부분을 집어 옮길 수도 있습니다. 한 번 집으면 점이 생겨 그 점을 이리저리 움직일 수도 있습니다. 중간 톤을 위로 올리니 그림의 진한 색은 유지되고, 중간 톤의 색상만 밝게 조절된 것을 볼 수 있습니다. 이런 방법으로 색상 조정이 가능합니다. 전체적으로 밝거나 어둡게 조정할 수도 있고, 중간 톤을 유지하면서 어두운 부분만 조금 밝게 조정하는 등 미세한 색상 조정을 원할 때 사용하면 편리합니다. 색상 곡선에서는 다음과 같은 제스처를 실행할 수 있습니다.

- 손가락 두 개 터치(Undo): 설정한 것을 되돌립니다.
- 손가락 세 개 터치(Redo): 되돌린 것을 취소합니다.
- 손가락 한 개 살짝 누르기: 미리보기, 초기화, 적용 등의 옵션을 불러 옵니다.

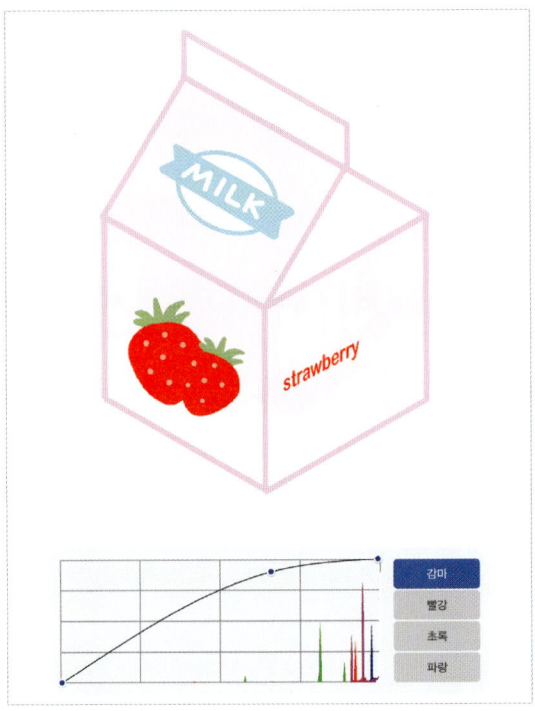

포인트가 되는 점은 최대 11개까지 생성 가능합니다. 점을 한 번 살짝 누르면 삭제 팝업이 뜨고, 이 팝업을 누르면 삭제할 수 있습니다. 아래쪽의 색상 그래프처럼 삐죽삐죽한 것을 '히스토그램'이라고 하는데요, 그림의 컬러 분포도를 보여 줍니다. 어떤 색이 얼마나 칠해져 있는지 비율을 한눈에 볼 수 있습니다.

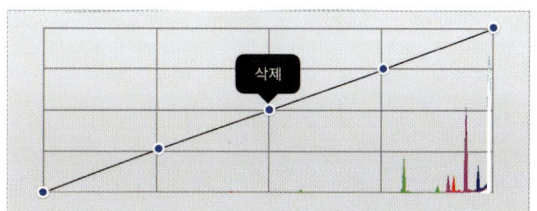

❽ 변화도 맵

색을 원하는 분위기대로 변화시킬 수 있습니다. 기존에 저장된 것도 사용할 수 있고, 추가하여 내가 원하는 색으로 미세하게 조정하여 만들 수도 있습니다!

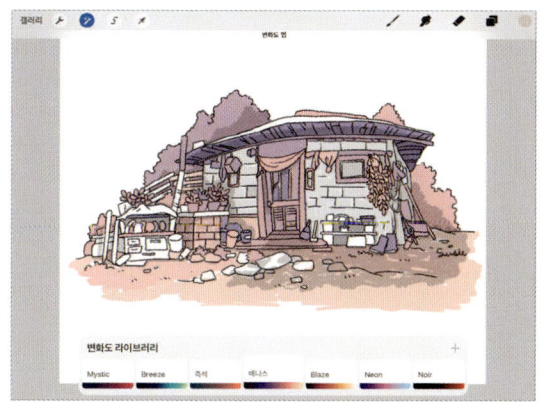 

선택 / 형태

선택과 형태는 정말 자주 사용하는 툴입니다. 자세한 사용 팁을 알아 두면 편리함이 업그레이드되어요. 선택과 형태 메뉴에서의 심화된 팁들을 알아봅시다.

선택

'선택' 툴은 선택 자체로서의 의미보다는 선택 후에 다양한 설정을 수행하는 목적이 가장 큽니다. 그러므로 이미지의 어느 부분을 정확하게 선택하느냐가 중요합니다.

❶ 자동

자동 선택 옵션은 펜으로 터치한 부분을 자동으로 선택해 줍니다. 어떤 모양이라도 색상이 비슷한 부분을 한 번에 선택할 수 있습니다. 자동으로 선택하고 싶은 이미지의 레이어가 선택되어 있어야 합니다.

- 선택 색상을 바꾸고 싶을 때: 자동 선택 시 색상은 현재 색의 보색으로 자동 선택됩니다. 임의로 결정할 수 없습니다.
- 선택된 범위를 바꾸고 싶을 때: 범위가 넓거나 좁을 경우 선택 부분에 펜을 대고 펜을 오른쪽, 왼쪽으로 드래그하여 그 양을 조절할 수 있습니다. 위쪽 바에서 정확한 수치를 확인할 수 있습니다.
- 선택을 추가하고 싶을 때: 해당 부분을 추가로 터치합니다.
- 선택을 완료하고 싶을 때: 다른 툴을 터치하면 선택이 완료되어 선택된 부분을 제외한 부분에 회색 빗금이 생깁니다. 그러면 이후 설정이 가능해집니다.
- 선택 자체를 취소하고 싶을 때: 선택 툴을 한 번 누릅니다.
- 취소하고 다시 선택하고 싶을 때: 옵션의 [지우기]를 선택합니다.

▲ 노란색 차양을 자동 선택한 모습. 선택 색상이 보색인 파란색으로 보입니다.

❷ 올가미

올가미 툴은 정말 편리한 선택 툴입니다. 드로잉하듯이 끊어서 그릴 수 있고, 유동적인 선과 직선을 동시에 선택해 섞어서 사용할 수 있습니다. 프로크리에이트에서는 올가미 선택 툴의 편리함을 최대치로 끌어 올렸습니다.

선택을 시작하면 시작 부분에 회색 점이 생깁니다. 이후에는 드로잉하듯이 편하게 움직이면 됩니다. 선을 중간에 끊어도 사라지지 않아요. 그래서 캔버스를 확대하고 돌리면서 선택할 수도 있습니다. 복잡한 모양도 쉽게 선택할 수 있지요. 사진에서 인물만 선택해서 배경을 지우는 등의 다양한 활동을 아주 편하게 할 수 있습니다.

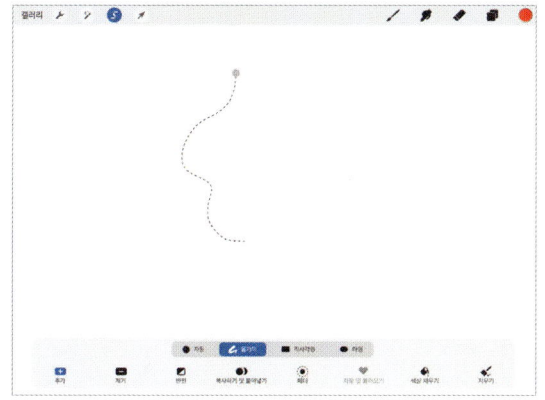
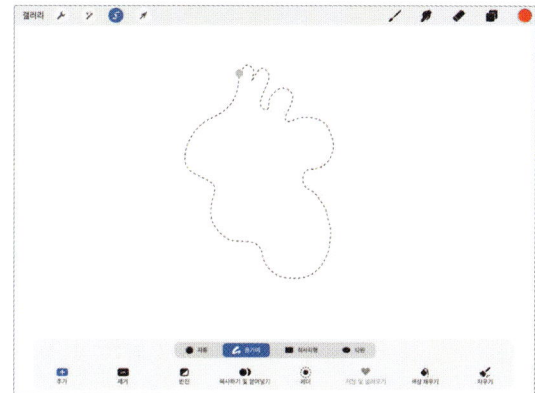

▲ 끊었다가 이어서 그릴 수 있습니다.

직선일 경우엔 직선을 그리고자 하는 곳으로 콕 찍으면 자동으로 그곳까지 직선으로 선택됩니다. 이 두 방식을 혼합해 하나의 선택에서 사용할 수 있습니다.

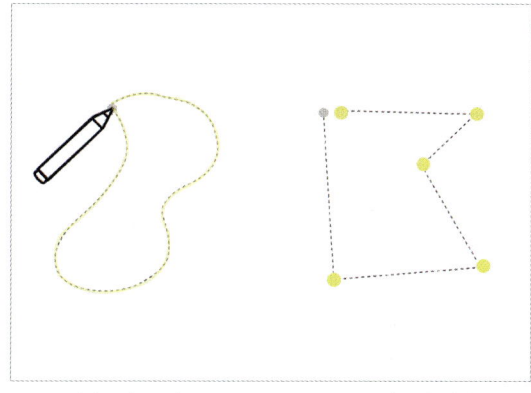

▲ 드로잉하듯이: 곡선　　▲ 콕콕 찍듯이: 직선

중간에 직선으로 선택된 구간이 보이나요? 선택을 마무리할 때는 회색 동그라미로 돌아오면 됩니다. 회색 동그라미에서 떨어진 상태에서 회색 동그라미를 톡 누르면 그곳까지 자동으로 연결됩니다. 이렇게 단계별로 끊어서 선택할 경우, 두 손가락 터치로 단계별로 취소가 되는 것도 무척 편리합니다. 잘못 선택했을 때 마지막 단계만 취소해서 다시 그릴 수 있으니까요. 단계별 취소, 재취소가 모두 가능합니다. (단계별로 취소되지 않을 때 ▶ p.410) 선택을 마치면 선택된 부분을 제외하고 빗금무늬가 생기지요. 그런데 이 상태에서 추가로 선택할 곳이 있다면 어떻게 해야 할까요?

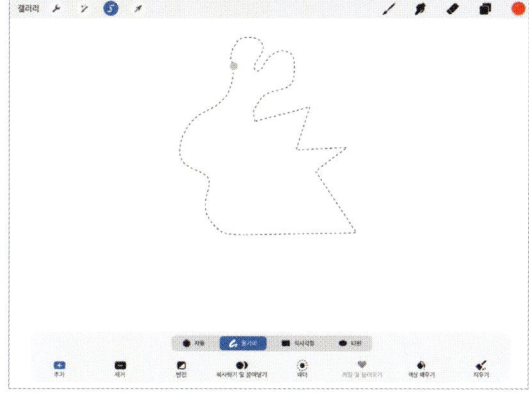

아래 옵션의 [추가] 버튼이 파란색으로 활성화되어 있다면, 그 상태에서 추가할 곳을 새로 그려 주세요. 자동으로 추가됩니다.

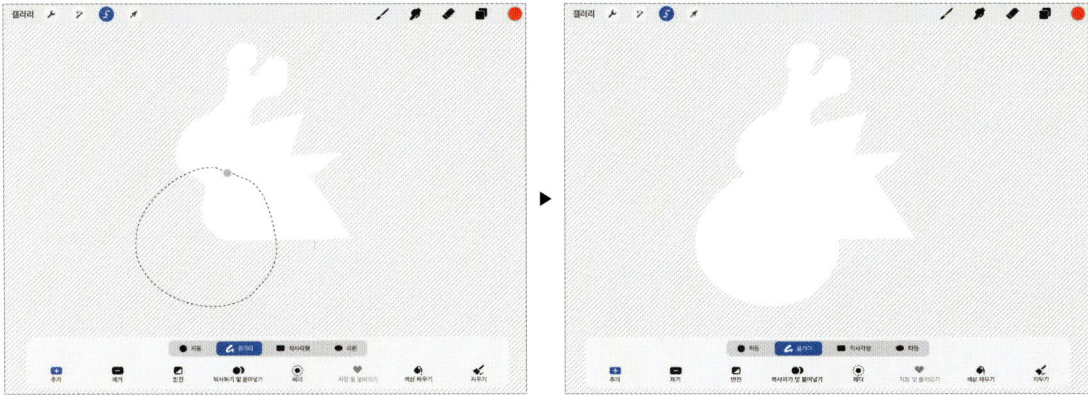

선택한 부분 중 일부를 제거하고 싶다면, 제거할 영역을 선택하고 [제거] 버튼을 누르면 됩니다.

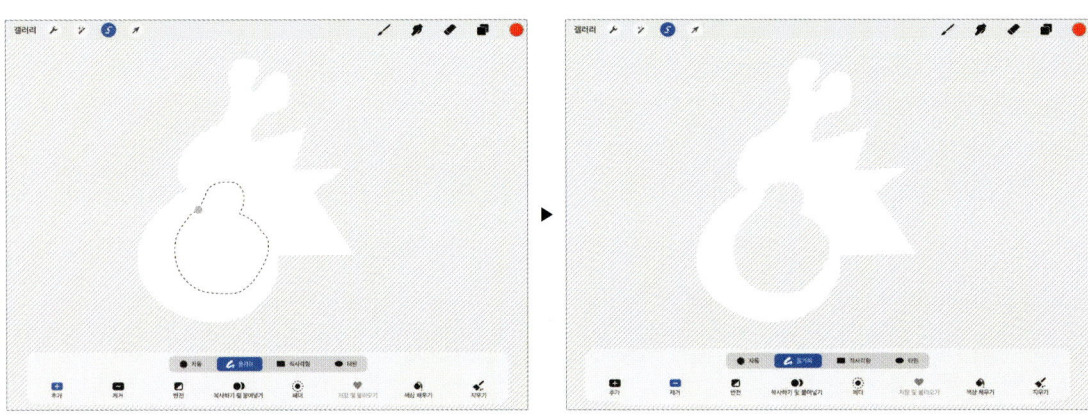

[반전] 버튼을 누르면, 선택 영역이 반전됩니다. 이 방법은 넓은 곳을 선택하고 싶을 때 사용해요. 선택하지 않을 작은 부분을 먼저 선택하고 [반전]을 누르면 편리하니까요. '복사하기 및 붙여넣기'는 해당 선택 부분을 복제해 새 레이어로 만들어 줍니다. '페더'는 외곽선을 흐리게 만드는 메뉴입니다. 야경을 그릴 때 알아보았지요.

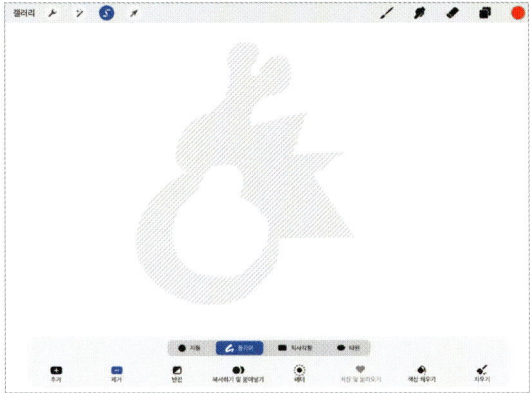

[저장 및 불러오기]에 선택 영역을 저장해 둘 수 있습니다. 불러오는 것도 가능하고요. [지우기]는 선택을 전체 해제하는 것입니다. 한 단계만 취소하고 싶으면 두 손가락으로 터치하면 됩니다. '직사각형', '타원' 옵션을 선택하면 해당 모양으로 선택되며 드래그로 크기를 조절해 선택 영역을 조절할 수 있습니다. 4가지 선택 옵션은 서로 중복해 사용이 가능합니다. [추가] 버튼이 활성화된 상태에서는 4가지 옵션을 넘나들며 선택할 수 있습니다. '자동'이나 모양 옵션으로 넓은 부분을 선택하고, 자세한 부분은 '올가미'를 이용하면 정확한 선택이 가능해집니다.

❸ 색상 채우기

[선택 > 자동 / 색상 채우기]를 선택하고 원하는 색상을 골라 원하는 부분을 터치하면 해당 색으로 채워지게 됩니다. '추가'도 누른 상태라면 여러 부분을 함께 채울 수 있어요. 채워진 상태에서 색상을 바꾸면 실시간으로 색상이 바뀐답니다. 어떤 색으로 채울지 고민될 때는 바로바로 바꿔가며 색을 볼 수 있습니다. 컬러 드롭 재채색과 연계 ▶ p.68

❹ 선택과 다른 툴의 동시 사용

선택한 상태에서 다른 툴들을 동시에 사용할 수 있습니다.

• 브러시, 스머지, 지우개

원하는 부분을 선택한 상태에서 브러시를 사용해 선택한 부분만 칠할 수 있어요. 컬러 드롭도 가능합니다. 스머지와 지우개도 물론 가능하지요. 화면을 잘 보면, [선택]과 [브러시]가 동시에 파랗게 활성화된 것을 확인할 수 있습니다.

• 형태

선택한 부분을 이동, 기울이기, 크기 조절할 수도 있습니다. 선택한 상태로 형태 툴을 누르면 되겠죠? 여기서도 [선택]과 [형태]가 동시에 파랗게 활성화된 것을 볼 수 있습니다. 이 기능은 여러 이미지가 있을 때 선택한 특정 부분만 움직이거나 조절할 때 유용합니다.

- 선택

선택 툴을 꾹 누르면 바로 이전의 선택을 복원해 줍니다. 최초 선택 후 채색하고 움직이는 등의 과정은 고스란히 유지한 채, 선택만을 복구해 주는 기능입니다. 중간에 다른 과정이 없다면 두 손가락 터치로 복원할 수 있지만 중간에 여러 과정을 거치고 선택만을 복원할 때, 이 방법이 아주 유용하답니다. 갤러리로 나갔다가 들어와도 기억하고 있습니다. 바로 이전 것만 기억하므로 더 오래 저장하고 싶다면 선택 옵션의 '저장 및 불러오기'에 넣어 두는 것이 좋겠지요?

- 제스처

확대, 축소, 회전, 전체 화면 보기 등 캔버스 관련 제스처를 사용할 수 있습니다.

❺ 선택 가시성 조절

책에서는 이미지를 선명하게 보여 주기 위해 그림이 없는 상태에서 선택 툴을 활용하는 것을 보여 드렸습니다. 이미지가 있는 상태에서는 선택 부분이 잘 보이지 않을 수 있습니다. 이미지 색과 너무 비슷하거나 선택한 이미지가 복잡할 때는 보기 헷갈릴 수 있어요. 이럴 때 선택한 부분을 보다 명확하게 보이도록 진하기를 조정할 수 있습니다.

[동작(🔧) > 설정 > 선택 마스크 가시성]을 조절하면 됩니다. 선택한 부분이 명확하게 보이게 조절해 보세요.

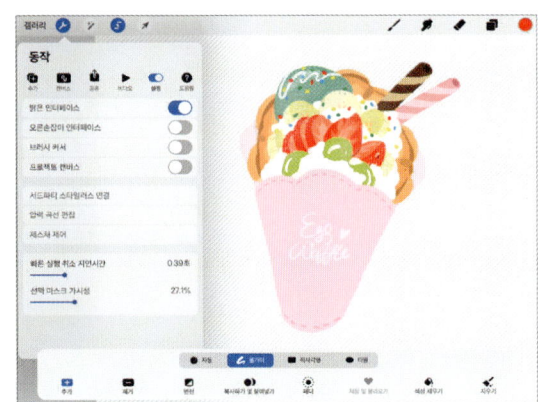

▲ 가시성 약 30%

▲ 가시성 약 70%

형태

형태 툴은 해당 이미지의 형태를 변형하는 편리한 툴입니다. 기본적으로 이미지의 위치, 크기와 각도를 조절하는 것이 가장 큰 역할인데요, 심화된 팁을 배워 봅시다.

❶ 일정한 비율로 키우기

'균등' 모드에서는 가로세로의 비율을 유지하며 그림의 크기를 바꿀 수 있습니다.

- 스냅 설정 옵션
- 자석: 파란 선이 가이드가 되어 특정 각도로 이동할 수 있도록 도와줍니다.
- 스냅: 아래 지정한 거리/속도에 맞춰 이동할 수 있도록 합니다.
- 거리: 지정한 거리만큼 움직이도록 합니다. 예를 들어 30으로 해 두었다면 해당 이미지를 잡고 움직일 때 30픽셀만큼씩 이동하게 됩니다.
- 속도: 얼마나 스냅에 맞추게 할 것인지를 결정합니다. 최대 속도일수록 스냅에 맞춰지도록 설정됩니다.

❷ 캔버스에 맞추기

터치 한 번으로 내가 지정한 캔버스에 이미지가 꽉 차도록 크기를 조절할 수 있는 옵션입니다. 버튼이 한 개처럼 보이지만 두 가지 선택이 가능합니다. 먼저 캔버스에 꽉 차기를 원하는 그림의 레이어를 선택하고 [형태( ) > 캔버스에 맞추기]를 하면 그림이 캔버스에 맞게 커집니다. 여러 개의 레이어를 선택하거나 그룹을 선택한 상태에서도 가능하니 여러 개의 이미지도 한 번에 맞출 수 있겠지요.

또 하나의 옵션은 '자석' 모드를 켜고 [스크린에 맞추기]를 누르는 것입니다. 이 상태에서는 그림의 비율에 상관없이 캔버스에 그림이 꽉 찹니다. 캔버스와 그림의 가로세로 비율이 다를 때는 그림이 일부가 잘릴 수 있겠지요. 두 가지 맞추기 옵션 중 상황에 맞게 원하는 것으로 골라 사용하면 됩니다.

❸ 줌 인 / 줌 아웃

조절하고 싶은 그림의 레이어를 선택하고 형태 툴을 눌렀습니다. 그런데 그림이 너무 작아서 미세한 조절을 할 수 없습니다. 이럴 때는 손가락으로 화면을 확대하면 됩니다. 그림은 펜슬로 점을 조절할 때와 선택 상자 안쪽으로 손가락을 대고 확대할 경우에만 커지니까요.

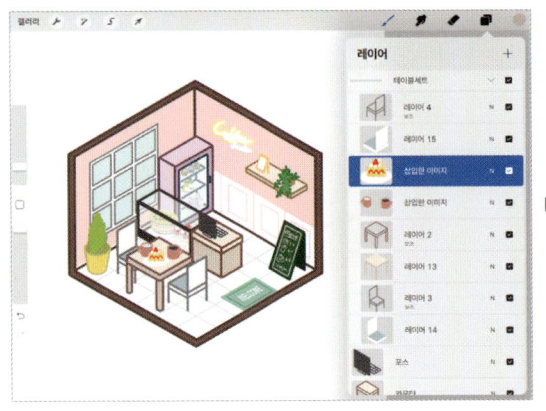 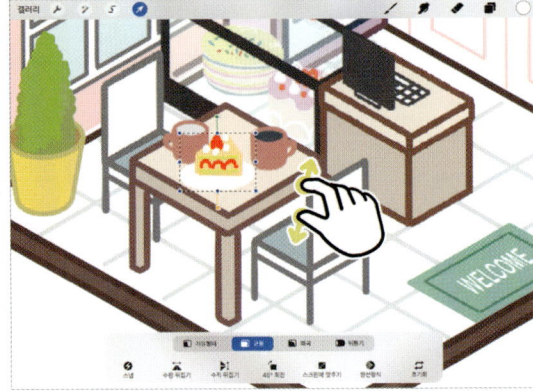

❹ 미세 조정

이렇게 작은 그림을 잡아 움직일 때 확대하지 않은 상태에서 그림 전체를 보며 미세하게 조절하고 싶다면 어떻게 해야 할까요? 책에서는 잘 보여 드리기 위해 그림을 확대해 보았는데요, 형태 툴을 누르면 이미지 주변에 점선 박스가 생기고, 그 박스에 8개의 점을 볼 수 있습니다. 그 점들은 각각의 방향을 의미해요. 위, 아래, 오른쪽, 왼쪽, 그리고 대각선 4방향입니다. 점선 박스의 옆을 손가락으로 톡 건드려 보세요. 미세하게 그림이 그쪽으로 움직이는 것을 볼 수 있습니다. 이렇게 8개의 방향을 터치하여 미세하게 옮길 수 있습니다. 이 기능은 줌 상태에 영향을 받습니다. 한 번의 터치로 같은 길이를 움직인다고 했을 때, 줌 인을 해서

움직일 경우, 그림 전체적으로 보면 더 짧은 길이만큼 옮기는 것이지요. 한 번의 터치로 이미지를 옮기는 거리는, 줌 인과 줌 아웃으로 조절할 수 있습니다. 물론 확대한 상태에서는 충분히 그림이 잘 보이므로 집어서 움직이는 것도 가능합니다. 선택한 점선 박스의 안쪽을 잡을 필요 없이, 캔버스의 아무 곳이나 손가락이나 펜슬을 대고 움직이면 선택한 이미지를 옮길 수 있습니다. 또는 파란 점을 누르면 나오는 수치 입력판을 활용합니다.

⑤ 회전

이미지를 기울이고 돌리는 방법에도 여러 가지가 있습니다. 종류별로 조금씩 다르니 상황에 맞게 쓸 수 있도록 숙지해 두면 좋겠지요. 원하는 이미지를 형태 툴로 선택한 상태에서 시작합니다.

① 점선 상자 꼭대기의 삐죽 나온 초록색 손잡이를 잡고 돌립니다. 기울이는 대로 자유롭게 돌아가요.
② 초록색 점을 누르면 나오는 수치 입력판을 활용합니다.
③ 아래쪽 옵션에서 [45° 회전]을 누릅니다. 한 번 누를 때마다 45도씩 돌아갑니다.
④ 아래쪽 옵션에서 [자석]을 누른 상태에서 ①번이나 ② 번 방법으로 돌립니다. 화면에 가이드 선이 생기며 이미지가 정확히 15도씩 돌아가요. 자석을 누른 상태에서 [45° 회전]을 누르면 45도로 돌아갑니다. ①번과 ②번은 각도에 상관없이 자유롭게 돌리고 싶을 때, ③번과 ④번은 정확한 각도로 돌리고 싶을 때 사용하면 좋습니다.
⑤ 노랑 네모 손잡이는 대상이 아니라 점선 박스를 돌립니다. 회전 후에 특정 방향으로 대상의 크기를 조절하고 싶을 때 무척 유용합니다.

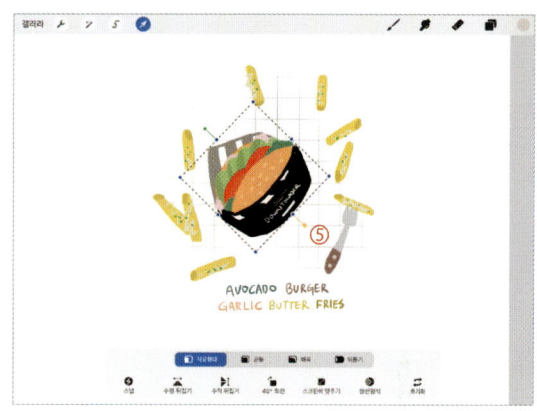

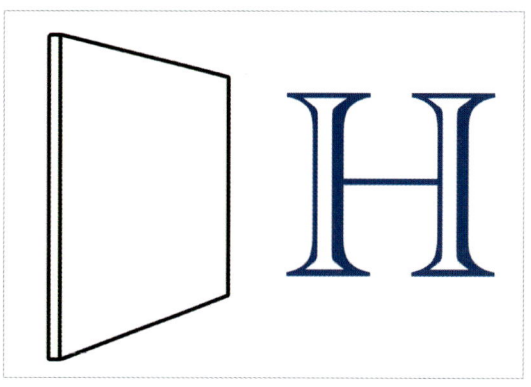

⑥ 왜곡

왜곡은 이미지의 형태를 바꿀 수 있는 옵션입니다. 조금 더 정확하고 자세히 알아보아요.

① 왼쪽 액자에 글자 H를 넣을 거예요. 액자가 원근법에 따라 그려졌으니, 글자 모양도 그에 맞춰 바꿔야겠죠?

② 자유 형태를 선택해, 액자의 가장 긴 쪽에 글자의 높이를 맞춥니다. 자유 형태에서 점선 상자의 모서리 점을 눌러 확대하거나 축소하면 가로세로가 동시에 커지거나 작아집니다.

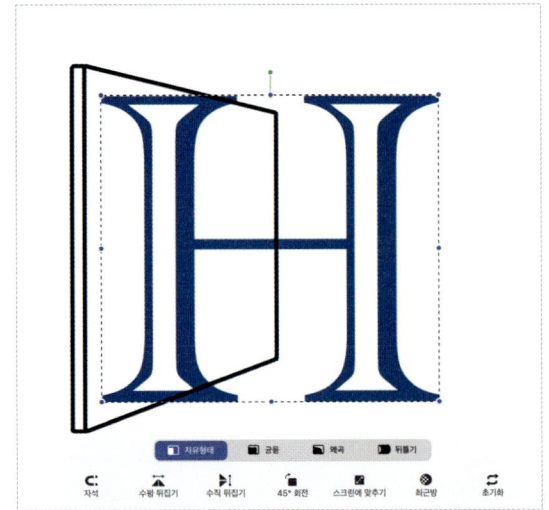

③ 자유 형태 상태에서, 액자에 맞게 가로 길이를 줄여 줍니다. 점선 상자의 변 가운데 점을 눌러 움직이면, 가로나 세로 둘 중 하나만 확대하거나 축소할 수 있습니다. 이전 단계에서 모서리를 움직여 이 과정을 동시에 진행할 수 있습니다.

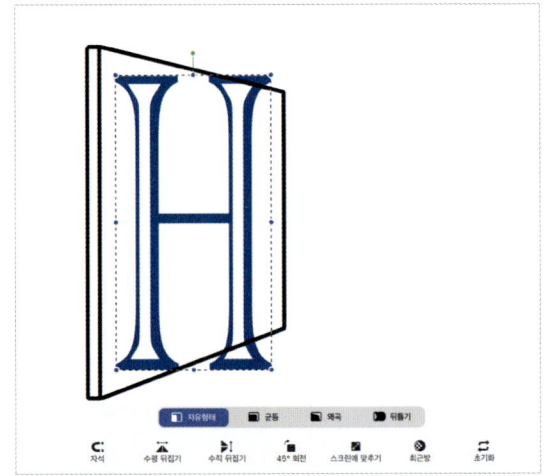

④ 이번엔 오른쪽 모서리 점들을 안쪽으로 넣습니다. 자유 형태에서는 모서리 점을 움직이면 가로세로가 동시에 움직입니다. 이번에는 한쪽 점만 아래로 내려야 하는데 말이지요. 이럴 때 필요한 것이 '왜곡' 모드입니다. 아래쪽 옵션에서 '왜곡' 모드를 선택해 한쪽 점을 움직여도 되지만, '자유 형태'에서도 움직일 수 있습니다. 자유 형태 상태에서 점을 집어 바로 움직이지 말고, 점을 누른 상태로 잠시 기다려 봅니다. 위쪽 상태 바에 '왜곡' 또는 '기울임'이라고 뜨며 모드가 잠시 바뀝니다. 펜을 떼지 않는 한 왜곡 모드가 유지되며 점을 왜곡 모드로 마음껏 움직일 수 있어요. 양쪽 점을 안쪽으로 잘 이동시켜 글자를 원근법에 맞게 넣었습니다.

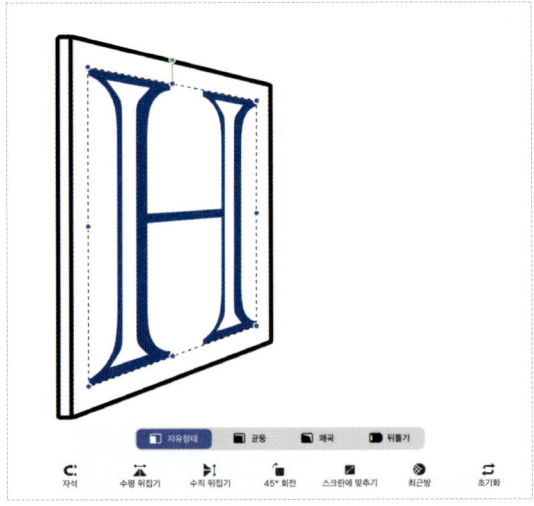

⑤ 모양이 다른 액자에도 넣어 봅시다. 이번엔 등거리 원근법으로 그린 액자에 넣어 볼게요. 액자의 왼쪽에 맞도록 글자를 놓습니다.

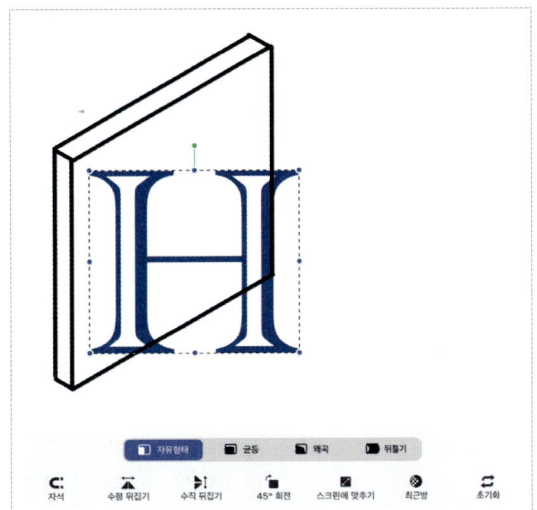

⑥ 자유 형태 상태에서 오른쪽 변 가운데 점을 누르고 있으면 모드가 바뀌며 한 번에 기울일 수 있습니다. 이렇게 자유 형태 상태에서도 왜곡을 실행하는 팁을 알게 되면 형태를 변형할 때 옵션을 이리저리 옮기지 않고 원하는 모양으로 만들 수 있습니다. 어떤 경우에 어떤 왜곡을 사용하면 좋은지 알 수 있겠죠?

모든 형태 옵션은 두 손가락 터치 제스처로 취소가 가능합니다. 또한 형태 옵션 자체를 하나로 생각해 한 번에 취소할 수도 있고, 형태 옵션에서 실행한 여러 단계를 한 단계씩 취소할 수도 있습니다. 간소화된 실행 취소 ▶ p.410

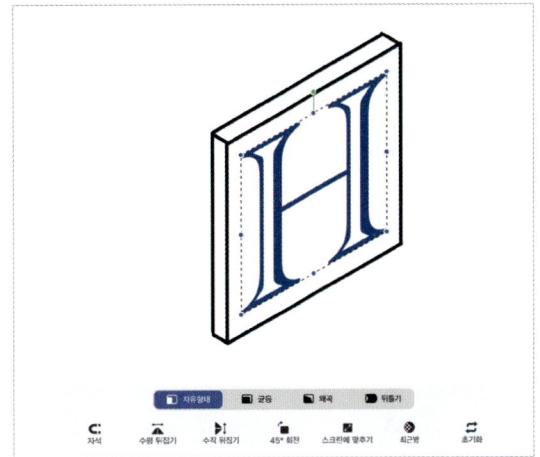

❼ 보간법

보간법은 수학에서 쓰는 용어입니다. 기존의 데이터로 모르는 값을 추정하는 방법이라고 해요. 디지털 드로잉에서 보간법이란, 기존의 이미지 데이터를 통해 확대, 축소, 회전 시 이미지의 상태를 나름대로 정해 주는 방법입니다.

이미지를 예로 들어 알려 드릴게요. 형태 변경 시 '보간법'을 선택하면 세 가지의 옵션이 나옵니다. '최단입점(Nearest neighbor) / 쌍선형식(Bilinear) / 쌍사차식(Bicubic)'입니다. 벡터 이미지가 아니고서는 모든 이미지는 기존의 사이즈에서 늘이거나 줄이면 화질이 달라집니다. 화질을 어떤 식으로 달라지게 할 것인지를 정하는 것입니다.

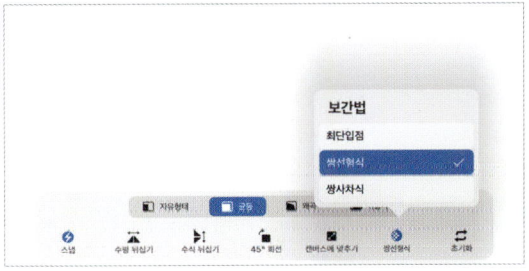

- **최단입점**: 기존 이미지를 참고하여 가까이 인접한 비슷한 색을 묶어 표현합니다. 딱딱하지만 선명한 느낌입니다.
- **쌍선형식**: 최단입점보다 조금 더 넓은 영역으로 색을 엮어 표현합니다. 조금 더 부드러운 이미지가 됩니다.
- **쌍사차식**: 쌍선형식보다 더 넓게 잡습니다. 가장 부드러운 이미지가 됩니다.

차이가 가장 두드러지는 최단입점과 쌍사차식을 비교해 보겠습니다. 원본 사진을 확대했을 때, 최단입점은 외곽선에 계단 현상이 생깁니다. 딱딱하지만 선명한 느낌이에요. 쌍사차식으로 확대했을 때는 부드러운 느낌이 듭니다. 선이 부드러운 그림이나 사진의 경우엔 쌍사차식으로 확대하는 것이 더 나아보이기도 합니다.

▲ 원본　　　　　　▲ 최단입점　　　　　　▲ 쌍사차식

▲ 원본　　　　　　▲ 최단입점　　　　　　▲ 쌍사차식

하지만 선이 분명한 그림은 최단입점으로 확대하는 것이 좋습니다. 선명하게 보여지기 때문이지요. 쌍선형식은 최단입점과 쌍사차식의 중간 단계라고 보면 되겠지요? 최단입점으로 확대해도 선명도가 마음에 들지 않는다면 [조정 > 선명 효과]를 추가할 수 있습니다. 또한 크기 변경 없이 이미지를 회전했을 때, 선이 깨지는 현상이 보인다면 이 옵션을 바꿔 보세요. 이렇게 이미지에 따라 옵션을 선택해 확대, 축소, 회전하면 됩니다. 보간법은 형태 옵션 중 어떤 것을 선택하든 모두 적용됩니다.

❽ 뒤틀기

뒤틀기에서는 '고급 메쉬' 옵션을 통해 보다 세밀하게 형태를 변형할 수 있습니다. 고급 메쉬를 선택하면 나오는 파란 점들을 자유롭게 움직여 보세요. 그림을 다른 느낌으로 만들고 싶을 때도 유용합니다.

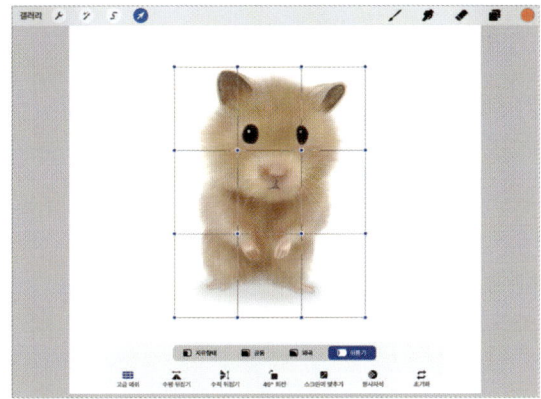 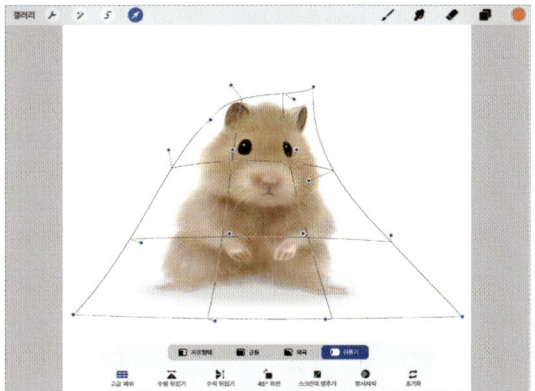

▲ 모양을 변형해 다른 느낌으로 만들어요.

▲ 라인 드로잉에서도 형태를 왜곡해 색다른 느낌을 줄 수 있어요.

제스처

프로크리에이트는 다양한 제스처를 제공합니다. 제스처란, 펜슬이 아닌 손가락으로 터치하거나 밀어서 동작을 실행하는 기능을 말합니다. 제스처는 기본 설정으로 세팅되어 있지만, 사용자가 자신에게 맞게 변경할 수 있습니다. 또한 기본으로 설정되어 있지 않은 제스처도 숨어 있으니 살펴봅시다. [동작(🔧) > 설정 > 제스처 제어]를 누르면, 여러 가지 메뉴에 대한 제스처를 설정할 수 있는 페이지가 나옵니다. 종류에 따라 조금씩 내용이 달라지는데요, 4개에서 8개까지의 선택지가 있습니다. 제스처는 한눈에 알 수 있도록 직관적으로 설명되어 있습니다.

- [Quick Menu]의 [Apple Pencil 이중-탭]은 애플펜슬 2세대에서 지원되는 기능으로, 1세대에서는 지원되지 않습니다. 2세대 펜슬에 있는 버튼을 더블 탭하는 것에 제스처를 설정할 수 있는 기능입니다.
- [일반]에서 [손가락으로 페인팅 켬]을 비활성화하면, 손가락으로 그림을 그릴 수 없고 제스처만 가능해집니다. 그림을 그리다 보면 자연스럽게 화면에 손이 닿는데, 이 항목을 꺼 놓으면 손가락 터치가 인식되어 원치 않는 방향으로 그려지는 것을 방지할 수 있습니다.
- 제스처는 같은 동작에 한 개만 설정할 수 있으며 서로 겹쳐서 사용할 수 없습니다. 하나를 켠 채로 다른 하나를 켜려고 하면 노란색 느낌표가 나타나면서 하나가 자동 해제됩니다.

이 책에서 설명하는, 제가 사용 중인 제스처의 기본 세팅은 다음과 같습니다. 참고해 주세요. 대부분은 기본 세팅과 동일합니다. 사용하기 편리한 대로 설정되어 있다고 생각하면 그대로 사용해도 괜찮지만, 불편한 점이 있다면 바꿔 보는 것도 좋습니다.

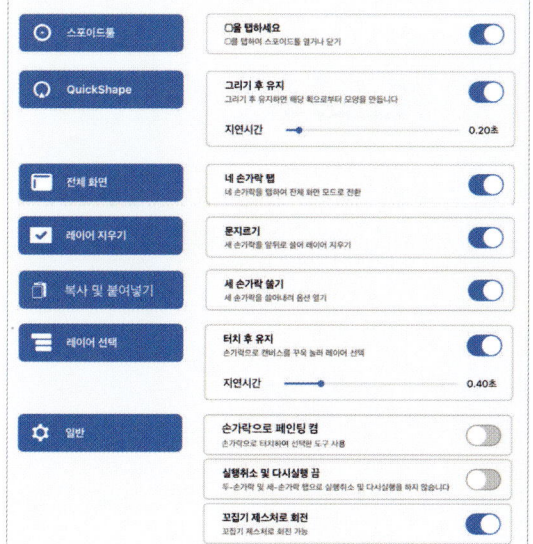

여기서 기본으로 세팅되어 있지 않은 'Quick Menu' 항목을 보겠습니다. 퀵 메뉴에 자주 사용하는 옵션을 넣으면 해당 메뉴를 빠르게 실행할 수 있습니다. 우선, 퀵 메뉴에 기존에 선택하지 않은 제스처에 한해서 한 가지 제스처를 설정해 줍니다. 저는 '한 손가락을 탭하여 퀵 메뉴 열기'를 세팅해 보았습니다. 설정 이후, 캔버스에 들어가 한 손가락으로 탭합니다. 설정한 대로 퀵 메뉴가 뜹니다.

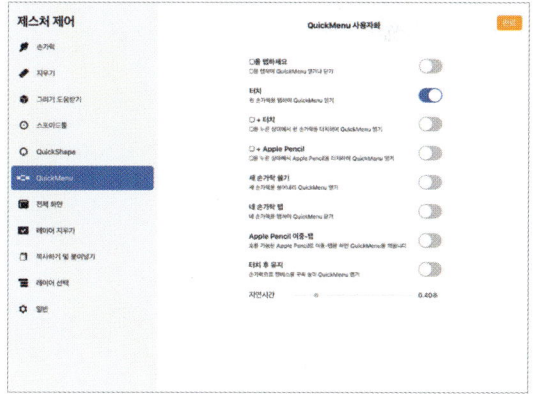

총 6개의 옵션이 뜨는데요, 기본으로 설정되어 있는 것 외에 꾹 누르면 원하는 항목으로 변경할 수 있습니다. 정말 편리한 기능이지요. 자주 사용하는 명령어를 모아 두면 좋습니다. 여러분이 원하는 대로, 편리한 대로 설정해 사용해 보세요. 또한 가운데 퀵 메뉴를 누르면 여러 개의 메뉴 세트를 저장하여 사용할 수도 있습니다.

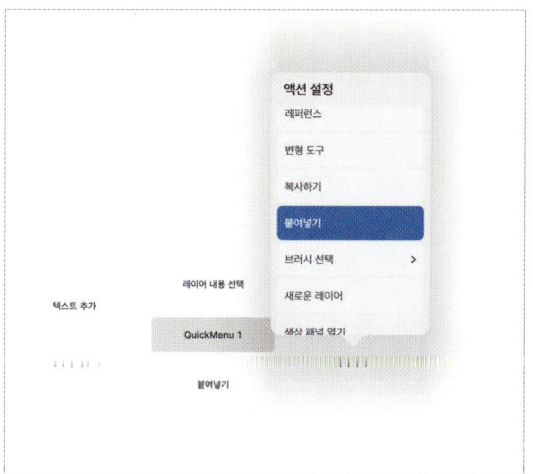

브러시 스튜디오

앞서 그림을 연습하며 브러시를 커스터마이징하는 방법을 배워 보았는데요, 브러시에 대해 조금 더 상세하게 알고 싶은 분들을 위해 디테일한 설명을 실어 봅니다. 브러시는 여러 가지 요소들로 인해 변화하도록 구성되어 있습니다.

브러시를 선택하고 파랗게 활성화된 브러시를 한 번 더 터치하면 해당 브러시를 커스터마이징할 수 있는 창이 뜹니다. 이 창을 [브러시 스튜디오]라고 합니다. 총 13개의 카테고리가 왼쪽에 나열되어 있어요. 가운데에는 각각의 카테고리에 맞는 상세 설정이, 오른쪽에는 그리기 패드가 있습니다. 상세 설정에서 값 부분을 터치하면 숫자로 입력도 가능합니다. 그리기 패드에서는 옵션이 변할 때마다 선이 변하는 것을 바로 확인할 수 있으며, 직접 그리고 지울 수도 있습니다. 세 손가락을 문질러 화면을 모두 지우거나 그리기 패드 글자를 누르면 나오는 옵션에서도 지울 수 있습니다. 이 옵션에서는 설정을 초기화할 수 있고, 미리 보기 크기를 조절할 수 있으며, 색상도 선택할 수 있습니다.

브러시는 이처럼 여러 가지 요소들로 인해 변화하도록 구성되어 있습니다. 프로크리에이트 브러시를 이해하는 데 있어서 중요한 요소는 바로 '모양'과 '그레인' 개념입니다. 이 두 옵션을 먼저 이해해야 다른 옵션을 이해하기가 수월하므로 이 둘을 먼저 살펴보겠습니다.

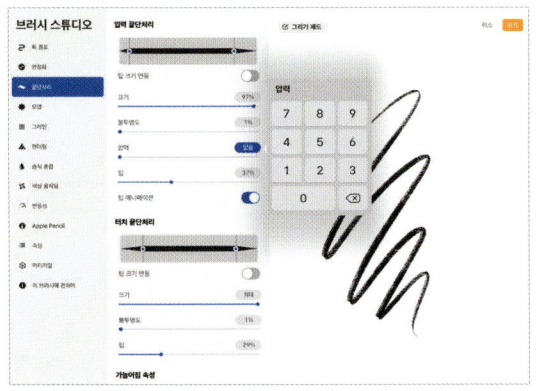

▲ 값의 상세 설정이 가능합니다.

▲ 그리기 패드 옵션

> **TIP**
> - 브러시 옵션을 바꿔도 브러시에 변화가 나타나지 않을 때가 있습니다. 어떤 옵션은 특정 옵션 아래에 있어서 변화가 미미하게 느껴지는 경우도 있습니다. 어떤 옵션은 다른 옵션을 무력화시키기도 합니다. 변화를 크게 주거나, 관련된 다른 옵션을 조정해 보세요.
> - 외부에서 브러시를 가져올 때, 커스텀 브러시를 내보낼 때 멀티태스킹을 통한 드래그 방식을 사용할 수 있습니다.

모양

브러시의 모양을 결정합니다. 해당 모양이 반복되며 하나의 선이 됩니다.

❶ 모양 편집기

- **사진 가져오기 / 파일 가져오기**: 미리 저장해 둔 모양의 이미지나 파일을 불러옵니다.
- **소스 라이브러리**: 기본으로 제공되는 150여 개의 모양 이미지를 골라 불러옵니다.
- **붙여넣기**: 캔버스에서 만든 이미지를 복사해 붙여넣을 수 있습니다.

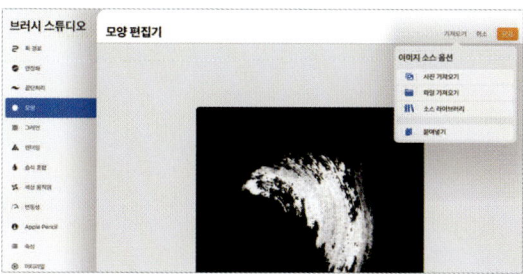

❷ 모양 특성

- **분산**: 값이 커질수록 브러시의 모양을 랜덤으로 돌리며 긋습니다. 브러시가 거칠어지는 느낌이 납니다.
- **회전**: 선을 긋는 방향에 따라 모양을 변경할 것인지 결정합니다. 방향성이 있는 브러시에서 변화가 큽니다.
- **횟수(카운트)**: 브러시 안에서 해당 모양이 반복되는 횟수를 결정합니다. 많을수록 밀도가 촘촘해집니다.
- **카운트 지터**: 횟수와 연관하여 횟수가 랜덤으로 결정되도록 합니다.
- **무작위**: 무작위를 켜면 브러시가 시작될 때의 모양이 랜덤으로 나옵니다. 반대로 무작위를 끄면 사용자가 선을 긋는 것에 따라 일정하게 모양이 나옵니다.
- **방위각**: 펜슬의 각도에 따라 브러시의 모습이 똑같이 구현되도록 설정할 때 사용합니다. 방위각을 켜면 펜슬의 각도에 따라 모양이 달라집니다. 이 옵션은 '회전' 옵션보다 우선하고, 펜슬로 선을 그을 때만 적용됩니다.
- **뒤집기**: 모양을 X축, Y축 기준으로 뒤집을 수 있습니다. 그래프의 점을 이동해도 같은 효과가 나타납니다.
- **원형 그래프**: 녹색 점을 이동해 모양을 기울일 수 있습니다. 파란 점을 움직여 모양을 찌그러트릴 수 있습니다.
- **압력 원형률**: 펜압이 세어질수록 모양이 찌그러집니다.
- **기울기 원형률**: 팬을 기울여 그릴수록 모양이 찌그러집니다.
- **모양 필터링**: 브러시의 계단 현상을 해결(anti-aliasing)하기 위한 선택지입니다. '필터링 없음'은 필터링이 없는 것이고, '클래식 필터링'은 이전 버전의 방식으로 계단 현상을 해결해 줍니다. '향상된 필터링'은 조금 더 발전된 방식으로 해결해 주는 옵션입니다.

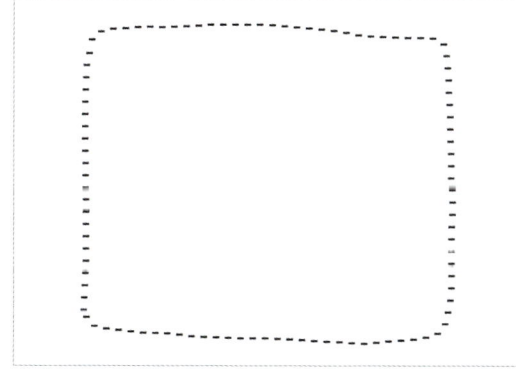

▲ '가죽 가방'을 그릴 때 사용했던 점선 브러시의 경우 '회전' 항목 0%일 때

▲ 100%일 때

그레인

브러시의 질감을 결정합니다.

❶ 그레인 편집기
- **가져오기**: 모양 소스와 마찬가지로 [가져오기]를 통해 소스 변경이 가능합니다. 기본으로 제공되는 '소스 라이브러리'에서 100개가 넘는 질감을 선택할 수 있고 직접 그리거나 찍은 질감으로 변경이 가능합니다. '여러 가지 패턴 만들기' 편에서 만든 질감을 활용해 보세요.
- **자동 반복**: 해당 질감을 경계선 없이 반복되도록 설정합니다. '그레인 비율'은 크기를 결정하며 '회전'으로 각도, '경계 오버랩'으로 반복되는 경계의 모습을 결정할 수 있습니다. '마스크 강도, 오버랩 미러링, 피라미드 혼합' 옵션은 이 경계를 소프트하게 만들어 주는 옵션입니다. 하나씩 적용하며 가장 나은 모습을 찾아보세요.

❷ 그레인 특성
- **Moving(동선)**: 그레인이 브러시 안에서 움직입니다. '서예' 브러시 등이 이에 해당합니다.
- **Texturized(텍스처화)**: 그레인이 텍스처화되어 일정하게 나타납니다. '텍스처' 브러시 등이 이에 해당합니다.
- **움직임**: 브러시 안에서 질감을 어떻게 움직이게 할 것인가를 결정합니다. '100%(롤링)'은 선택된 질감이 움직이며 자연스럽게 채워집니다. '0%'는 질감이 반복되지 않습니다. 텍스처화 탭을 선택했을 때와 비슷한 느낌이 됩니다.
- **비율**: 모양 안에서의 그레인 사이즈를 결정합니다. 커스텀 브러시를 만들 때, 브러시의 크기와 질감 등의 비율을 적절히 맞출 수 있도록 조절하는 기능으로 동선 탭에서만 가능합니다.
- **확대/축소**: 그레인이 브러시 크기에 따라 달라질 것인지, 브러시 크기에 상관없이 그레인의 크기를 유지할 것인지를 결정합니다.
- **회전**: 선의 방향에 따라 그레인을 회전시킬 수 있는 옵션입니다. 오른쪽 끝으로 바를 움직이면 '뒤따르는 획'이라고 나오는 것을 볼 수 있습니다. 선의 방향에 따라 그레인도 회전하도록 만드는 것입니다. 반대편 끝으로 움직이면 선의 방향 반대로 그레인이 돌아갑니다. 중간에 위치시킬 경우, 회전하지 않고 일정하게 나옵니다.
- **깊이**: 그레인의 깊이감을 결정합니다. 높을수록 질감 무늬의 대비가 강하며, 질감이 더 도드라져 보이는 설정이 됩니다. 펜의 압력에 따라 달라질 수 있습니다.

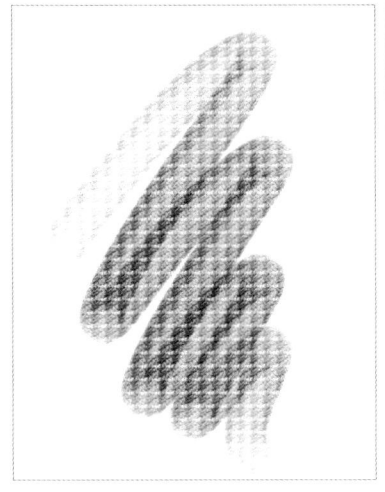 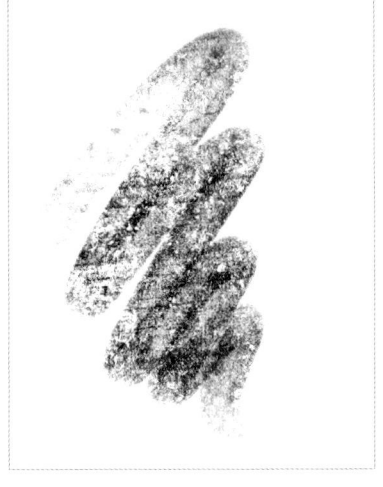

◀ '미술크레용' 브러시의 '비율' 항목 10%(왼쪽)일 때/50%(오른쪽)일 때

- 최소 깊이: 최소 깊이를 정해 두면, 펜의 압력에 따라 가장 약하게 나올 수 있는 모습을 결정할 수 있습니다. 동선 탭에서만 설정이 가능합니다.
- 깊이 지터: 랜덤으로 깊이가 나타나도록 합니다. 동선 탭에서만 가능합니다.
- 오프셋 지터: 브러시가 조금 더 자연스러워지도록 설정하는 옵션입니다. 텍스처가 필요한 브러시에서는 사용하지 않는 것이 좋습니다.
- 혼합 모드: 그레인과 색간이 어떻게 섞이도록 할 것인지 설정하는 옵션입니다.
- 밝기: 그레인의 밝기를 설정합니다.
- 대비: 그레인의 대비를 설정합니다. 깊이와 비슷한 역할을 합니다.
- 그레인 필터링: 앞서 배운 모양 필터링과 같은 역할을 합니다.
- 카메라를 팔로우 하는 그레인: 3D 개체에 적용되며 활성화하면 카메라 앵글에 따라 그레인이 자연스럽게 적용되도록 합니다.

획 경로

이제부터 순서대로 브러시 카테고리를 살펴봅니다. 먼저 획 경로입니다.

❶ 획 속성

- 간격: '모양' 옵션에서 결정한 브러시 모양의 반복되는 정도를 결정합니다. 간격 없이 반복되어야 선이 제대로 보이겠지요. 간격이 넓어질수록 브러시 모양이 점선처럼 띄엄띄엄 보입니다.
- 지터: '간격'이 브러시 모양 사이사이의 간격을 조절하는 옵션이라면, 이 옵션은 브러시 모양을 사방으로 조절하는 옵션입니다. 지터의 값이 작을수록 솔리드 라인으로 보입니다.
- 묽음 감소: 브러시 끝을 점점 흐려지게 함으로서 브러시의 길이를 결정합니다.

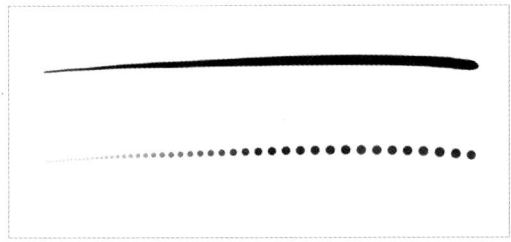

▲ '간격' 항목 없음일 때(위) / 70%일 때(아래)

▲ 묽음 감소 값을 '없음 → 30%'로 점점 올리며 그은 선들

안정화

손으로 그리는 것보다 더 부드럽고 자연스럽게 획이 그어지도록 도와주는 옵션입니다. 카메라의 손 떨림 방지 기능과 비슷합니다.

❶ stream line(유선형)
- 양: 값이 높을수록 보다 유연한 선이 그어집니다. 좀 더 깔끔한 선을 원한다면 값을 높이고, 브러시의 선이 따라오는 느낌이나 내 마음대로 비뚤어진 선을 긋고 싶다면 값을 낮춥니다.
- 압력 : 압력에 따라 유선 양이 입력되도록 합니다. 없음일 때 압력에 상관없이 선에 골고루 유선이 적용됩니다.

❷ 안정화
- 선의 흔들림을 잡아 줍니다. 값이 높을수록 웬만한 손떨림 선도 깔끔한 직선으로 만들어 줍니다. 속도의 영향을 받는 옵션으로 빨리 그릴수록 더 깔끔한 선을 만들어 줍니다.

❸ 움직임 필터링
- 양: 안정화의 고급 옵션으로 그리는 속도와 상관없이 안정화를 해 줍니다. 그리기 패드에 속도를 달리해 그려가며 위의 안정화 옵션과 비교해 보세요.
- 표현: 움직임 필터링 값이 있을 때만 적용됩니다. 획을 보다 더 다듬어 주는 역할을 합니다.

끝단 처리

브러시 획 끝 부분의 크기와 모양 등을 결정하는 옵션입니다. 여러 가지 옵션을 조절해 자연스러운 선을 만들 수 있습니다. '압력 끝단 처리'는 애플펜슬을 사용할 때, '터치 끝단 처리'는 손가락을 사용할 때 적용되는 옵션입니다. 펜슬을 사용할 때 결정할 수 있는 옵션이 조금 더 많습니다.

- 끝단 처리 슬라이더: 파란 점을 이동해 끝단의 길이를 변경할 수 있습니다. 선의 꼬리가 길게 나오도록 할 것인지, 짧게 끊어지도록 할 것인지를 결정하는 것이지요. '팁 크기 연동'을 활성화하면 양쪽 팁이 연동되어 똑같이 변합니다.
- 크기: 높을수록 끝단의 크기 변화가 커집니다.
- 불투명도: 끝단을 점점 흐리게 할 것인지를 결정합니다.
- 압력: 압력에 따라 끝단이 달라지도록 할 것인지 결정합니다. 압력 끝단 처리에만 있는 옵션입니다.
- 팁: 끝단을 뭉툭하게 또는 뾰족하게 할 것인지를 결정합니다.

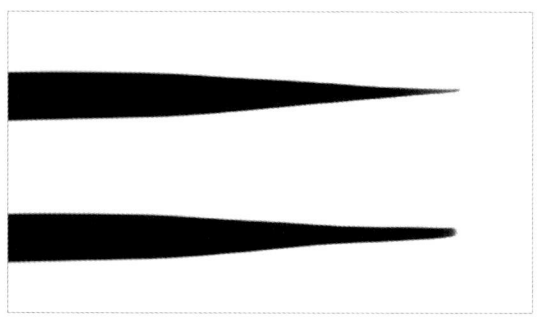
▲ 끝단 처리에 따라 달라지는 모습

- 팁 애니메이션: 팁 애니메이션을 켜면 그리는 동시에 끝단이 그려지고, 팁 애니메이션을 끄면 그리고 난 후, 펜슬을 화면에서 뗀 후 끝단이 생겨납니다. 압력 끝단 처리에만 있는 옵션입니다.
- 클래식 끝단 처리: 클래식 끝단 처리를 활성화하면 이전 버전의 끝단 처리 설정이 적용됩니다.

렌더링

브러시가 캔버스, 색, 다른 브러시와 어떻게 혼합될 것인지를 결정합니다.

❶ 렌더링 모드
- 가벼운 광택: 프로크리에이트의 기본 블렌딩 모드입니다.
- 균일한 광택: 포토샵의 렌더링 모드와 비슷한 설정입니다.
- 강렬한 광택: 보다 강한 터치를 할 수 있습니다.
- 무거운 광택: 아주 강한 터치를 할 수 있습니다.
- 균등 혼합: 물기가 더해진 느낌의 모드입니다.
- 강렬한 혼합: 가장 강한 모드로, 색과 물기 모두가 혼합되는 모드입니다.

❷ 혼합
- 흐름: 색과 질감이 캔버스에 잘 혼합되도록 합니다.
- 젖은 모서리: 선의 가장자리, 모서리를 부드럽게 만들어 자연스럽게 해 줍니다.
- 그을린 모서리: 모서리를 진하게 만들어 줍니다.
- 그을린 모서리 모드: '그을린 모서리' 설정 시 다양한 혼합 모드를 제공합니다. (모서리)
- 혼합 모드: 레이어의 혼합 모드처럼 브러시의 혼합 모드를 결정할 수 있습니다. (브러시 전체)
- 빛 혼합: 이 옵션을 켜면 빛의 느낌이 더해져 색이 밝고 선명하게 블렌딩됩니다.

습식 혼합

브러시에 물기를 더하는 모드입니다.

- 희석: 브러시가 머금은 물기의 양을 조절하는 옵션입니다. 값이 클수록 브러시가 물을 많이 머금어 투명한 느낌입니다.
- 머금기: 브러시가 머금은 색의 양을 조절하는 옵션입니다. 값이 클수록 붓이 색을 많이 묻히고 있으므로, 긴 선을 그을 때 보다 많은 색이 나오게 됩니다. 희석과 머금기를 동시에 조절해 원하는 정도의 색과 물을 붓에 묻혀 그리는 느낌을 낼 수 있습니다.
- 초기 강도: 캔버스에 묻어 나오는 색의 양을 조절합니다. 값을 높게 세팅할 경우, 붓을 세게 누르면 색이 많이 묻어져 나오는 것과 같이 압력에 의해 더 많은 색이 나옵니다.
- 흡인력: 다른 선이나 색과 어우러져 문질러지도록 하는 정도를 결정합니다.
- 등급: 최댓값으로 설정하면 번지는 부분이 부드러워지고, 최솟값으

▲ 같은 크기 같은 속성의 브러시에 '희석, 머금기, 흡인력'을 조절해 다른 결과를 얻을 수 있습니다.

로 설정하면 번지는 부분이 날카로워집니다.
- 흐림 효과: 색에 흐림 효과(블러)를 줍니다.
- 지터 흐림 효과: 흐림 효과를 랜덤으로 적용합니다. 좀 더 자연스러운 번짐 효과 등을 의도할 때 사용할 수 있습니다.
- 습식 지터: 랜덤으로 선에 물기를 넣어 줍니다. 리얼한 선 효과를 내기 위해 사용합니다.

색상 움직임

색상을 변경하지 않아도 하나의 선에서 여러 가지 색상이 나오게 설정할 수 있습니다.

❶ **도장 색상 지터**: 선의 '모양' 하나하나에 변화를 주는 설정입니다.

❷ **획 색상 지터**: 선에 전체적으로 변화를 주는 설정입니다.

- 색조: 랜덤으로 색에 변화를 줍니다. 값이 낮으면 계열 색 정도로 나오며, 값이 클수록 색 변화가 다양해집니다.
- 채도: 랜덤으로 채도에 변화를 줍니다. 값이 클수록 채도의 변화가 심해집니다.
- 밝기: 랜덤으로 밝아집니다.
- 암흑: 랜덤으로 어두워집니다.
- 보조 색상: 색상 탭에 선택한 현재 색/보조 색이 랜덤으로 나옵니다. 보조 색 ▶ p.32, p.368

❸ **색상 압력**: 펜슬의 압력에 따라 색에 변화를 주는 설정입니다.

❹ **색상 기울기**: 펜슬의 기울기에 따라 색에 변화를 주는 설정입니다.

- 색조: 값이 클수록 압력/기울기에 따른 색조의 변화가 큽니다.
- 채도: 값이 클수록 압력/기울기에 따른 채도의 변화가 큽니다.
- 밝기: 값이 클수록 압력/기울기에 따른 밝기의 변화가 큽니다.
- 보조 색상: 압력/기울기로 현재 색/보조 색으로의 변화를 줄 수 있습니다.

▲ 다양한 색상이 필요한 브러시에 적용해 보세요. 자연스러운 색상 변화 효과를 얻을 수 있습니다. 픽셀 유동화 예시 그림의 잔디도 위 옵션을 사용해 표현했어요.(▶ p.305)

변동성

의도하지 않은 변화들을 설정해 선을 더 자연스럽게 보이도록 합니다. 이 옵션은 펜슬의 압력이나 기울기에 영향을 받지 않습니다.

❶ 속도
- **크기**: 그리는 속도에 따라 선의 크기가 달라집니다. 오른쪽으로 설정하면 선을 천천히 그었을 때 두꺼워지고 빠르게 그었을 때 얇아집니다. 왼쪽으로 설정하면 반대로 세팅됩니다.
- **불투명도**: 그리는 속도에 따라 불투명도가 달라집니다. 마찬가지로 오른쪽, 왼쪽으로 설정하는 것에 따라 달라집니다.

❷ 지터
- **크기**: 랜덤으로 크기가 조금씩 달라지도록 설정합니다.
- **불투명도**: 랜덤으로 불투명도가 조금씩 달라지도록 설정합니다.
  지터는 속도에 영향을 받지 않습니다.

Apple Pencil

애플펜슬의 압력과 기울기를 브러시 사이즈, 불투명도, 흐름 등의 옵션과 최적이 되도록 설정할 수 있습니다. 이 카테고리의 설정은 다른 모든 압력/기울기 관련 설정에 우선합니다. 다만 기울기 옵션은 타사의 펜을 연결해 사용할 때는 적용되지 않습니다.

❶ 압력
- **크기**: 값이 커질수록 압력에 의한 선의 변화가 커집니다.
- **불투명도**: 값이 커질수록 압력에 의한 불투명도가 올라갑니다.
- **흐름**: 값이 커질수록 압력에 의한 색의 농도가 진해집니다.
- **블리드**: 값이 커질수록 압력에 의해 더 번집니다.

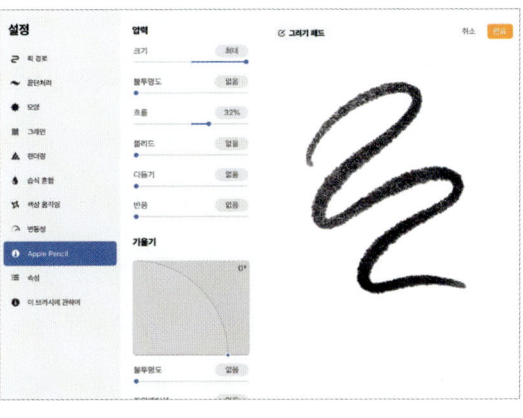

❷ 기울기
- **각도 그래프**: 파란 점을 움직여 펜슬을 어느 정도 기울여 그리면 선이 달라지도록 할 것인지를 결정합니다.
  0도는 펜슬이 누운 상태, 90도는 펜슬이 정확히 세워진 상태입니다. 이 설정 값으로 다른 기울기 관련 옵션도 영향을 받습니다.
- **불투명도**: 기울기가 불투명도에 얼마나 영향을 미치게 할지 결정합니다.
- **그러데이션**: 펜의 기울기에 따라 선의 모서리에 그러데이션이 생기도록 합니다.
- **블리드**: 기울기에 따른 번지는 정도를 조절합니다.
- **크기**: 최솟값일 때 기울임에 반응하지 않게 됩니다. 최댓값일 때 기울임에 반응해 브러시가 커집니다.
- **크기 압축**: 크기 압축을 활성화하면 브러시 사이즈에 맞춰 그레인 텍스처가 커지는 것을 방지합니다.

- 커서 윤곽선: 브러시 커서 윤곽선의 색상을 정합니다. [동작> 설정> 브러시 커서]를 활성화했을 때만 적용됩니다.
- 호버: 브러시 커서 윤곽선 안쪽으로 보이는 브러시 미리 보기의 불투명도를 결정합니다. 펜슬의 호버모드를 사용할 때만 적용됩니다.
- 호버 채우기: 브러시 커서 안쪽 브러시 미리 보기의 색상, 질감을 결정합니다. 모양은 색만, 모두는 색과 질감을 모두 표시합니다.

속성

캔버스 인터페이스와 브러시 라이브러리 안에서 보이는 모습을 설정합니다.

❶ 브러시 속성
- 도장 형식으로 미리 보기: 활성화하면 선택한 브러시를 브러시 라이브러리 화면에서 '모양' 도장을 한 번 찍은 모습으로 볼 수 있습니다.
- 스크린 방향에 맞추기: 활성화하면 스크린과 캔버스의 방향에 따라 브러시의 방향도 자동으로 바뀝니다. (방향성이 있는 브러시들에서 변화가 보입니다.)
- 미리 보기 크기: 브러시 라이브러리 화면에 보이는 브러시의 사이즈를 조절합니다. 작거나 큰 브러시의 경우 확대하거나 축소해 잘 보이게 만들 수 있습니다.
- 번짐 강도: 브러시를 스머지 툴로 사용할 때, 색이 얼마나 퍼지도록 할 것인지를 결정합니다.

❷ 브러시 특성
- 최대 크기: 브러시 크기의 최댓값을 정합니다.
- 최소 크기: 브러시 크기의 최솟값을 정합니다. 이 두 값을 조정하여, 사이드 바에서 조절할 수 있는 브러시의 크기 영역을 결정할 수 있습니다.
- 최대 불투명도: 불투명도의 최댓값을 정합니다.
- 최소 불투명도: 불투명도의 최솟값을 정합니다. 이 두 값을 조정하여, 사이드 바에서 조절할 수 있는 브러시 농도의 영역을 결정할 수 있습니다.

머티리얼

최근 업데이트에서 제공되고 있는 3D 모델링의 페인팅을 위한 브러시를 설정합니다.

❶ 메탈릭
금속성을 추가합니다.

❷ 거칠기
광택을 추가합니다.
- 양: 금속성/광택의 정도를 결정할 수 있습니다. 높을수록 해당 속성이 많이 반영됩니다.
- 메탈릭 소스: 그레인 소스와 같은 방식으로 금속성 브러시에 질감/광택을 넣습니다.
- 비율: 소스가 반영되는 크기를 조절합니다.

이 브러시에 관하여

직접 제작한 커스텀 브러시에 나의 서명을 넣어 함께 저장할 수 있어요. 이 서명은 다른 곳으로 브러시를 공유해도 늘 따라다닙니다.

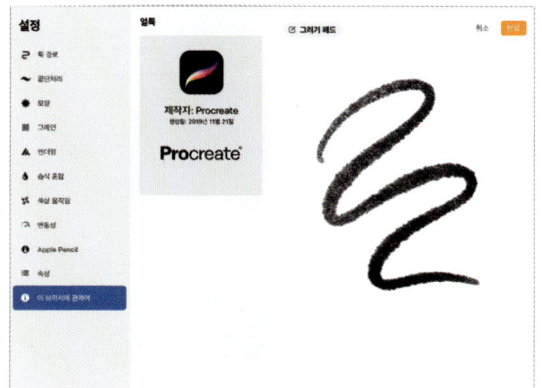
▲ 기본 제공 브러시

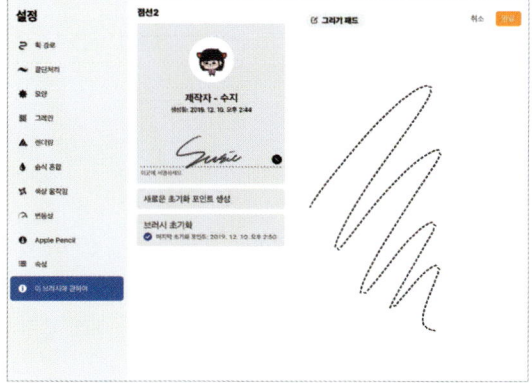
▲ 커스텀 브러시

기본으로 제공되는 브러시에는 브러시 이름, 로고 이미지, 제작자, 로고 폰트가 있습니다. 커스텀 브러시를 만들었을 경우, 여기에 브러시 이름, 제작자의 프로필 이미지와 이름, 서명을 넣을 수 있습니다. '새로운 초기화 포인트 생성'으로 내가 설정한 브러시 옵션들을 그대로 저장할 수도 있어요. 포인트 생성 이후 수정을 하더라도 '브러시 초기화'를 눌러 생성 시점의 상태로 되돌릴 수 있습니다.

듀얼 브러시

듀얼 브러시란 두 개의 브러시를 합쳐 하나의 새로운 브러시를 만드는 모드입니다. 카테고리에는 따로 존재하지 않지만 두 개의 브러시를 결합해 새로운 브러시를 만들 수 있습니다.

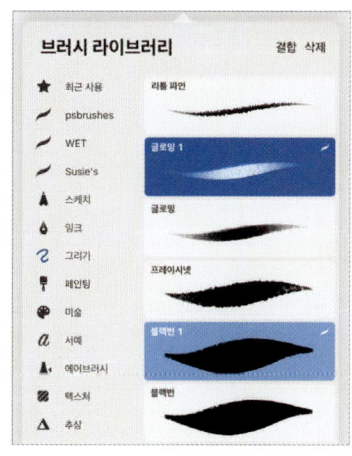

브러시 라이브러리에서 합치고 싶은 두 개의 브러시를 레이어 중복선택 방법과 같은 방법으로 선택하면 맨 위에 '결합' 옵션이 뜹니다. 누르면 두 개가 하나로 합쳐지며 듀얼 브러시가 생성됩니다. 기본 제공 브러시는 복제해서 사용해야만 결합이 가능합니다. 이미 듀얼 브러시인 브러시도 결합이 되지 않아요. '그리기', '미술' 카테고리의 일부 기본 브러시들이 듀얼 브러시입니다. 결합하려는 두 개의 브러시는 반드시 같은 카테고리 안에 있어야 합니다. 서로 다른 카테고리에 있다면 복제해 움직이면 되겠지요? 브러시 이동 ▶ p.183

각각의 브러시는 하나씩 선택해 위에서 설명한 모든 상세 설정을 따로 조절할 수 있습니다. 섬세하게 커스텀 브러시를 만들어 낼 수 있는 것이지요.

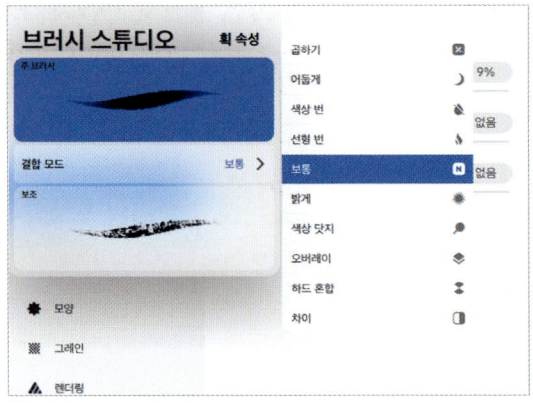 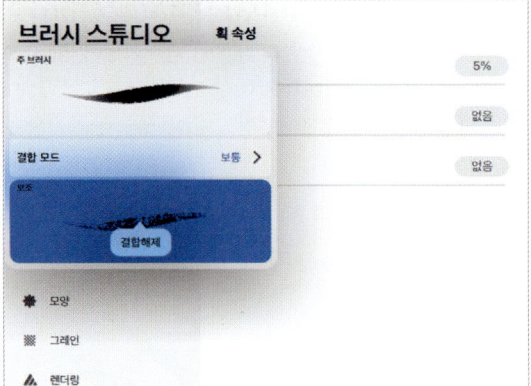

브러시 모양을 터치하면 미리보기 화면이 크게 변하면서 혼합 모드가 나타납니다. 여기서 혼합 모드를 바꿔 느낌을 달리 줄 수도 있습니다. 생성한 듀얼 브러시를 다시 각각의 브러시로 되돌리고 싶다면, 브러시 모양을 터치하고 미리 보기 화면이 크게 되었을 때, 보조 브러시를 꾹 누르세요. 이때 '결합 해제' 옵션이 뜨면 이를 누르면 됩니다.

브러시 크기 기억하기

특정 브러시의 크기가 적당해서 다음에 그릴 때도 똑같은 크기로 계속 그리고 싶다면 해당 브러시의 크기를 외우거나 적어 둘 필요 없이 저장해 둘 수 있어요.

원하는 브러시 크기에서 조절 바를 탭하면 나타나는 팝업에서 브러시의 크기와 모양, 그리고 [+] 버튼을 볼 수 있어요. 여기서 [+]를 누르면 현재 크기를 조절 바에 저장할 수 있습니다. 여러 개 저장도 가능하며 스머지와 지우개에서도 가능합니다. 이렇게 저장된 크기는 다른 캔버스에서도 유지됩니다. 지우려면 다시 팝업에서 [-] 버튼을 누르면 됩니다.

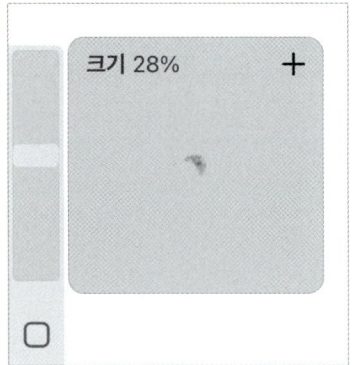 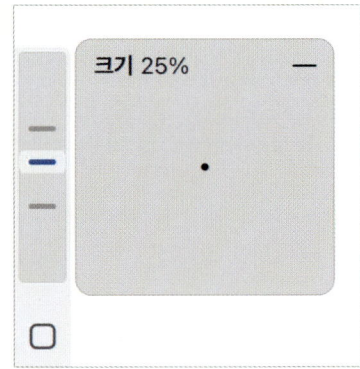

스크린샷 / 동영상

그림을 그리다 보면 스크린샷이나 그림 영상이 필요한 경우가 있습니다. 프로크리에이트 안에서도 해당 기능을 제공하고 있지만 조금 더 편리하게 그리고 조금 더 확장해서 활용할 수 있는 방법을 알려 드립니다.

스크린샷

❶ 물리적 버튼으로 찍기

스크린샷은 보통 기기에 따라 조금씩 다르지만, 전원 버튼과 홈 버튼 또는 전원 버튼과 볼륨 업 버튼을 동시에 눌러 찍을 수 있습니다. 프로크리에이트에서도 그림 그리는 중간 중간 [동작(🔧) > 공유]를 통해 과정을 저장할 수 있지만, 이 방법으로는 그림 이미지만 저장할 수 있습니다. 프로크리에이트의 메뉴나 선택 상자 등을 그림과 함께 보여 주고 싶을 때는 버튼을 사용해 스크린샷을 저장하면 좋습니다. [공유]를 통해 이미지를 저장하면 설정한 크기와 해상도로 저장되어 화질이 좋은 반면 스크린샷을 통해 이미지를 저장하면 기기의 크기와 해상도에 맞춰 저장되어 화질이 다소 떨어질 수 있습니다.

❷ 화면 버튼으로 찍기

스크린샷을 한 두 장 찍을 때는 물리적 버튼으로 찍어도 좋습니다. 하지만 여러 장을 찍고 싶을 때나 물리적 버튼을 누르는 것이 힘들 때 사용할 수 있는 또 다른 스크린샷 찍는 방법을 알려 드립니다.

먼저 설정할 것이 있습니다. 아이패드의 [설정 > 손쉬운 사용 > 터치 > Assistive Touch]를 활성화하고, [사용자 설정 동작]에 스크린샷 기능을 설정해 주세요. 사용자 설정 동작은 세 가지를 지정할 수 있는데요, 저는 이중 탭에 DOCK, 길게 누르기에 스크린샷을 설정했습니다. 실행 시간도 설정할 수 있습니다. 저는 0.5초 정도로 설정해 두었어요. AssistiveTouch 설정 화면의 아래쪽 [대기 중 불투명도]는 화면 버튼의 불투명도를 조절하는 것으로, 사용하며 알맞은 농도로 조절하면 됩니다. 이제 밖으로 나가면 화면 어딘가에 버튼이 새로 생긴 것을 볼 수 있습니다.

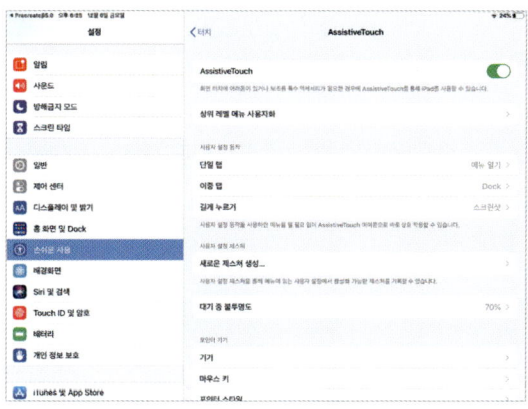

화면의 좌측 하단에 보이는 버튼이 바로 프로크리에이트의 퀵 메뉴와 같은 역할을 수행합니다. 길게 누르기에 스크린 샷을 지정해 두었으니 화면 버튼을 길게 눌러 봅니다. 스크린샷이 찍히는 것을 알 수 있어요. 스크린샷에는 이 버튼이 찍히지 않습니다.(이 버튼이 함께 찍힌다면 버튼을 더 길게 눌러 보세요.) 이 버튼을 더블 탭하면 DOCK이 올라오는 기능을 설정해 두었는데요, 멀티태스킹을 실행하기 위해 꼭 필요한 과정을 간단하게 실행할 수 있어 편리합니다. 버튼의 위치는 드래그를 통해 언제든 변경할 수 있습니다.

동영상

❶ 타임랩스(TIMELAPSE)

[동작(🔧) > 비디오] 메뉴에서 그림을 그리기 시작할 때부터 마칠 때까지 모든 과정을 자동으로 녹화할 수 있습니다. 자세한 설정은 캔버스를 처음 만들 때 나타나는 타임랩스 탭에서 정할 수 있습니다. 사용자 지정 캔버스 ▶ p.13

- **타임랩스 녹화**: 타임랩스란 저속 촬영 기법으로, 타입랩스 비디오를 재생하면 정상 속도보다 과정을 빠르게 보여 줍니다. 여기서 녹화 버튼을 활성화하면 타입랩스 비디오를 녹화할 수 있어요.
- **타임랩스 다시 보기**: 타임랩스 다시 보기를 하면, 해당 캔버스의 타임랩스를 바로 볼 수 있습니다. 다시 보기를 할 때, 재생되는 화면에 손가락을 대고 오른쪽 왼쪽으로 밀면 앞으로, 뒤로 보기를 할 수 있습니다.
- **타임랩스 비디오 내보내기**: 내보내기를 통해서 공유 및 동영상 애플리케이션으로 타임랩스 비디오를 편집할 수 있어요. 내보내기를 선택하면 두 가지 옵션이 뜹니다.

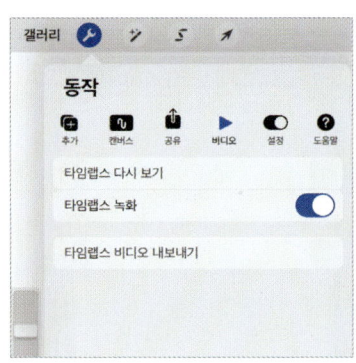

비디오 길이를 선택하는 옵션입니다. [전체 길이]는 타임랩스의 전체 길이로 영상을 저장하는 것입니다. [30초]는 타임랩스 전체 영상 중 30초만 보여 주는 것이 아니라 전체 영상을 나름의 기준으로 엄선하고 압축해 30초 분량의 영상으로 만들어 보여 주는 것입니다. 자체 편집본이라고 볼 수 있겠지요. 영상은 MP4 파일로 저장됩니다.

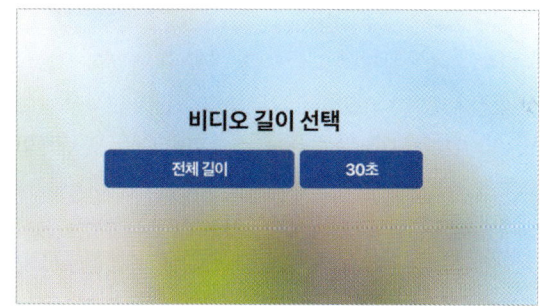

그림을 그리는 중간에 타임랩스를 끄면 이와 같은 옵션이 나옵니다. 지금까지 녹화한 것을 유지하거나 또는 지우는 것을 선택하는 옵션인데요, [제거하지 마세요]를 선택하고 나중에 다시 켜면 연결되어 녹화됩니다.

- 타임랩스 동영상의 품질 설정: 타임랩스 동영상의 품질은 사용자 지정 캔버스를 만들 때, 타임랩스 설정 탭에서 설정할 수 있습니다. 타임랩스 비디오의 크기와 품질을 선택할 수 있고, 최대 4K까지 가능합니다.(일부 모델은 적용되지 않을 수 있습니다.) 설정한 품질은 이 캔버스에서는 다시 바꿀 수 없으니 신중하게 선택해 주세요. HEVC는 High Efficiency Video Coding의 약자로 용량은 작고 품질을 높인 영상 모드입니다. iOS 11, macOS 10.13 이후 모델에 적용할 수 있습니다. 설정한 타임랩스의 품질은 [동작(🔧) > 캔버스 > 캔버스 정보]의 [비디오 설정] 탭에서 확인할 수 있습니다.

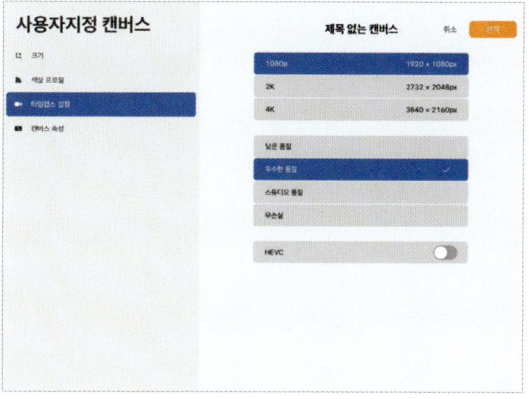

❷ **화면 기록**

이미지 공유 기능과 같이 타임랩스 또한 화면에서 사용하는 툴의 이미지는 반영되지 않고 오직 그림의 변화만 담아냅니다. 그림을 그릴 때 사용하는 툴까지 모두 보이게 녹화하기 위해서는 아이패드 자체에서 제공하는 기능을 사용하면 좋습니다. 다른 사용법도 있지만 편리하게 사용하기 위해 먼저 설정에 들어갑니다. 아이패드의 [설정 > 제어 센터]를 누르면 그림과 같은 화면이 나옵니다. 제어 센터에 표시할 항목을 추가하거나 뺄 수 있습니다. 우선 아래쪽에서 [화면 기록]을 찾아 [+]를 눌러 포함시킵니다. 위쪽에서도 필요 없다고 생각하는 항목은 [-]를 눌러 정리합니다. 제어 센터란, 설정에 들어가지 않아도 간편하게 몇몇 설정을 조정할 수 있도록 만든 패널입니다. 화면에서 바로 보이지는 않고 화면 오른쪽 윗부분을 손가락으로 지그시 끌어내리면 나타납니다.

제어 센터 아래쪽에 방금 설정한 항목들이 나타납니다. 오른쪽 아래에 있는 동그란 아이콘이 바로 [화면 기록] 아이콘입니다. 자, 이제 간단히 화면 자체를 기록할 수 있는 패널이 생겼습니다. 어디서든 제어 센터를 불러와 화면 기록 아이콘을 누르면, 아이패드 화면 자체를 녹화할 수 있습니다. 녹화를 누른 상태로 프로크리에이트를 실행해 그림을 그리면, 그림뿐 아니라 브러시 선택이나 레이어 조절, 메뉴 선택 등 모든 과정이 녹화됩니다.

녹화를 멈추고 싶다면 화면의 오른쪽 위, 배터리가 표시되는 곳 옆에 보이는 빨간색 녹화 아이콘을 클릭하거나 제어 센터에서 녹화 아이콘을 한 번 더 눌러 줍니다. 프로크리에이트 상에서는 이 아이콘이 보이지 않는데요, 화면의 위쪽을 쓸어내리면 DOCK을 불러올 때와 같이 화살표가 뜨고, 홈 화면으로 나갈 수 있습니다. 화면 기록 동영상 파일도 MP4 확장자로 저장됩니다. 이렇게 녹화한 영상을 편집하여 사용하면 되겠지요. 간단한 편집 또한 아이패드 기본 애플리케이션 '아이무비'로 할 수 있습니다.

공유하기 / 백업하기

프로크리에이트에서 그린 이미지나 커스텀한 브러시, 팔레트 등의 파일을 다른 애플리케이션이나 기기로 공유하는 방법을 알아봅시다.

❶ 공유하기

가장 기본적인 이미지 공유 방법은 프로크리에이트 내 [동작(🔧) > 공유]를 눌러 밖으로 내보내는 것입니다. 공유 탭에는 많은 옵션이 존재합니다. 사용 목적에 따라 파일 포맷을 결정하면 됩니다. 하나씩 알아보아요.

- Procreate: 프로크리에이트만의 고유한 포맷입니다. 이 파일로 내보낼 경우, 이미지 안의 레이어, 타임랩스 등 모든 정보가 고스란히 담깁니다. 그래서 백업을 할 때도 이 포맷으로 하는 경우가 많습니다.
- PSD: 포토샵으로의 공유를 위한 포맷입니다. 모든 레이어가 살아 있으며, 레이어의 이름, 불투명도, 블렌딩 모드 등 모든 레이어 옵션도 유지된 채 전달됩니다.
- PDF: 인쇄를 위한 포맷입니다.
- JPEG: 가장 일반적인 이미지 파일 포맷입니다. 모든 레이어가 하나로 통합되며 하나의 이미지로만 저장됩니다. 용량이 적고 공유하기 쉬운 파일 포맷입니다.
- PNG: 보통 배경을 투명한 상태로 저장할 때 많이 사용합니다. 투명도를 보존하면서 이미지를 하나로 합쳐 보여 주기 때문입니다.
- TIFF: 이미지의 화질을 보존하면서 하나로 합쳐 내보냅니다. 인쇄 시 사용되기도 합니다.
- PDF/PNG: 레이어가 살아 있는 PDF/PNG 파일로 내보냅니다.
- 움직이는 GIF: 움직이는 파일로 내보냅니다.
- 움직이는 PNG: 배경이 투명한 움직이는 파일로 내보냅니다.
- 동영상 MP4/HEVC: 해당 포맷의 동영상 파일로 내보냅니다.

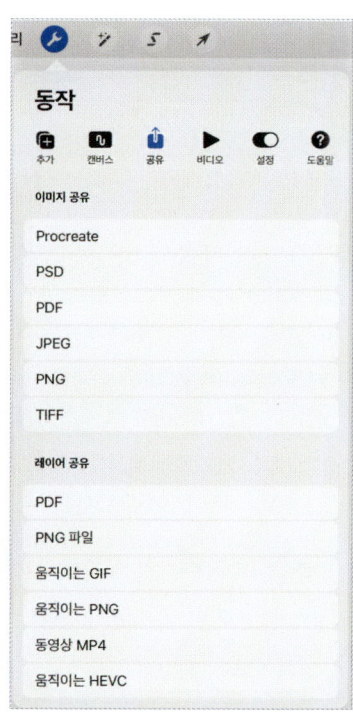

원하는 파일 포맷을 누르면 이번에는 어디로 보낼지, 어디에 저장할지를 결정해야 합니다. 백업 용도라면 클라우드로, 갤러리에 저장하는 용도라면 [이미지 저장]을 선택합니다. 다른 애플리케이션으로도 보낼 수 있으니 시도해 보세요.

❷ 기기를 넘나드는 쉬운 공유 방법

다양한 애플 제품을 사용하고 있다면 기기끼리의 공유에 익숙할 것입니다. 프로크리에이트도 애플의 공유 시스템을 모두 사용할 수 있습니다. 에어드롭, 아이튠즈 등을 이용하면 되겠지요. 하지만 드로잉을 위해 아이패드로 처음 애플 제품을 접했을 경우, 파일을 옮기는 것에 어려움을 겪을 수도 있습니다. 안드로이드 스마트폰과 윈도우를 사용하는 컴퓨터, 그리고 아이패드를 연결하는 비장의 무기가 있습니다. 바로 메신저 애플리케이션입니다.

카카오톡이나 라인 등 원하는 메신저 애플리케이션을 PC와 스마트폰, 아이패드에 모두 깔아 줍니다. 어느 한 군데에 파일이나 이미지를 올리면, 세 기기에서 모두 이 메신저 애플리케이션을 통해 다운받을 수 있습니다. 카카오톡은 '나와의 채팅' 창에, 라인은 '그룹 만들기'를 한 다음 아무도 초대하지 않고 사용하면 됩니다. 카카오톡과 라인으로 모든 포맷의 이미지 파일, 동영상 파일을 주고받을 수 있습니다. 일부 버전이 맞지 않는 서체 파일은 클라우드 서비스를 이용해 보세요. 메신저마다 설정에 조금씩 차이는 있지만 파일을 원본 그대로 옮기는 것도 가능합니다.

'라인'에서 이미지를 발송할 때 왼쪽 아래의 [원본]을 선택하면 원본 그대로 발송됩니다. 카카오톡의 경우 [설정 > 채팅 > 사진 화질]을 [원본]으로 설정하면 이후 계속 원본으로 발송됩니다. 원본 설정을 하지 않을 경우 이미지의 화질이 다운되어 전송될 수 있습니다.

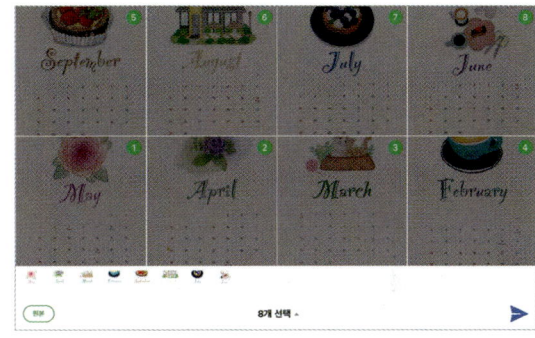

구글이나 네이버에서 제공하는 클라우드 서비스를 이용해도 좋습니다. 파일을 업로드한 뒤 다른 곳에서 내려받으면 되겠죠? 클라우드는 보관 기능까지 있으니 더욱 좋습니다. 하지만 용량 제한이 있으므로 틈틈이 필요 없는 파일을 정리하는 것이 좋습니다. 아이클라우드는 아이패드와 연동이 너무 잘 돼 오히려 불편하더라고요. 특정한 파일을 아이패드에서만 삭제하고 아이클라우드엔 남겨 놓고 싶은데, 한 군데에서 지우면 다른 곳에서도 지워지는 것이 그렇습니다. 저는 앞서 소개한 방법으로 각종 이미지를 원본으로 옮길 뿐 아니라 PDF나 한글 파일, 브러시 파일 등도 쉽게 옮겨 사용하고 있습니다. 물리적으로 연결하는 것도 물론 가능합니다. 아이패드의 충전기에서 USB포트를 분리하여 컴퓨터에 연결하면, 아이패드와 컴퓨터가 파일을 공유할 수 있도록 연결됩니다. (일부 기기는 다른 커넥터 등이 필요할 수 있습니다.)

❸ 포토샵과의 파일 공유 이슈

- 프로크리에이트에서 작업한 파일의 텍스트 레이어는 포토샵으로 옮겨도 살아 있습니다. 하지만 포토샵에서 작업한 파일의 텍스트 레이어를 프로크리에이트에 가져오면 래스터화되어 옮겨집니다.
- 포토샵의 그레이스케일 모드는 프로크리에이트에서 호환되지 않습니다. 해당 이미지가 열리지 않는 것이지요.
- 프로크리에이트 P3 색 모드로 만든 파일은 포토샵에서 RGB로 바뀝니다.
- 포토샵에서 만든 PSD 파일을 [파일 삽입하기]를 통해 프로크리에이트로 불러오면 레이어가 합쳐진 채로 실행됩니다. 레이어를 살린 상태로 가져오려면 멀티태스킹을 이용하여 드래그&드롭을 사용하면 됩니다. 또는 갤러리 화면에서 [가져오기]로 불러오면 됩니다.
- 프로크리에이트에서는 포토샵 브러시를 사용할 수 있습니다. 그러나 포토샵에서는 프로크리에이트 브러시를 사용할 수 없습니다. 포토샵 브러시 가져오기 ▶ p.183

❹ **백업하기**

백업은 소중한 그림을 지키기 위해 정기적으로 해 두는 것이 좋습니다. 클라우드나 드롭박스 같은 외부 저장소에 해 두는 것이 가장 안전하지요. 만약 이미지만 보관하고 싶다면, JPG나 PNG 포맷으로 저장해도 좋습니다. 레이어도 살아 있기를 원한다면, PSD 등의 포맷을 선택하세요. 하지만 이 경우 타임랩스 동영상은 보관되지 않습니다. 타임랩스 비디오를 보관하고 싶다면 따로 [동영상 내보내기]를 통해 보관해야 합니다. 레이어, 타임랩스를 포함한 모든 것을 보관하고 싶다면, Procreate 포맷을 선택하세요. 갤러리 모드에서 백업하고자 하는 그림을 선택한 다음 [공유]를 누릅니다. 원하는 포맷을 선택하고 원하는 곳으로 보내면 됩니다. 저는 클라우드에 '아이패드 드로잉'이라는 폴더를 만들어 보관하고 있습니다. 파일이 안전하게 보관되면 그림을 삭제하며 갤러리를 정리할 수 있습니다. 갤러리 모드에서 여러 장을 선택해 한 번에 백업이 가능합니다. Procreate 포맷의 경우 기기의 용량에 따라 여러 그림을 한 번에 저장하지 못할 수 있습니다. 그럴 때는 한 장씩 저장해야 합니다. 클라우드 서비스 중에서는 네이버 클라우드와 구글 드라이브가 가장 넉넉하게 무료 기본 용량을 제공합니다.

- 그림 백업: procreate 확장자로 저장해 백업합니다.
- 브러시 백업: 브러시 카테고리의 아이콘을 누른 후 [공유]를 선택합니다.
- 팔레트 백업: 팔레트 이름 옆 점 세 개 아이콘을 누른 후 [공유]를 선택합니다.

기타

모르면 궁금하고 알아두면 득이 되는 깨알 같은 설정 메뉴들을 함께 보아요.

❶ 다른 기기들과의 연결

[동작(🔧) > 설정]의 메뉴를 통해 다른 기기들과의 연결을 설정할 수 있습니다.

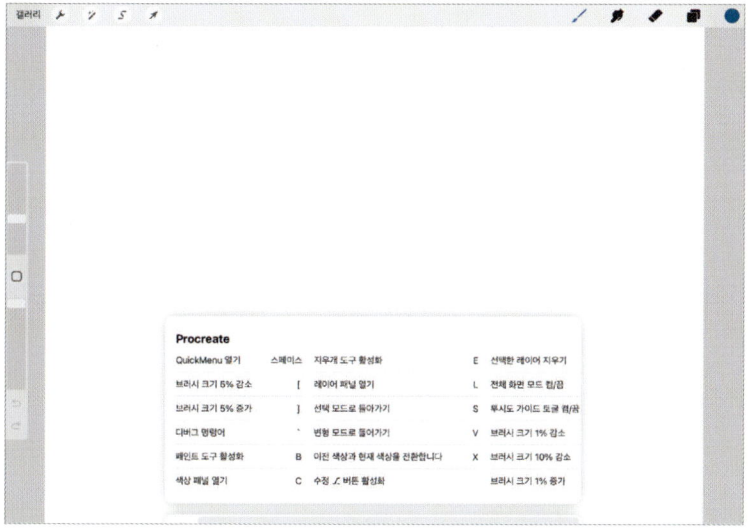

▲ 키보드 단축키

- **프로젝트 캔버스**: 다른 모니터로 아이패드를 미러링해서 보여 줄 때 선택하는 옵션입니다. 프로젝트 캔버스를 켜면 연결하는 모니터에는 캔버스만 보이고, 프로젝트 캔버스를 끄면 메뉴 바와 사이드 바 같은 인터페이스가 모두 보입니다.
- **키보드 옵션**: 키보드를 연결하고 커맨드 키(⌘)를 잠시 누르고 있으면, 프로크리에이트에서 사용할 수 있는 각종 단축키가 보입니다.(커맨드 키는 애플사의 키보드에만 존재합니다.) 복사, 붙여넣기, 전체 화면, 취소 등 약 20개의 단축키를 사용할 수 있습니다. 아이패드와 키보드를 함께 사용하고 있다면 편리한 기능이지요. 키보드에 대한 다른 설정 등은 아이패드의 [설정 > 일반 > 키보드] 탭에서 가능합니다.

❷ 설정 메뉴

아이패드의 [설정 > Procreate]에 들어가 할 수 있는 설정을 알아보겠습니다. 또는 [동작 > 도움말 > 고급 설정]으로 들어갈 수 있습니다.

- 캔버스 방향 기억
    - on: 캔버스가 작업 중 돌린 마지막 상태로 저장됩니다.
    - off: 캔버스가 처음 설정한 방향으로 항상 돌아갑니다.

- 인터페이스에 맞게 캔버스 크기 조정
    - on: 꼬집기 제스처로 그림을 캔버스에 맞춰 확대할 때, 그림이 잘리지 않는 상태의 최대 크기로 캔버스가 맞춰집니다.
    - off: 꼬집기 제스처로 그림을 캔버스에 맞춰 확대할 때, 캔버스를 꽉 채우는 것이 목적이므로 그림이 잘릴 수 있습니다.

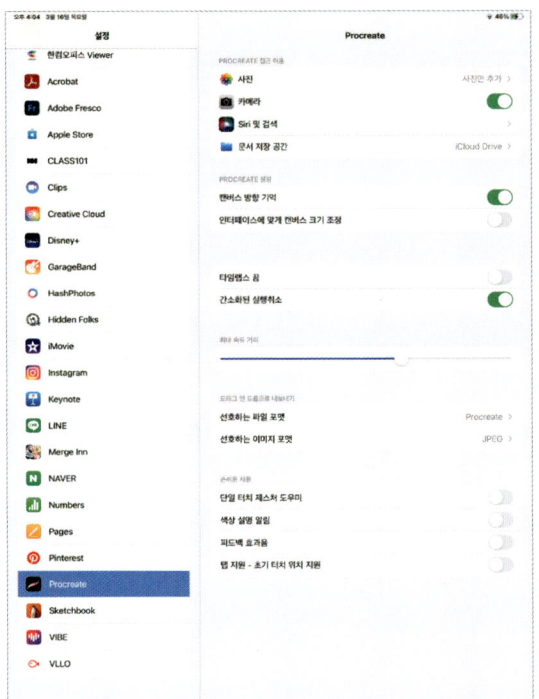

- 간소화된 실행 취소

    실행 취소 단계를 얼마나 디테일하게 설정할 것인가를 결정하는 옵션입니다. 예를 들어, 형태 툴을 선택한 다음 이미지의 '크기를 줄이고(1단계) 기울이고(2단계) 옮기는(3단계)'의 동작을 순서대로 실행하고 과정을 마무리한 뒤 이 과정을 한 번 취소(Undo)했을 때, [간소화된 실행 취소]가 켜져 있으면 크기를 줄이기 전 모습 즉, 1단계 이전 모습으로 형태가 되돌아갑니다. 반대로 [간소화된 실행 취소]가 꺼져 있으면 크기를 줄이고, 기울인 모습 즉, 3단계 이전으로 마지막에 옮긴 과정만 취소됩니다. 형태 툴을 한 번 선택한 다음 실행하는 과정이 많은데, 취소하니 한 번에 원래대로 돌아가서 불만이었다면 이 옵션을 조정하면 됩니다. 간소화된 실행 취소를 끄면, 다른 툴도 모두 단계별로 상세 취소가 가능해집니다.

- **최대 속도 기리**

  필압이나 속도에 관계없이 선이 일정한 모습으로 나오는 브러시도 있는 반면, 필압이나 브러시를 움직이는 속도에 따라 선의 모습이 조금씩 달라지는 브러시가 있습니다. 최대 속도 거리는 이런 브러시에 영향을 미치는 옵션입니다.

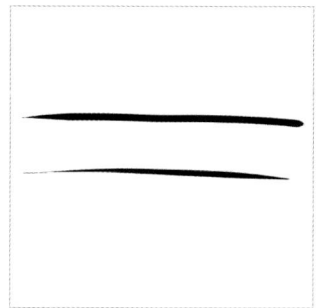

▲ 최소일 때 / 최대일 때

▲ 천천히 그린 모습 / 점점 빠르게 그린 모습: 본래의 펜 두께가 나오는 데까지 차이가 분명합니다.

이 옵션은 각각의 브러시 안에서 설정하는 상세 내용에 따라 유기적으로 영향을 받을 수 있습니다.

- **선호하는 파일/이미지 포맷**

  드래그&드롭으로 파일 등을 내보낼 때 기본으로 설정될 파일/이미지 포맷을 결정합니다. 경우에 따라 자주 사용하는 포맷으로 자동으로 변경되기 때문입니다. 하지만 대부분은 직접 선택해 내보낼 수 있습니다. 일부 다른 애플리케이션으로 내보낼 때에는 그 애플리케이션이 지원하는 형식으로 자동 변경됩니다.

- **손쉬운 사용**

  두 손가락 터치 제스처 등의 움직임 조절이 어려운 분들도 애플리케이션을 쉽게 사용할 수 있도록 지원하는 옵션들입니다.

  - 단일 터치 제스처 도우미: 켜 두면 캔버스 화면에 두 손가락 제스처 대신 사용할 수 있는 패널이 생겨납니다. 한 번의 터치로 사용 가능합니다.
  - 색상 설명 알림: 색상 선택 시 위쪽 바에 색상의 이름을 띄워 알려 줍니다. 상세하지는 않습니다.
  - 피드백 효과음: 선택 툴 사용 시나 형태 툴로 이동 시 등 특정 동작에 효과음이 나도록 합니다.
  - 탭 지원-초기 터치 위치 지원: 아이폰, 아이패드에서 사용자 편의를 위해 설정해 둔 터치 설정을 지원합니다.

▲ 단일 터치 제스처 도우미 패널

에필로그

디지털 드로잉의 세계는 점점 넓어지고 있습니다.

자, 이제 여러분은 하나의 툴로 드로잉의 세계가 넓어지고 있음을 느꼈을 것입니다. 할 수 있는 것은 이것들보다 훨씬 많습니다.

책의 예제를 따라 그리고, 비슷한 소재를 찾아 그리고, 그러다 떠오르는 것이 있다면 적어 두고 찍어 두었다가 그려 봅니다. 행복한 상상을 그림으로 옮겨 보기도 합니다. 좋아하는 폭신한 빵 위에서 뛰는 내 캐릭터를 그리고, 가고 싶은 장소를 그려 보기도 합니다. 소파에 누워 책을 보는 장면처럼 소소하지만 행복한 나만의 순간을 그림으로 옮겨 보세요.

따라 그리고, 참고하고, 보고 그리는 것을 두려워하지 마세요. 모두 내 것으로 만들기 위한 과정입니다. 당장은 티가 나지 않겠지만 변화는 반드시 생깁니다. 타인의 잣대로 해석하는 그림 실력을 떠나, 내 마음에 꼭 드는 그림을 내 마음대로 그렸을 때의 행복감이라는 결과로요. 내 것, 내 취향을 찾기 위한 과정은 느리지만 가치가 있는 일입니다.

무엇보다 그것이 내가 원하는 것이라면, 나를 위해 투자해 보세요.
드로잉을 위한 아이패드라는 멀티 화구 세트를!
작은 시작이 일상을 변화시킬 것입니다.

감사합니다.

수지 드림

색인

⓪ - ⓩ

2D 격자(그리기 가이드)	120
3D	326
DOCK	346, 401
HEVC	14, 403

ㄱ

가우시안 흐림 효과	98, 110, 247
간소화된 실행 취소	410
값(색상)	75, 370
갤러리	13, 364
고급 설정	410
곡선	373
공유	406
균등(형태)	48
그룹(레이어)	46
그리기 가이드	120, 283, 349
그리기 도우미	121, 288
글리치(조정)	291

ㄴ

노이즈 효과	179

ㄷ

대칭(그리기 가이드)	130, 136
뒤틀기(형태)	192, 387
등거리(그리기 가이드)	143, 276
디스크(색상)	32, 368

ㄹ

래스터화	88, 309
레이어	16, 40, 69
레이어 선택	46
레이어 채우기	74, 330
레퍼런스(레이어)	66
레퍼런스(동작)	202

ㅁ

마스크	152
멀티태스킹	346

ㅂ

반전(레이어 옵션)	296
반전(선택)	205, 261, 263
밝은 인터페이스	3
변화도 맵	375
병합	70, 71
보간법	157, 385
보조 색	32, 368, 396
복사하기/붙여넣기	79, 101
복제(조정)	207
복제(캔버스)	236
불투명도	41, 70
브러시	15, 390
브러시 다운로드	181
브러시 라이브러리	183
브러시 복제	92
브러시 스튜디오	217, 390
브러시 카테고리	183
브러시 커서	19
브러시 커스터마이징	92, 115, 181, 217, 294, 390
블렌딩 모드	62, 73, 94, 109, 115, 150, 180
빠른 실행 취소 지연 시간	50
빛산란	290

ㅅ

사용기록(색상)	368
사용자 지정 캔버스	13, 348

사이드 바	15, 51
사진 삽입하기	128, 160, 187, 192, 203, 256
사진 촬영하기	128, 187
색상	17, 368
색상 균형	47
색상 움직임	396
색상 채우기	379
색상 프로필	14, 210
색수차	291
색조, 채도, 밝기	47, 74
선명 효과	387
선택(툴)	19, 70, 376
선택 마스크 가시성	380
선호하는 파일 포맷	411
설정	410
손쉬운 사용	411
스냅	157, 381
스머지	16, 57, 59, 206, 379
스택	236, 365
스포이드	51
쌍선형식/쌍사차식	385

ㅇ

아래 레이어와 병합	67, 71
아래로 병합	71
알파 채널 잠금	38, 43, 69
애니메이션 어시스트	319
오른손잡이 인터페이스	19
올가미(선택)	161, 205, 376
왜곡(형태)	109, 220, 383
움직임 흐림 효과	98
원근(그리기 가이드)	124, 251, 267, 285
임계값	27

ㅈ

자동(선택)	239, 257, 376
자석(형태)	85, 383
자유 형태(형태)	384
잘라내기 및 크기 변경	157, 270
재채색	68
저장 및 불러오기(선택)	379
제스처	20, 50, 69, 101, 388

제스처 제어	388
지우개	16, 74, 155

ㅊ

최단입점	386
최대 속도 거리	411
추가(선택)	378

ㅋ

캔버스 방향 기억	410
캔버스 복사	239
캔버스 속성	14
캔버스 정보	411
컬러 드롭	27, 66, 68
퀵쉐이프	84, 146
클래식(색상)	369
클리핑 마스크	58, 73, 152, 197
캔버스에 맞추기	381
크기 및 불투명도 도구 모음	15

ㅌ

타임랩스	14, 202, 402
텍스트 추가	87
텍스트 편집	89
투시도 흐림 효과	248

ㅍ

팔레트(색상)	32, 91, 193, 371
페더(선택)	240, 308
편집 그리기 가이드	120
프로젝트 캔버스	409
픽셀 유동화	125, 300
페이지 보조	334

ㅎ

하모니(색상)	61, 122, 370
하프톤	291
형태	19, 48, 63, 379, 381
회전대칭	130, 138